ÉCONOMIE MANAGÉRIALE

MARCHÉS
SOUTIEN À LA DÉCISION
CONCURRENCE

PRESSES DE L'UNIVERSITÉ DU QUÉBEC
2875, boul. Laurier, Sainte-Foy (Québec) G1V 2M3
Téléphone : (418) 657-4399 • Télécopieur : (418) 657-2096
Courriel : secretariat@puq.uquebec.ca • Catalogue sur Internet : www.puq.uquebec.ca

DISTRIBUTION

CANADA et autres pays

DISTRIBUTION DE LIVRES UNIVERS S.E.N.C.
845, rue Marie-Victorin, Saint-Nicolas (Québec) G7A 3S8
Téléphone : (418) 831-7474 / 1-800-859-7474 • Télécopieur : (418) 831-4021

FRANCE

LIBRAIRIE DU QUÉBEC À PARIS
30, rue Gay-Lussac, 75005 Paris, France
Téléphone : 33 1 43 54 49 02
Télécopieur : 33 1 43 54 39 15

SUISSE

GM DIFFUSION SA
Rue d'Etraz 2, CH-1027 Lonay, Suisse
Téléphone : 021 803 26 26
Télécopieur : 021 803 26 29

ÉCONOMIE MANAGÉRIALE

MARCHÉS
SOUTIEN À LA DÉCISION
CONCURRENCE

JEAN-PIERRE LE GOFF

2000

Presses de l'Université du Québec
2875, boul. Laurier, Sainte-Foy (Québec) G1V 2M3

Données de catalogage avant publication (Canada)

Le Goff, Jean-Pierre, 1946-

    Économie managériale : marchés, soutien à la décision, concurrence

    Comprend des réf. bibliogr. et un index.

    ISBN 2-7605-0671-1

    1. Économie d'entreprise. 2. Décision, Prise de. 3. Demande (Théorie économique).
4. Coût de production. 5. Concurrence. 6. Économie d'entreprise – Problèmes
et exercices. I. Titre.

HD30.22.L43 1993   338.5   C93-096262-1

Nous reconnaissons l'aide financière du gouvernement du Canada
par l'entremise du Programme d'aide au développement
de l'industrie de l'édition (PADIÉ) pour nos activités d'édition.

 Nous remercions le Conseil des arts du Canada
de l'aide accordée à notre programme de publication.

1 2 3 4 5 6 7 8 9 PUQ 2000 9 8 7 6 5 4 3 2 1

Dépôt légal – 1er trimestre 1993
Bibliothèque nationale du Québec / Bibliothèque nationale du Canada
Imprimé au Canada

À Monique, Anaïk et Stéfanie

Remerciements

Cet ouvrage, bien que modeste, n'aurait pu être publié sans la contribution d'un grand nombre de personnes. Je dois avant tout remercier mes collègues de l'Institut d'économie appliquée, de l'École des Hautes Études commerciales de Montréal. Ils m'ont encouragé à écrire ce livre et ont contribué à son contenu par des discussions et des formulations d'exercices au cours des années. Louise Séguin-Dulude, François Leroux, Michel Patry, Carmine Nappi, Alain Van Peeterssen, Pierre St-Laurent et Claude St-Pierre m'ont accordé de précieux appuis.

Les étudiants du programme de maîtrise en administration des affaires (M.B.A.) de l'École des Hautes Études commerciales ont aussi grandement contribué à la rédaction de ce livre notamment par leur intérêt pour la matière dont il traite et leur souci constant de pertinence. Les commentaires et les encouragements de la « cuvée 1991-1992 » m'ont été particulièrement utiles.

Je tiens également à remercier M.W. Crowston, doyen de la Faculté de management de l'Université McGill, où j'ai passé un congé sabbatique dont l'objet principal fut ce livre. L'accueil qu'on m'y a fait a été chaleureux et stimulant. À cet égard, je dois souligner l'apport du professeur Roy Morrison qui, par ses commentaires, a accru la pertinence de plusieurs chapitres.

En outre, l'ouvrage n'aurait pu être réalisé sans la précieuse collaboration du personnel de secrétariat : Lucy Casidei, de la Faculté de management de l'Université McGill a collaboré à la première version; Thérèse Viau (Services de secrétariat Thérèse Viau) a assuré, avec habileté et patience, la réalisation graphique; Lise Bélisle, de l'École des Hautes Études commerciales, dont j'ai grandement apprécié la rigueur, a travaillé à maintes reprises sur ce document afin de lui donner sa forme finale; enfin, Francine Lefebvre et Louis André Lussier qui ont participé à la révision du document.

Je dois finalement exprimé ma gratitude à Jean-François Boisvenu, étudiant en maîtrise ès sciences (M. Sc.) et assistant à l'École des Hautes Études commerciales. Sa collaboration assidue m'a permis d'améliorer grandement la présentation pédagogique, la forme du document et la pertinence des sujets traités. De plus, la constance de ses efforts m'a rassuré et stimulé tout au long de ce projet.

L'appui financier accordé par l'École des Hautes Études commerciales a, par ailleurs, été fortement apprécié.

Table des matières

Avant-propos

La microéconomie est d'un grand apport à la gestion. Elle traite du contexte de fonctionnement des entreprises : celles-ci œuvrent sur des marchés et se font concurrence pour obtenir la faveur des acheteurs. La microéconomie a non seulement pour objet le fonctionnement des marchés mais aussi l'intensité de la concurrence, ses déterminants, ses manifestations et ses implications. Par ailleurs, elle permet de développer à partir de la notion de rareté une méthode d'analyse et des concepts pertinents à de nombreuses décisions du gestionnaire, celles-ci étant essentiellement des choix. C'est ainsi que nous retrouvons des enseignements en microéconomie dans l'ensemble des programmes de gestion de premier et de deuxième cycles.

Cependant, les préoccupations traditionnelles de la microéconomie sont avant tout dirigées vers le fonctionnement du système de marché et ses implications pour le bien-être de la société, et font appel à un appareil technique raffiné assez éloigné de l'application au domaine de la gestion. Toutefois, un courant dit « d'économie managériale », plus près des préoccupations des gestionnaires, s'est développé, privilégiant certains sujets parmi ceux couverts par la microéconomie traditionnelle et caractérisé par un souci manifeste d'application[1].

Le présent livre de microéconomie fait partie de ce courant « managérial ». Ainsi, comparativement aux ouvrages de microéconomie traditionnelle, nous n'y traitons que des sujets qui se rapportent directement à l'entreprise et aux décisions du gestionnaire, et nous les abordons en gardant à l'esprit les préoccupations de ce dernier. Les sujets traités sont variés et comprennent le fonctionnement des marchés, l'analyse de la concurrence, les décisions de prix et de quantité et les comportements stratégiques. Nous y discutons même, quoique très brièvement, des décisions touchant l'organisation de l'entreprise, en l'occurrence, son degré d'intégration et la nature contractuelle des liens avec ses fournisseurs et ses clients.

Comparé aux autres livres d'économie managériale, celui-ci se distingue par certaines caractéristiques qui devraient faciliter la compréhension des concepts ainsi que leur application aux décisions du gestionnaire. Sa première caractéristique est de traiter exclusivement de microéconomie. Bien que les différents chapitres témoignent d'un souci d'établir des liens avec d'autres disciplines pertinentes à la gestion, nous n'abordons pas de sujet se rapportant directement à la finance, au marketing, à la comptabilité ou à la théorie des organisations. Nous avons également exclu de cet ouvrage certaines considérations très proches de celles de la microéconomie telles que les modèles de décision, l'analyse du risque, la programmation linéaire ainsi que des considérations portant sur l'environnement autres que la dimension concurrence. Nous croyons que l'application de concepts économiques aux décisions du gestionnaire exige avant tout des étudiants qu'ils adoptent la façon de penser des économistes, imprégnée de la notion d'alternative et des concepts de rivalité, d'information imparfaite et de barrières à la mobilité. Une telle tâche est déjà très ambitieuse pour un ouvrage correspondant à des enseignements qui se donnent généralement au cours d'un trimestre et elle exige donc un certain degré d'homogénéité dans les sujets traités.

La seconde caractéristique de ce livre est la grande place donnée à l'analyse de la concurrence (6 chapitres sur 16) et la façon dont le sujet

---

1. Nous pouvons associer ce courant à la publication du livre de Joel Dean, *Managerial Economics*, Englewood Cliffs, N. J., Prentice-Hall, en 1951.

est abordé. Nous mettons l'accent sur l'introduction des caractéristiques fondamentales de la concurrence contemporaine, soit la différenciation de produit, les barrières à la mobilité et l'information imparfaite. Ces sujets constituent la base des différents modèles présentés, plutôt que des considérations additionnelles exposées en fin de parcours pour établir un lien fragile avec la concurrence réelle. Le concept d'asymétrie est au centre de nos discussions des comportements concurrentiels. Le dernier chapitre, portant sur l'analyse de la concurrence dans des secteurs particuliers, se veut une synthèse des sujets traités dans les six chapitres sur la concurrence.

Ce livre est plus succinct et plus synthétique que la plupart des autres ouvrages d'économie managériale. Il apparaît important que l'étudiant en gestion ait une vue intégrée des sujets traités. La microéconomie, lui fournissant avant tout une approche, elle ne doit pas être présentée comme une série de sujets détachés, d'où le choix d'un format relativement comprimé mettant en évidence des liens entre les différents sujets traités. Toutefois, nous devons en contrepartie faire le sacrifice d'une analyse détaillée. L'exposé se veut aussi très simple, insistant sur les éléments fondamentaux. L'appareil technique utilisé se limite aux instruments nécessaires à la compréhension des concepts et leur application, c'est-à-dire les graphiques et les dérivées premières.

Présentation de l'ouvrage

Le livre se compose de quatre parties et le premier chapitre en constitue l'introduction. Dans la première partie, comprenant les chapitres 2, 3 et 4, nous examinons les différents agents en présence sur les marchés, c'est-à-dire les acheteurs et les producteurs, dans une optique d'analyse de fonctionnement des marchés. Nous y introduisons aussi une série de concepts auxquels nous nous référons dans l'ensemble de l'ouvrage.

Dans la deuxième partie, nous reprenons les concepts présentés dans la partie précédente dans une optique de soutien à la décision. Nous traitons aux chapitres 5 et 6 des méthodes d'analyse et de prévision de la demande. Dans le chapitre 7, nous tentons de couvrir l'ensemble des interrogations du gestionnaire sur lesquelles l'analyse économique des coûts jette un éclairage pertinent. Nous y exposons les différentes formes que peut prendre la fonction de coûts de l'entreprise et les implications pour le volume de production ainsi que les plans d'expansion. Nous développons, par ailleurs, des extensions touchant le nombre de produits, l'apprentissage et le transport, traitons de la contribution du coût d'opportunité à la prise de décision et abordons la notion de coûts de transactions et ses implications pour l'organisation des activités de la firme.

La troisième partie représente en quelque sorte le cœur du livre. L'accent est mis sur les déterminants de l'intensité de la concurrence et sur les comportements qui en résultent. Nous abordons ainsi la différenciation de produits, les conditions d'entrée, le nombre de firmes sur un marché et les décisions de prix et de publicité.

La quatrième partie constitue l'aboutissement des précédentes et porte sur un schéma d'analyse du contexte concurrentiel. Nous mettons l'accent sur le lien entre les enseignements de la microéconomie et les schémas d'analyse de la stratégie d'entreprise.

Les contraintes imposées par le temps et la formation préalable des étudiants obligent l'enseignant à faire une sélection des sujets dont il va traiter. Pour faciliter ce choix, nous nous permettons de faire les suggestions suivantes :

– Pour un groupe d'étudiants n'ayant aucune formation préalable en économie, les chapitres 1 à 4 traitant du fonctionnement de marché, le chapitre 7 portant sur les coûts et la prise de décision, et les chapitres 9 à 14 et 16, sur la concurrence, forment un ensemble cohérent et semblent indiqués. Ces chapitres constituent la trame du livre de même que la base de nos enseignements aux étudiants de première année à la maîtrise en administration des affaires (M.B.A.) à l'École des Hautes Études Commerciales de Montréal.

– Par contre, avec un groupe d'étudiants ayant déjà une formation préalable en économie, les chapitres portant sur le fonctionnement du marché peuvent être mis de côté. Les chapitres 9 à 16, ayant trait à la concurrence et aux techniques de fixation de prix, sont conseillés. De plus, il serait bon avec ces étudiants de s'attarder plus particulièrement aux études sectorielles présentées au chapitre 16.

– Pour un groupe d'étudiants ayant déjà une formation préalable en microéconomie et intéressés au soutien à la décision, les chapitres 5 à 8 forment un tout et viennent s'ajouter aux chapitres 9 à 16 portant sur la concurrence et les techniques de fixation de prix.

CHAPITRE

1

Introduction

Dans ce chapitre, nous définissons la science économique, traitons de méthodologie et présentons un premier aperçu du fonctionnement du marché, afin de permettre au lecteur de saisir la toile de fond des chapitres subséquents.

1.1. DÉFINITION DE LA SCIENCE ÉCONOMIQUE

De tout temps, l'homme a dû faire des choix. Comme les ressources disponibles sont limitées et ne peuvent produire suffisamment de biens et de services pour répondre aux divers besoins exprimés, il fait face au problème de la rareté et doit donc procéder à l'allocation des ressources, c'est-à-dire choisir les besoins qu'il veut satisfaire en priorité ainsi que les moyens pour y parvenir.

À travers le temps, divers systèmes d'allocation de ressources ont prévalu. Ainsi, les réponses aux questions « Qui fait quoi, comment et pour qui » provenaient de systèmes basés sur l'autorité, la tradition ou la planification et la commande. Le système d'allocation de ressources qui a cours actuellement dans un grand nombre de sociétés est le système de marché, c'est-à-dire des échanges volontaires entre des individus et des entreprises.

Les économistes se penchent sur l'allocation de ressources rares dans un système de marché. Ils examinent le fonctionnement d'un système où les agents économiques, forcés de faire des choix à cause de la rareté des ressources, expriment leurs préférences en manifestant une volonté de payer. D'autres agents, motivés par la perspective de gains, se chargent de produire pour répondre à ces besoins, sans intervention d'un agent planificateur.

La microéconomie traite du problème de la rareté et du fonctionnement des marchés au niveau des agents économiques. Elle se préoccupe du comportement des individus et des entreprises. La macroéconomie traite des grands agrégats économiques, tels que la consommation, les dépenses gouvernementales, l'investissement et les échanges extérieurs.

L'économie managériale relève du domaine de la microéconomie. La distinction entre la microéconomie et l'économie managériale relève d'une question de perspectives et non de différences conceptuelles. Dans une présentation traditionnelle de la microéconomie, on met l'accent sur le fonctionnement du marché, le rôle des prix et les implications pour le bien-être de la société, alors que dans une perspective managériale, on met l'accent sur la rivalité et la pertinence des concepts microéconomiques en ce qui concerne la prise de décision.

1.2. MÉTHODOLOGIE

Il est essentiel de présenter dès maintenant quelques éléments de méthodologie; autrement, l'approche économique risquerait de sembler détachée de la réalité, alors qu'elle constitue un puissant instrument d'analyse du monde complexe dans lequel nous vivons.

Le chercheur qui désire comprendre le comportement des différents agents économiques, en l'occurrence les entreprises et les acheteurs, est assailli par une abondance de données et de facteurs explicatifs possibles. Prenons, par exemple, la détermination du niveau de vente de véhicules automobiles au Canada. A priori, nous pouvons penser que le revenu d'un individu, sa richesse, le taux d'intérêt, le prix de la voiture, les caractéristiques des nouveaux modèles, le statut familial, la distance à parcourir, l'acquisition de voitures par des amis, voisins ou collègues de travail sont des facteurs explicatifs. Nous devons aussi tenir compte de l'humeur de l'individu à un moment donné dans le temps. La prise en compte de ces éléments dans la détermination du niveau des ventes agrégées, à la suite, par exemple, de l'introduction d'une nouvelle taxe, dépasse notre capacité d'analyse.

La réaction du chercheur est alors de simplifier, car la réalité est trop complexe pour être abordée de front. Il s'agit donc de réfléchir, non pas sur le monde réel, mais bien sur un modèle qui pourrait être défini comme une construction simplificatrice que le chercheur impose aux données afin de faire abstraction de complexités secondaires rattachées au problème étudié. Il a recours à un modèle pour faire ressortir les déterminants principaux du comportement à l'étude. Ce modèle n'est donc pas réaliste, par définition, puisqu'il simplifie.

La construction d'un modèle comporte trois étapes : la spécification d'hypothèses, la déduction d'un comportement menant à une prédiction et le test de la valeur de la prédiction. La simplification s'effectue dans la formulation des hypothèses définissant un nouvel univers qui s'avère plus ou moins complexe. Par exemple, dans le cas d'un modèle d'acquisition de voitures, nous pourrions considérer que l'achat dépend du revenu de l'acheteur, du prix et du taux d'intérêt, et faire abstraction de tous les autres facteurs que nous avons signalés plus haut. Avec un autre modèle, nous pourrions inclure comme variable l'acquisition de voitures par les pairs.

Après avoir précisé les hypothèses, le chercheur déduit le comportement du consommateur dans diverses conditions. À partir de l'exemple précédent, considérons une variation du niveau de revenu. Un processus de déduction, basé sur le désir d'un individu d'améliorer son bien-être dans une situation de rareté, laisse voir qu'une augmentation de la consommation de la plupart des biens et services est associée à une augmentation du revenu[1]. Notre prédiction est alors qu'une hausse de revenu occasionne une hausse de la consommation du bien voiture.

---

1. Nous traitons plus longuement de ce sujet au chapitre 2.

Ensuite, il s'agit de tester cette prédiction, c'est-à-dire de la confronter aux comportements réellement observés. Si le modèle prédit correctement les comportements, nous dirons qu'il est bon. Si la prédiction ne se vérifie pas, nous devons spécifier à nouveau le modèle et reprendre tout le processus.

Dans une telle démarche, le pouvoir de prédiction du modèle est très important : si la prédiction est bonne, alors le modèle est bon. Il faut remarquer les implications de cette approche sur la valeur des hypothèses. L'hypothèse est valable si elle mène à une bonne prédiction. Le degré de réalisme n'intervient pas dans les critères d'appréciation des hypothèses simplificatrices choisies[2]. Ces considérations donnent lieu à un débat méthodologique fort animé. Ainsi, certains chercheurs acceptent sans nuance cette démarche dite scientifique, alors que d'autres, sans pour autant contester la nécessité de simplifier, souhaitent la formulation d'hypothèses plus réalistes pour deux raisons : en premier lieu, ils n'acceptent pas l'identification « connaissance » et « pouvoir de prédiction », car pour connaître, soutiennent-ils, il faut expliquer pourquoi, sans se référer à l'artifice du « comme si »; en second lieu, ils craignent qu'une hypothèse non réaliste compromette une relation stable avec le comportement étudié, le modèle utilisé devenant alors moins valable dans certaines circonstances.

Certaines hypothèses utilisées au cours des chapitres qui suivent sont manifestement irréalistes. Par exemple, nous posons que l'agent économique, consommateur ou gestionnaire, est un être parfaitement rationnel. Nous faisons aussi l'hypothèse de firmes qui maximisent leurs profits. Or, la maximisation des profits telle que la microéconomie l'envisage n'est pratiquée par aucune firme réelle.

Il faut toutefois signaler que certains modèles utilisés au cours des différents chapitres font appel à des hypothèses relativement réalistes. En effet, lorsqu'un modèle engendre de mauvaises prédictions, il faut procéder à une nouvelle spécification et dans la plupart des cas, les nouveaux modèles font appel à des hypothèses moins abstraites. En général, plus le

---

2. La principale référence sur ce sujet est M. FRIEDMAN, « The Methodology of Positive Economics », *Essays in Positive Economics*, Chicago, University of Chicago Press, 1953, pp. 3-43.

comportement étudié est commun à un grand nombre d'individus, plus l'hypothèse simplificatrice est loin de la réalité. Inversement, lorsque le comportement étudié est celui d'un petit nombre d'individus, les hypothèses sont plus réalistes. Ainsi, le modèle utilisé pour prédire l'effet d'une modification de la taxe de vente sur le prix moyen au niveau d'une industrie entière sera sans doute fondé sur des hypothèses moins réalistes qu'un modèle devant prédire comment une firme donnée modifie ses prix.

La spécification de modèles est une tâche complexe. Il faut avoir comme objectif de simplifier et de cerner l'essentiel, tout en étant prêt à élargir la gamme des hypothèses afin d'augmenter le nombre de comportements expliqués. Dans les divers chapitres qui suivent, nous faisons appel à différents modèles, certains plus réalistes que d'autres. Ceci n'est que la conséquence de la grande variété de comportements abordés au moyen des concepts de la microéconomie.

Notre examen des différents modèles est généralement basé sur une certaine formalisation qui, par ailleurs, est limitée à ce que nous jugeons nécessaire pour en faciliter l'exposé tout en développant chez l'étudiant une certaine capacité d'analyse. Nous faisons donc largement appel aux graphiques pour illustrer nos propos. L'économie étant la science de l'utilisation des ressources rares, nous rencontrons de nombreuses situations d'optimisation. Nous les traitons de façons tantôt intuitive, tantôt formelle, en utilisant le calcul différentiel (dérivée première). L'annexe 1.1 de ce chapitre est un rappel de la notion de fonction, de l'utilisation de graphiques et de la dérivée première d'une fonction. Ce rappel devrait permettre à l'étudiant de maîtriser les aspects formels du livre.

Les approches positives et normatives

Les modèles économiques sont utilisés à des fins positives et normatives. L'approche est positive lorsque l'intention est d'expliquer un comportement quelconque. Par contre, nous pouvons aussi désirer prescrire des comportements qui contribuent à améliorer le bien-être de l'individu ou de la société, ou encore à augmenter la rentabilité de la firme. Nous adoptons alors une approche normative. En économie managériale, nous faisons appel aux deux approches. En effet, nous voulons à la fois être capables de prédire des comportements, par exemple, des décisions relatives au prix ou à la différenciation de produits des concurrents, et prescrire des comportements particuliers à une firme, par exemple, une modification dans la quantité du produit offert ou la mise en place de nouveaux équipements.

1.3.   NOTIONS DE MARCHÉ ET DE FIRME

Au cours des sections précédentes, nous avons fait référence à plusieurs reprises aux notions de firme et de marché. Nos intuitions nous ont permis de suivre la discussion sans nous pencher davantage sur la portée de ces termes. Afin de poursuivre notre réflexion, il convient d'apporter maintenant quelques précisions.

1.3.1.   La firme, l'entreprise

Au cours des chapitres, plusieurs sens sont attribués aux termes firme et entreprise, termes que nous employons indifféremment. Dans certains cas, il s'agit d'une entité qui n'est rien d'autre qu'une pure construction, une vue de l'esprit : la firme, ou l'entreprise, est alors une entité dépourvue de structures internes qui, désirant maximiser ses profits, fait appel à des intrants pour produire et vendre un bien ou un service.

Par contre, dans certains chapitres, nous faisons référence aux firmes contemporaines qui ont des structures internes et financières bien précises. Les questions de taille et d'objectifs poursuivis par les dirigeants, qui ne sont pas nécessairement les propriétaires, sont alors abordées. Il faut être bien conscient que la définition que nous donnons au terme firme dépend du problème à l'étude. Ainsi, dans un très grand nombre de chapitres nous faisons appel à une firme dont l'objectif est la maximisation de profits, alors qu'ailleurs nous considérons des objectifs de vente, de croissance ou de part de marché. En général, le dirigeant de la firme est une entité tout à fait abstraite qui réagit comme une simple machine à calcul. Toutefois, il arrive aussi que nous le considérions comme un être humain avec ses caractéristiques et ses objectifs propres.

L'annexe 1.2 de ce chapitre porte sur les différents modèles de la firme que nous retrouvons chez les économistes.

1.3.2.   La notion de marché

Le marché est défini comme un lieu de rencontre où des échanges volontaires ont lieu[3]. Tout au long du livre, nous adoptons une analyse dite « d'équilibre partiel » : nous considérons un marché à la fois, comprenant les produits pouvant répondre à une même fin, à un moment donné, dans un lieu donné. Par exemple, nous portons notre attention sur le marché du meuble ou des bateaux de plaisance, mais ne cherchons pas à les étudier simultanément, dans un cadre qui engloberait les marchés de tous les biens et services produits.

Bien qu'il soit possible que le marché soit un lieu physique bien déterminé, il ne faut pas pour autant en limiter notre vision. Le Marché central de Montréal est un lieu physique où chaque jour des échanges ont lieu dans un endroit précis entre agriculteurs et commerçants de fruits et légumes, contrairement au marché boursier qui lui, ne peut être restreint à un lieu physique.

1.3.3.   Le fonctionnement élémentaire
du système de marché

L'ensemble du livre porte sur des comportements d'agents économiques transigeant sur des marchés. Aussi semble-t-il pertinent de donner dès maintenant un aperçu du système de marché, afin de présenter le contexte dans lequel nous examinons le comportement des acheteurs et des entreprises. Cet exercice nous permet aussi de nous familiariser avec l'utilisation de modèles. Toutefois, nous traitons à nouveau de ce sujet au chapitre 4, afin de le nuancer et de le compléter.

---

3.   Au chapitre 9, nous soulevons la question des frontières du marché, relativement aux produits et à l'espace géographique.

La science économique prend véritablement naissance vers 1776 lorsque Adam Smith se penche, dans son ouvrage intitulé *The Wealth of Nations*, sur le fonctionnement du système de marché[4]. Cette époque est marquée par une augmentation du commerce entraînée par la colonisation et les progrès dans les réseaux de transports, une éthique plus favorable à l'essor individuel, une hausse de la scolarité et une diminution de l'influence des autorités religieuses. Par conséquent, l'emprise des marchés comme mode d'allocation de ressources s'accroît. Les efforts d'Adam Smith portent sur l'efficacité de ce mode d'allocation de ressources où les prix semblent jouer un rôle central. Il cherche à voir si le système de marché peut assurer que les biens et services demandés par les populations soient produits en quantités suffisantes, sans l'intervention d'un pouvoir central qui commande le niveau de production de certains biens ou services. L'objectif original de la microéconomie n'est donc pas d'éclairer les gestionnaires d'entreprise, mais bien d'observer à quel point une société peut confier l'allocation de ses ressources rares au système de marché.

Le marché étant caractérisé par des échanges entre acheteurs et producteurs, Smith commence par présenter les plans de ces partis aux différentes transactions. La société est bien servie par le marché si les plans des acheteurs et des producteurs sont compatibles. Il n'y a alors aucune pénurie et aucun surplus de production. Smith pose les hypothèses suivantes : il y a un grand nombre de consommateurs et un grand nombre de firmes productrices; chacun des consommateurs veut maximiser sa satisfaction, alors que chacune des entreprises veut maximiser ses profits[5]; chacune des entreprises est de petite taille relativement à l'ensemble des firmes présentes sur le marché; le bien en question est homogène, c'est-à-dire absolument identique, dans toutes ses caractéristiques, quelle que soit l'entreprise qui le produit[6]. Tous les agents économiques jouissent d'une parfaite information et d'une parfaite mobilité. Les plans des acheteurs et des producteurs sont parfaitement connus de tous et tous peuvent avoir accès au marché ou s'en retirer sans contrainte, en tant qu'acheteur ou vendeur. Les plans d'achat des consommateurs, que l'on appelle demande, sont essentiellement fonction des prix. Nous avons alors une fonction de

---

4. A. SMITH, *The Wealth of Nations*, Homewood, Ill., Irwin, 1963.
5. Ces sujets sont traités aux chapitres 2 et 4.
6. La différenciation de produits est discutée au chapitre 10.

demande représentée par $Q = f(P)$, de pente négative ($dQ / dP < 0$). Plus les prix sont élevés, plus faibles sont les quantités que les individus désirent acheter. Les plans de production des firmes, appelés offre, sont aussi essentiellement fonction des prix : plus les prix sont élevés, plus les quantités offertes le sont également. Smith suppose, en effet, que les coûts de production unitaires sont croissants[7]. Ainsi, un producteur n'accepte de produire davantage que s'il peut obtenir un prix plus élevé, sous peine de subir des pertes. Nous avons alors une fonction d'offre représentée par $Q = g(P)$, de pente positive ($dQ/dP > 0$). Les fonctions d'offre et de demande sont représentées au graphique 1.1. Toute combinaison de prix et de quantités autre que (P^*, Q^*) entraîne soit une pénurie du bien, et les plans des acheteurs ne sont pas satisfaits, soit un surplus de production, et ce sont alors les plans des producteurs qui ne sont pas satisfaits. La société est bien servie par le système de marché si celui-ci conduit à la combinaison (P^*, Q^*).

Dans les conditions posées par Smith, examinons ce qui se passe sur les marchés pour tout autre prix que P^*. Soit $P_1 < P^*$. À ce prix, il y a pénurie du bien, les acheteurs désirant se procurer une plus grande quantité que celle qui est disponible sur le marché. La courbe de demande représente les plans d'achat des individus. À P_1, il existe donc des individus prêts à payer un prix plus élevé qui n'ont pu se procurer le bien. Parmi les acheteurs du bien à P_1, il y en a qui, face à un prix plus élevé, auraient préféré s'en passer et qui s'en départiraient à ce même prix. Afin de maximiser sa satisfaction, le premier groupe offre un prix plus élevé au second qui est alors prêt à se départir du bien convoité. Il y a donc pression à la hausse sur les prix. Examinons maintenant les plans de production.

---

7.   Ce sujet est traité au chapitre 3.

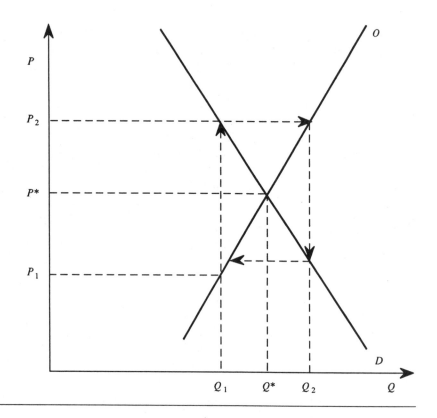

Graphique 1.1 – Équilibre de marché

Avec un nouveau prix P_2, les producteurs désirent mettre sur le marché une quantité plus élevée. Il y a donc hausse des quantités produites jusqu'à Q_2. Les acheteurs ne sont toutefois pas prêts à débourser P_2 pour une quantité Q_2, d'où un surplus de production. Alors, plutôt que de maintenir un surplus d'inventaire, les producteurs réduisent le prix. Ce mécanisme d'ajustement continue jusqu'à ce que les plans des acheteurs et des producteurs soient compatibles[8]. Les forces du marché mènent donc à la combinaison (P^*,Q^*), toute autre combinaison donnant lieu à des ajustements de la part des producteurs ou des acheteurs. Parvenu à ce point, le marché est en équilibre, c'est-à-dire que sous les conditions existantes de demande et d'offre, il n'y a pas de pression de changement.

---

8. Les contraintes de temps et d'espace nous obligent à mettre de côté la discussion de la non-convergence possible des différents ajustements.

Un équilibre ne signifie pas toutefois que chaque individu a comblé ses moindres désirs. Il s'agit simplement de la satisfaction de plans élaborés dans une situation de rareté. Ainsi, un individu peut souhaiter se procurer un logement plus grand, alors que ses plans indiquent qu'à un loyer mensuel de 800 $, par exemple, il préfère s'en passer. Il ne faut donc pas conclure que l'équilibre de marché mène à une situation où tous les membres de la société atteignent un niveau de vie jugé enviable ou même acceptable. Par ailleurs, l'équilibre du marché est une vue de l'esprit. Il représente une situation vers laquelle le marché tend, sans toutefois atteindre la compatibilité des plans, étant donné que l'environnement change constamment, modifiant les plans d'offre et de demande.

Les conditions de mobilité et d'information parfaites sont absolument nécessaires pour que les marchés s'ajustent. Si l'information est incomplète, les acheteurs et producteurs ne sont pas au courant des variations de prix, et si la mobilité est imparfaite, les producteurs ne peuvent se procurer les ressources pour augmenter leur production ou pour entrer sur le marché.

Soulignons combien les variations de prix sont au centre du fonctionnement du marché : les prix sont les signaux qui entraînent les ajustements des acheteurs et des producteurs. Nous pouvons alors comprendre pourquoi en microéconomie traditionnelle, on insiste tant sur l'étude des prix, tandis que pour les gestionnaires, les prix sont une considération parmi d'autres.

1.4. POINTS IMPORTANTS ET IMPLICATIONS

L'objectif de ce chapitre est somme toute assez modeste : il s'agit de présenter brièvement les caractéristiques fondamentales de la science économique sur lesquelles seront basés les prochains chapitres. Il ne prétend aucunement être d'une utilité immédiate pour le gestionnaire.

Le point d'assise de la science économique est la rareté des ressources qui impose à l'homme de faire constamment des choix. L'action de choisir implique la considération de l'alternative et une appréciation des deux situations. Cette préoccupation de l'alternative apparaît en filigrane dans l'ensemble des chapitres de cet ouvrage.

La réalité étant trop difficile à saisir, la science économique a recours à des modèles, qui en soi ne sont ni bons ni mauvais. Tout dépend de l'objectif du chercheur. Ce dernier procède à une **construction** qui apporte un éclairage sur un problème donné. Cette construction peut être d'un apport précieux pour un problème en particulier, mais tout à fait inadéquate pour un autre. Dans le présent ouvrage, nous présentons une variété de situations et recourons alors à divers modèles.

Le réalisme des hypothèses fait l'objet d'un débat méthodologique constant. La ligne de pensée prédominante est toutefois qu'elles ne doivent pas être évaluées selon leur degré de réalisme, mais bien selon leur pouvoir explicatif du phénomène particulier sous étude, explicatif étant associé à la qualité de prédiction.

ANNEXE 1.1 Rappel mathématique

A1.1   Les fonctions et les graphiques

Tout au long de cet ouvrage, nous cherchons à expliquer le comportement de divers agents économiques sur les marchés. Dans ce but, nous mettons constamment en relation certaines variables à expliquer, avec d'autres, explicatives. Par exemple, nous expliquons les profits au moyen des coûts et des revenus; aux coûts sont associés les quantités produites et les prix des facteurs de production, et pour les quantités vendues, nous faisons appel au prix de vente et au revenu des acheteurs.

Le lien entre ces variables s'exprime comme une fonction. De façon générale, nous écrivons $y = f(X)$ que nous lisons comme Y est une fonction de X. Y est alors la variable dépendante, à expliquer, et X la(les) variable(s) indépendante(s), explicative(s). Une fonction peut être linéaire; nous avons alors $Y = a + bX$.

Elle peut aussi comprendre plusieurs variables explicatives. Ainsi, une fonction de demande typique serait présentée de la façon suivante :

$$Q_D = a_0 + a_1P + a_2Y_D + a_3A + a_4P_S$$

où Q_D = quantité demandée

P = le prix de vente

Y_D = un indice du pouvoir de dépenser

A = l'effort publicitaire

P_S = le prix d'un bien substituable

et a_0, a_1, a_2, a_3, a_4 sont des paramètres constants.

La fonction peut aussi être non linéaire. Nous avons alors, par exemple,

$$CT = a_0 + a_1Q + a_2Q^2$$

où CT = coût total de production

Q = la quantité produite

et a_0, a_1 et a_2 sont des paramètres constants.

Nous pouvons calculer les valeurs prises par la variable expliquée simplement en insérant dans la fonction différentes valeurs des variables explicatives, comme l'illustre l'exemple suivant d'une fonction de demande.

La fonction de demande

$$Q_D = 500 - 10P + 3P_S + 0{,}01Y_D + 0{,}01A$$

P = prix du bien = 10

P_S = prix d'un substitut = 15

Y_D = indice du pouvoir de dépenser = 30 000

A = indice des dépenses publicitaires = 10 000

Nous avons alors

$$Q_D = 500 - 100 + 45 + 300 + 100$$
$$= 845$$

L'utilisation des graphiques

Une simple illustration graphique d'une fonction est souvent la meilleure façon de communiquer le lien entre une variable expliquée et une ou plusieurs variables explicatives. Nous sommes évidemment contraints de nous limiter à une ou deux variables explicatives, puisque nos graphiques ont forcément deux ou trois dimensions. Nous verrons toutefois plus tard comment nous pouvons contourner cette contrainte.

Soit la fonction linéaire simple suivante :

$$Y_D = a_0 + a_1X$$
$$= 50 - 5X$$

Cette équation est illustrée au graphique 1.2. Lorsque $X = 1$, $Y = 45$. Cette combinaison correspond au point A sur le graphique. Lorsque $X = 5$, $Y = 25$, ce qui correspond alors au point B.

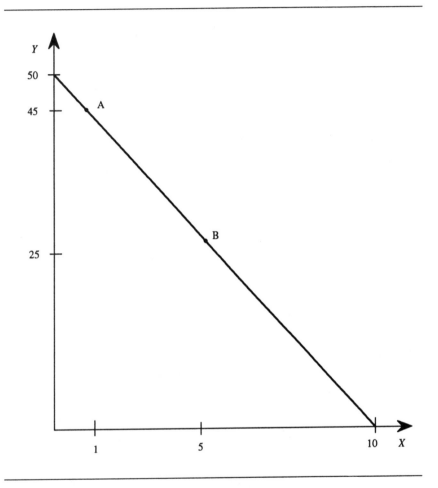

Graphique 1.2

Soit maintenant la fonction suivante :

$$Y = b_0 + b_1X_1 + b_2X_2$$
$$= 25 + 10X_1 - 5X_2$$

Lorsque $X_1 = 2,5$ et $X_2 = 5$, nous avons $Y = 25$.

Cette fonction peut être illustrée dans un graphique à trois dimensions, il nous suffit d'ajouter un axe. Nous pouvons toutefois aussi l'illustrer dans un graphique à deux dimensions, en regroupant la constante et une des deux variables, par exemple, X_1.

$$Y = [25 + 10X_1] - 5X_2$$

$$Y = 25 + 25 - 5X_2 \text{, pour } X_1 = 2,5$$

Nous obtenons la droite CD au graphique 1.3.

Soit maintenant $X_1 = 3,5$. Nous avons alors

$$Y = [25 + 10X_1] - 5X_2$$

$$= 25 + 35 - 5X_2$$

Nous obtenons la droite EF au graphique 1.3.

La droite CD nous indique les liens entre Y et X_2, lorsque $X_1 = 2,5$ et la droite EF nous indique les liens entre Y et X_2 lorsque $X_1 = 3,5$.

L'ordonnée à l'origine et la pente

Deux éléments sont constamment utilisés pour caractériser une fonction : l'ordonnée à l'origine et la pente. Nous appelons ordonnée à l'origine le point où la fonction coupe l'axe vertical, c'est-à-dire l'ordonnée.

La pente s'exprime comme le rapport de deux variations, soit $\dfrac{\Delta Y}{\Delta X}$, c'est-à-dire la variation dans la variable expliquée suivant la variation de la variable explicative. Au graphique 1.3, la pente de la droite CD est –5 (pour $\Delta X = 1$, nous avons $\Delta Y = -5$) et l'ordonnée à l'origine est 50. La pente de la droite EF est également –5 et l'ordonnée à l'origine est 60.

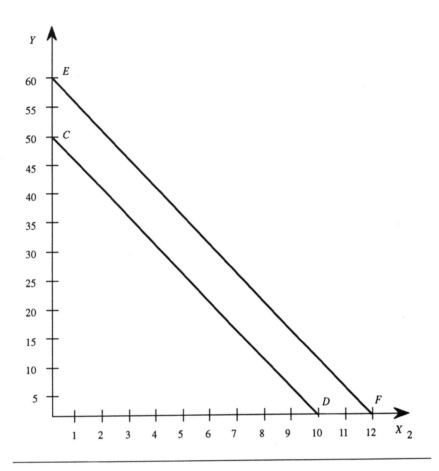

Graphique 1.3

A1.2   Les dérivées et l'optimisation

Nous sommes particulièrement intéressés à connaître les variations dans
la valeur de la variable dépendante suivant une variation dans la valeur de
la variable indépendante (ou d'une des variables indépendantes). À cette
fin, la pente d'une fonction, définie à la section précédente, est une information pertinente. Soit une fonction

$$Y = f(X)$$

Si la pente $\dfrac{\Delta Y}{\Delta X}$ est positive, cela signifie que lorsque X augmente, Y augmente aussi. Si la pente est négative, cela signifie que X et Y varient en sens opposés.

Par ailleurs, plus la pente est forte (quel que soit son signe), plus une variation dans X entraîne une forte variation dans Y. Au graphique 1.4, nous illustrons les fonctions $Y = 50 - 2X$ et $Y = 50 - 5X$, et calculons ensuite les parties. Nous disons que la pente de la première fonction est plus faible, en valeur absolue, que celle de la deuxième fonction.

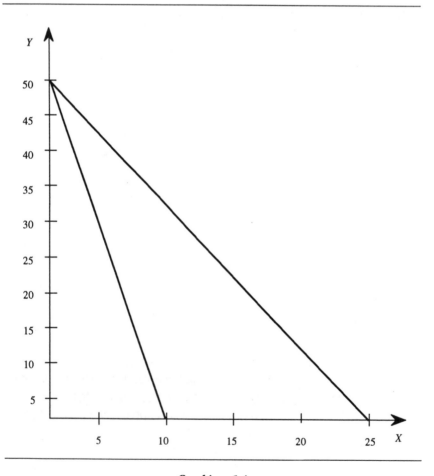

Graphique 1.4

$$Y = 50 - 2X \qquad X_1 = 10 \qquad Y_1 = 30$$
$$X_2 = 20 \qquad Y_2 = 10$$
$$\Delta Y = Y_2 - Y_1 = -20$$
$$\Delta X = X_2 - X_1 = 10$$
$$\frac{\Delta Y}{\Delta X} = -2$$

$$Y = 50 - 5X \qquad X_1 = 5 \qquad Y_1 = 25$$
$$X_2 = 10 \qquad Y_2 = 0$$
$$\Delta Y = Y_2 - Y_1 = -25$$
$$\Delta X = 10 - 5 = 5$$
$$\frac{\Delta Y}{\Delta X} = -5$$

La situation se complique quelque peu si nous avons une fonction non linéaire. Soit la fonction suivante :

$$Y = a_1 X - a_2 X^2$$
$$Y = 50X - X^2$$

Calculons la pente pour $(X, Y) = (10, 400)$ et $(X, Y) = (20, 600)$.

$$\Delta X = 20 - 10 = 10$$
$$\Delta Y = 600 - 400 = 200$$
$$\frac{\Delta Y}{\Delta X} = \frac{200}{10} = 20$$

Calculons la pente pour $(X, Y) = (20, 600)$ et $(X, Y) = (25, 625)$.

$$\Delta X = 25 - 20 = 5$$
$$\Delta Y = 625 - 600 = 25$$
$$\frac{\Delta Y}{\Delta X} = \frac{25}{5} = 5$$

Nous voyons que la pente varie à la baisse, le long de la fonction $Y = f(X) = 50X - X^2$.

Afin de bien saisir les variations de Y associées aux variations de X, il nous faut donc calculer la pente de la fonction à plusieurs endroits.

Calculons la pente, pour la même fonction, pour $(X, Y) = (20, 600)$ et $(X, Y) = (30, 600)$. Nous avons

$$\Delta X = 20 - 10 = 10$$

$$\Delta Y = 600 - 600 = 0$$

$$\frac{\Delta Y}{\Delta X} = \frac{0}{10} = 0$$

La pente est nulle.

Traçons cette fonction au graphique 1.5. Nous retrouvons les pentes que nous avons calculées ci-dessus. Le message livré par notre dernier calcul, révélant une pente égale à 0, porte toutefois à confusion. En effet, nous avons une pente de 0, entre les points C et D, ce qui peut laisser croire que Y ne varie pas en fonction de X. Toutefois, le graphique montre que, pour des valeurs de X comprises entre 20 et 30, Y a augmenté pour ensuite décroître. Notre calcul de pente ne livre pas cette information, en raison de l'intervalle de variation de X pour lequel nous avons calculé la pente ($X = 20$ et $X = 30$).

Afin d'éviter une telle perte d'information, nous pouvons tracer la fonction que nous étudions et calculer les pentes pour des intervalles de variation de X plus petits. Cependant, plus les intervalles sont petits, plus la tâche est ardue.

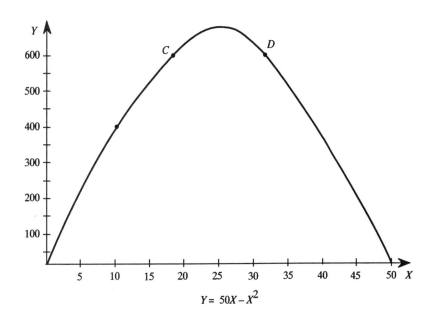

$$Y = 50X - X^2$$

Graphique 1.5

Il existe toutefois une autre façon de procéder, en l'occurrence le calcul différentiel, qui permet de simplifier la tâche sans perdre d'information. Le principe général de la démarche est le suivant : au lieu de calculer la pente sur un grand nombre d'intervalles, nous dégageons une expression générale de la valeur de la pente, dont l'utilisation est très simple.

Le procédé prend le nom de « calcul de la dérivée première d'une fonction ». Nous illustrons le principe général pour ensuite énoncer quelques formules permettant d'appliquer le principe aux différentes formes de fonction que nous pouvons rencontrer.

Soit une fonction $Y = f(X)$. Nous avons

$$\frac{\Delta Y}{\Delta X} = \frac{Y_1 - Y_0}{X_1 - X_0} = \frac{f(X_1) - f(X_0)}{X_1 - X_0}$$

$$= \frac{f(X_0 + \Delta X) - f(X_0)}{\Delta X}$$

Nous appelons dérivée première de f(X) le rapport $\dfrac{\Delta Y}{\Delta X}$ lorsque ΔX tend vers 0, c'est-à-dire lorsque l'intervalle sur lequel nous calculons la pente est infiniment petit. L'expression s'écrit alors

$$\frac{dY}{dX} = f'(X) = \frac{f(X + dX) - f(X)}{dX}$$

Appliquons cette démarche générale à la fonction examinée ci-dessus :

$$Y = 50X - X^2$$

$$\frac{dY}{dX} = \frac{50(X + dX) - (X + dX)^2 - \left[50X - X^2\right]}{dX}$$

$$= \frac{50X + 50\,dX - X^2 - dX^2 - 2X\,dX - 50X + X^2}{dX}$$

$$= \frac{50\,dX - dX^2 - 2X\,dX}{dX}$$

$$= 50 - dX - 2X$$

$$\frac{dY}{dX} = 50 - 2X, \text{ puisque } dX \text{ tend vers 0.}$$

La valeur de la pente est donnée par $50 - 2X$. La pente est positive pour $X < 25$ et négative pour $X > 25$. La fonction $Y = f(X)$ est croissante lorsque $X < 25$ et décroissante pour $X > 25$.

Les formules

Nous pouvons calculer la valeur de la dérivée première pour toute fonction, en procédant de la façon indiquée ci-dessus. Toutefois, la tâche nous est simplifiée par l'existence de résultats généraux, obtenus par le calcul précédent et applicables aux différentes catégories de fonction. Le tableau A.1 résume ces résultats.

Tableau A.1 – Dérivées des fonctions usuelles

FONCTIONS	FONCTIONS DÉRIVÉES
$f(X) = a$	$f'(X) = 0$
$f(X) = a + bX$	$f'(X) = b$
$f(X) = aX^n$	$f'(X) = a \cdot n \cdot X^{n-1}$
$f(X) = \dfrac{a}{X}$	$f'(X) = \dfrac{-a}{X^2}$
$f(X) = u(X) + v(X)$	$f'(X) = u'(X) + v'(X)$
$f(X) = \dfrac{u(X)}{v(X)}$	$f'(X) = \dfrac{u'(X) \cdot v(X) - u(X) \cdot v'(X)}{[v(X)]^2}$
$f(X) = u(X) \cdot v(X)$	$f'(X) = u(X) \cdot v'(X) + u'(X) \cdot v(X)$

a, b, n : paramètres
x : variable indépendante
f, u, v : fonctions

Les dérivées et l'optimisation

Nous faisons l'hypothèse que les objectifs des agents économiques dont nous étudions les comportements sont la maximisation de la satisfaction, des profits, des ventes ou la minimisation des coûts. Nous avons donc, tout au long du livre, à chercher le maximum ou le minimum d'une fonction. Le calcul de la dérivée première nous est alors d'une grande utilité.

Nous avons tiré les résultats suivants de la section précédente :

$$\frac{dY}{dX} > 0 \quad \Rightarrow \quad Y \nearrow \quad \text{quand } X \nearrow \quad \text{(pente positive)}$$

$$Y \searrow \quad \text{quand } X \searrow$$

$$\frac{dY}{dX} < 0 \quad \Rightarrow \quad Y \searrow \quad \text{quand } X \nearrow \quad \text{(pente négative)}$$

$$Y \nearrow \quad \text{quand } X \searrow$$

Lorsque $\dfrac{dY}{dX} = 0$, nous avons donc un maximum ou un minimum pour Y. Lorsque nous devons trouver la valeur de X qui maximise ou minimise Y, nous n'avons alors qu'à calculer l'expression de la dérivée première de f(X) et trouver la valeur de X qui la rend égale à 0. Reprenons la fonction $Y = 50X - X^2$ et cherchons la valeur de X pour laquelle Y est à un maximum ou à un minimum. La dérivée première est

$$\frac{dY}{dX} = 50 - 2X$$

Celle-ci est égale à 0 lorsque

$$50 - 2X = 0$$

$$X = 25$$

En soi, cette façon de procéder ne nous permet pas de dire s'il s'agit d'un maximum ou d'un minimum. Par contre, divers moyens s'offrent à nous pour le déterminer[1]. En premier lieu, nous avons souvent une connaissance a priori de la forme de la fonction. Par exemple, nous savons, par construction, qu'une fonction de profit ou de revenu est croissante pour ensuite être décroissante. L'extremum trouvé est alors un maximum. Une fonction de coût moyen d'une entreprise sera généralement, par cons-

---

1.   Nous pourrions aussi continuer dans la voie du calcul différentiel et examiner la dérivée seconde de la fonction. Cependant, étant donné nos objectifs, nous nous contenterons de la dérivée première et des informations a priori.

truction, décroissante avant d'être croissante. L'extremum trouvé est alors un minimum. Si nous n'avons pas de renseignement a priori, nous pouvons calculer une ou deux valeurs de Y au voisinage de la valeur identifiée comme un extremum. Une comparaison des valeurs obtenues pour Y nous permet alors de dire s'il s'agit d'un maximum ou d'un minimum.

ANNEXE 1.2 La théorie de la firme

À la section 1.3.1., nous présentons la firme (l'entreprise) comme un agent économique dont la tâche est de produire et dont l'objectif est de maximiser les profits. Nos modèles font complètement abstraction de la raison d'être de l'entreprise, de ses décisions d'allocation de ressources à l'interne et de la façon dont sont régies les différentes transactions auxquelles elle prend part. À toutes fins pratiques, l'entreprise de nos chapitres est une boîte noire qui réagit efficacement aux directives d'un propriétaire dirigeant rationnel et parfaitement informé. Notre seule préoccupation est le niveau de production qui ne dépend que des prix observés et de la technologie. Ceci fait dire à plusieurs que l'entreprise des économistes n'est qu'une fonction de production[1].

Ce commentaire, pour juste qu'il soit, demande à être nuancé. Pour procéder à une première analyse du fonctionnement de marché et des comportements concurrentiels, cette vision de l'entreprise est très pratique. Sa simplicité nous permet de nous concentrer sur les sujets qui font l'objet des différents chapitres.

Les économistes se sont toutefois penchés sur l'existence de l'entreprise, son fonctionnement interne ainsi que la façon dont y sont effectuées les différentes transactions. À ce titre, ces préoccupations rapprochent fortement l'économie, la stratégie d'entreprise et la théorie des organisations. Bien que les chapitres suivants ne fassent que peu référence aux travaux de cette nature, nous en offrons ici un bref compte rendu, étant donné leur pertinence immédiate pour la gestion.

La vision « boîte noire/fonction de production » de la firme provient des travaux de Smith (1976) et de Marshall (1961)[2]. L'objet de leurs travaux est le marché comme mode d'allocation des ressources; l'entreprise en soi ne les préoccupe pas.

---

1. La fonction de production de la firme est traitée au chapitre 3 et la maximisation du profit, au chapitre 4.
2. A. SMITH, *The Wealth of Nations*, Homewood, Ill., Irwin, 1976, et E. MARSHALL, *Principles of Economics*, 9e édition, New York, Macmillan, 1961.

Les premiers économistes à s'interroger véritablement sur l'entreprise sont Knight (1933) et Coase (1937)[3]. Essentiellement, ces auteurs demandent pourquoi l'entreprise existe au sein des marchés.

Ils posent la question suivante : puisque les marchés s'occupent de l'allocation des ressources entre les différents usagers, à partir de signaux donnés par les prix, pourquoi existe-t-il au sein des marchés des organisations, les entreprises, qui procèdent elles aussi à l'allocation des ressources, mais en raison d'un lien d'autorité entre les partis en présence ? Selon Knight, la réponse réside dans le facteur incertitude. Pour expliquer l'existence de l'entreprise, il faut mettre de côté l'hypothèse d'information parfaite. Certains individus sont plus réticents que d'autres à prendre des risques; ils préfèrent une rémunération fixe, non aléatoire. D'autres sont prêts à courir des risques, en contrepartie toutefois d'un plus grand bénéfice et d'un lien d'autorité sur les autres ressources. L'entreprise est l'organisation qui répond à ces exigences : le propriétaire détient un lien d'autorité sur les ressources embauchées qui ont une rémunération fixe; il se garde les résidus des opérations de la firme et assume les risques inhérents. Knight a eu le grand mérite de mettre en évidence le problème d'information imparfaite et l'aversion au risque des différents agents économiques. Il ne fait toutefois pas la preuve que le marché ne peut pas fonctionner et qu'il faut mettre en place une organisation où domine un lien d'autorité.

Selon Coase, l'utilisation du marché entraîne des coûts : il faut acquérir et diffuser l'information sur les produits, les prix et les quantités. Pour certains produits et services, la main-d'œuvre par exemple, il peut être moins coûteux de faire une transaction au moyen d'un contrat dont les termes sont relativement généraux, plutôt que plusieurs transactions extrêmement spécifiques. Ces contrats donnent naissance à l'entreprise dont le propriétaire peut décider de l'allocation du temps de ses employés, sans référence au marché. La taille de l'entreprise est limitée par les coûts liés à une organisation plus grande : à partir d'un certain point, il devient moins coûteux de faire appel au marché pour effectuer une transaction que de s'en remettre à l'organisation interne de la firme.

---

3.   F. KNIGHT, *Risk, Uncertainty and Profits*, London School of Economics, 1933, et R. COASE, *The Nature of the Firm*, Économica, novembre 1937, n° 4, pp. 386-405.

Le prochain élément des discussions est associé aux travaux de Berle et Means, en 1932[4]. Ces auteurs ne cherchent pas à expliquer l'existence de l'entreprise; ils mettent plutôt en question son efficacité présumée. Ils constatent une séparation entre la propriété et la gestion de l'entreprise et font remarquer que les objectifs des dirigeants peuvent différer de ceux des propriétaires/actionnaires. L'entreprise ne serait donc pas l'organisation efficace des modèles des économistes. La conclusion de leurs travaux est que ces derniers doivent se pencher sur le fonctionnement et l'organisation de l'entreprise et que celle-ci ne devrait pas être considérée comme une stricte fonction de production.

À la suite de ces travaux, Marris (1964) propose le modèle de l'entreprise « managériale » : le comportement de celle-ci s'explique par la fonction d'utilité des gestionnaires, déterminée non seulement par les profits de l'entreprise mais aussi par la rémunération, la taille et le risque encouru[5]. Marris montre que les décisions de prix/quantité et de croissance d'une entreprise « managériale » sont différentes de celles d'une entreprise qui maximise ses profits (c'est-à-dire qui se réfère à la fonction d'utilité des propriétaires/actionnaires).

En 1960, Cyert et March développent le modèle de l'entreprise « organisationnelle ». Celle-ci n'a pas un objectif simple et unique[6]. Elle cherche plutôt à établir un compromis entre les objectifs divergents des différentes composantes de l'organisation. Cet ouvrage a le mérite de mettre au jour certaines lacunes des modèles mis de l'avant par les économistes, mais ne propose pas une démarche généralisable : le modèle est trop complexe.

En 1972, Alchian et Demsetz reprennent les propos de Coase[7]. Ils cherchent à préciser les coûts d'utilisation du marché et de là, à justifier l'existence de la firme. Leur démarche est fondée sur une fonction de

4. A.A. BERLE et G.C. MEANS, *The Modern Corporation and Private Property*, New York, Commerce Clearing House, 1932.

5. R. MARRIS, *The Economic Theory of Managerial Capitalism*, London, Macmillan, 1964.

6. R.M. CYERT et J.G. MARCH, *A Behavioural Theory of the Firm*, Englewood Cliffs, N. J., Prentice-Hall, 1963.

7. A.A. ALCHIAN et H. DEMSETZ, « Production Information Costs and Economic Organization », *American Economic Review*, 1972, n° 62, pp. 777-795.

production « équipe ». De façon générale, nous avons $Q = f(X, Y)$, où Q représente les quantités produites et X et Y sont des facteurs de production. Nous avons une fonction de production « équipe » lorsque $f(X, Y) > f(X) + f(Y)$, c'est-à-dire qu'il est plus efficace d'utiliser les facteurs X et Y de façon conjointe plutôt que séparément. Supposons que X et Y soient des unités de main-d'œuvre, nous avons alors un problème de contrôle et de rémunération[8]. Il est possible pour une des ressources de ne pas fournir son plein rendement au travail. L'équipe, dans son ensemble, devient moins productive. Il n'est toutefois pas possible, sans procédure de contrôle, d'identifier la ressource qui en est la cause. Il y a alors une forte incitation pour les membres de l'équipe à tricher, c'est-à-dire à laisser les autres porter le fardeau de la tâche. Nous pouvons alors envisager la mise en place d'un surveillant. Rien ne nous assure toutefois que ce surveillant ne triche pas à son tour.

La solution à ce problème est la mise en place d'une entreprise : le surveillant en devient le propriétaire. Son niveau d'utilité est alors lié directement aux profits de l'entreprise. À ce titre, il peut la revendre, il peut embaucher et congédier les différentes ressources et il s'approprie le résidu des opérations (les ventes moins les coûts). Il est alors incité à maximiser ses profits, donc à bien contrôler. En outre, il a le pouvoir de sanctionner.

Les prochaines étapes sont contemporaines et élargissent le cadre d'analyse aux coûts de transaction et aux incitations offertes aux différents agents économiques. La première étape est reliée principalement aux travaux de Williamson (1975) et elle est connue sous le nom de l'approche des coûts de transaction[9]. Cette approche montre avant tout que les agents économiques doivent non seulement considérer les coûts de production proprement dits, mais aussi les coûts de transaction qui, dans un monde d'information imparfaite, peuvent s'avérer substantiels. Pour une tâche donnée, l'entreprise doit minimiser la somme des coûts de transaction et de production. À cette fin, elle choisit le mode de régie de la transaction qui répond à cet objectif. Le mode de régie de la transaction

---

8. Ce problème n'existe pas lorsque les deux ressources sont utilisées séparément.

9. O. WILLIAMSON, *Markets and Hierarchies : Analysis and Antitrust Implorations*, New York, Free Press, 1975 et « Transaction-Cost Economics : The Governance of Contractual Relations », *Journal of Law and Economics*, 1979, n° 22, pp. 233-261.

peut être le contrat extrêmement simple d'un échange sur le marché où le reçu du client est la seule pièce formelle de l'entente, ou un ensemble de contrats plus complexes, à long terme, aux multiples clauses, prévoyant des procédures de règlement de litiges qui lient les clients et les fournisseurs. À la limite, le mode de régie qui minimise la somme des coûts de transaction et de production peut être l'intégration de l'activité au sein même de l'entreprise. L'approche transactionnelle prétend donc analyser les questions concernant la taille des entreprises, mais aussi les différents contrats signés avec les clients et les fournisseurs. L'approche est plus englobante qu'une stricte théorie de la firme.

La seconde étape dans les travaux contemporains est celle de l'« agence »[10]. Elle fait suite aux travaux de Berle, Means et Marris. Comme dans l'analyse transactionnelle, les auteurs présument que l'information est imparfaite. Ils se penchent sur les problèmes d'incitation et de contrôle qu'une telle situation pose à chaque fois qu'un individu confie une tâche à un autre et qu'il y a asymétrie d'information entre eux. Celui qui confie la tâche est nommé le principal et celui qui se voit confier la tâche est nommé l'agent. L'agent possède plus d'information que le principal, d'où une incitation à tricher, aux dépens du principal. Il y a donc lieu pour le principal de moduler la rémunération de l'agent de sorte que ce dernier agisse dans le meilleur intérêt du principal. La théorie de l'agence porte donc sur les relations entre les actionnaires d'une entreprise et les gestionnaires, entre les gestionnaires des différents niveaux, et aussi entre les clients et les fournisseurs.

La « théorie économique de la firme » s'étend donc au-delà des strictes considérations de production. Néanmoins, nous travaillons surtout avec le modèle le plus simple, soit la firme de Marshall, nommée firme néoclassique. Notons toutefois qu'au chapitre 7, nous donnons un bref aperçu de l'approche des coûts de transaction, qu'au chapitre 12, nous évoquons le problème d'agence entre un organisme de réglementation et les entreprises réglementées, et qu'au chapitre 15, nous traitons de l'objectif de maximisation des ventes, associé à la vision managériale de l'entreprise.

---

10.   M.C. Jensen et W.H. Meckling, « Theory of the Firm : Managerial Behaviour, Agency Costs and Ownership Structure », *Journal of Financial Economics*, 1976, n° 3, pp. 305-360. N. Strong et M. Waterson donnent une bonne vue d'ensemble dans « Principals, Agents and Information », dans l'ouvrage de R. Clarke et T. McGuiness, *The Economics of the Firm*, Oxford, Blackwell, 1987.

TERMES IMPORTANTS

hypothèse
modèle
entreprise
marché
équilibre

BIBLIOGRAPHIE

CARLTON, D.W. et J.M. PERLOFF, *Modern Industrial Organization*, Glenview, Ill., Scott, Foresman/Little, Brown, Higher Education, 1990, chapitre 2.

CLARKE, R. et T. MCGUINESS, *The Economics of the Firm*, Oxford, Basil Blackwell, 1987.

FRIEDMAN, M, « The Methodology of Positive Economics », *Essays in Positive Economics*, Chicago, University of Chicago Press, 1953, pp. 3-43.

PETERSON, H, « The Wizard Who Oversimplified » *QJE*, mai 1965, p. 210-212.

THOMPSON, A.A., *Economics of the Firm*, 4e édition, Englewood Cliffs, N. J., Prentice-Hall, 1985, chapitres 1 et 9.

VARIAN, H.R., *Intermediate Microeconomies*, 2e édition, New York, Norton, 1990, Mathematical Appendix et chapitre 1.

QUESTIONS

1.1.   Commentez l'hypothèse d'un produit homogène dans un modèle
        qui cherche à étudier l'effet de l'introduction de la TPS sur les
        ventes de véhicules automobiles neufs, ainsi que dans un modèle
        qui cherche à expliquer la détermination des prix des différentes
        catégories et marques dans l'industrie automobile.

1.2.   À la section 1.2., nous mentionnons que l'hypothèse de
        maximisation des profits n'est pas réaliste. Existe-t-il une hypo-
        thèse réaliste de l'objectif des entreprises qui soit relativement
        simple ?

1.3.   Discutez les éléments que vous incluriez dans une fonction de
        demande qui aurait pour objectif d'expliquer votre décision
        d'achat de voiture et dans une autre, qui aurait pour objectif
        d'expliquer les ventes automobiles au Québec cette année.

1.4.   Quels liens pouvez-vous faire entre le problème de la pauvreté et
        l'équilibre du marché ?

1.5.   Reprenez l'ajustement des prix et des quantités nécessité par une
        demande excédentaire représentée au graphique1.1. Qu'arrive-t-il
        si les producteurs ne constatent pas la hausse de prix ? Ou encore
        s'ils ne peuvent obtenir les ressources additionnelles pour aug-
        menter la production ?

1.6.   Quelles sont les conséquences sur le fonctionnement du système
        de marché de l'introduction de règlements qui empêchent les va-
        riations de prix ? Les variations de quantité ?

1.7.   Serait-il juste de reprocher à A. Smith de ne pas avoir tenu compte
        de la publicité et de la différenciation de produit dans son
        modèle ?

PARTIE I

Concepts microéconomiques et fonctionnement de marché

CHAPITRE

2

La demande

Dans ce chapitre, nous examinons les déterminants des plans de l'un des deux parties aux échanges, en l'occurrence, les acheteurs. Les plans d'achat constituent ce que les économistes appellent la demande. À partir des plans d'achat nous cherchons à déduire les réactions du marché à des changements de plans ainsi que les variations subséquentes des revenus des entreprises qui répondent à la demande.

2.1. LA FONCTION DE DEMANDE

2.1.1. Les déterminants de la demande

Soit un individu dont le système de préférences est donné et qui désire maximiser sa satisfaction. Les déterminants habituels de la quantité d'un bien ou service qu'il désire consommer sont son pouvoir d'achat, le prix du bien, le prix des biens substituts, le prix des biens complémentaires et le niveau de la publicité. Nous appelons fonction de demande la relation entre les quantités demandées et l'ensemble des déterminants retenus

comme pertinents. Ici, la fonction de demande de l'individu a la spécification générale suivante :

$$Q_d = f(P, P_s, P_c, A, Y_d)$$

où Q_d = les quantités demandées.

P = le prix du bien à l'étude. Plus le prix est bas, plus les

quantités demandées sont élevées; nous avons $\dfrac{dQ}{dP} < 0$.

P_c = le prix des biens complémentaires. Un bien est défini ainsi
lorsque l'utilisation d'un bien ou service se fait conjointement avec l'utilisation d'un autre; plus le prix d'un bien
complémentaire est bas, plus les quantités demandées du

bien à l'étude sont élevées[1]; nous avons $\dfrac{dQ}{dP_c} < 0$.

P_s = le prix des biens substituables. Le substitut est défini
comme un bien pouvant satisfaire les mêmes besoins[2];
plus le prix des substituts est faible, plus faibles sont également les quantités demandées du bien à l'étude; nous

avons $\dfrac{dQ}{dP_s} > 0$.

A = le montant alloué pour la publicité. Plus le montant alloué
pour la publicité visant à informer le consommateur et à
mettre le produit en valeur est élevé, plus les quantités

demandées sont élevées[3]; nous avons $\dfrac{dQ}{dA} > 0$.

---

1.   Nous pouvons considérer, par exemple, les biens durables et le service de
financement comme des biens complémentaires. Ce sujet est repris au chapitre 15
portant sur les pratiques de fixation de prix.
2.   Le degré de substitution pourra varier fortement selon le bien ou le service à l'étude.
Ainsi, le beurre et la margarine sont des substituts très proche, alors que le transport
en commun et l'automobile le sont beaucoup moins.
3.   Notons que dans un univers caractérisé par une information parfaite et des produits
homogènes, il n'y aurait pas lieu de faire de la publicité.

Y_d = le revenu disponible. Il représente le pouvoir d'achat de l'individu; plus le pouvoir d'achat est élevé, plus les quantités demandées le sont aussi; nous avons $\dfrac{dQ}{dY_d} > 0$ [4.]

Pour faciliter la compréhension, il est pratique de linéariser la fonction. Elle prend alors la forme suivante :

$$Q_d = a_0 + b_1P + b_2P_s + b_3P_c + b_4A + b_5Y_d.$$

Nous appelons courbe de demande la relation entre le prix du bien, P, et les quantités demandées Q, **lorsque le niveau des autres variables est maintenu constant.** Sous forme linéaire, nous avons :

$$Q_d = a + b_1P$$

où $a = a_0 + b_2P_s + b_3P_c + b_4A + b_5Y_d$, tirée de l'équation précédente (voir l'exercice 2.7).

Cette courbe de demande est représentée au graphique 2.1.

Ainsi, les valeurs des autres variables étant maintenues constantes au prix P_0 le consommateur demande une quantité Q_0. Pour un prix P_1 il demande une quantité Q_1. Une variation de prix, toutes choses étant maintenues égales par ailleurs, entraîne une variation dans les quantités demandées représentée par un déplacement le long de la courbe de demande.

Nous connaissons le sens des variations des quantités résultant d'une variation des prix. Nous sommes aussi intéressés à connaître l'ampleur du changement. Pour une variation donnée de P, quelle est la variation dans Q ? Nous cherchons à connaître la valeur $\dfrac{Q_1 - Q_0}{P_1 - P_0} = \dfrac{\Delta Q}{\Delta P}$. Lorsque nous avons une fonction de demande continue, il est possible de faire une variation infiniment petite du prix et obtenir ainsi une mesure de l'ampleur du changement en faisant appel à la dérivée première, $\dfrac{dQ}{dP}$. Soit l'équation suivante de la courbe de demande $Q = a + bP$.

---

4.   Pour certains biens, nommés biens inférieurs, nous avons $dQ/dY_d < 0$.

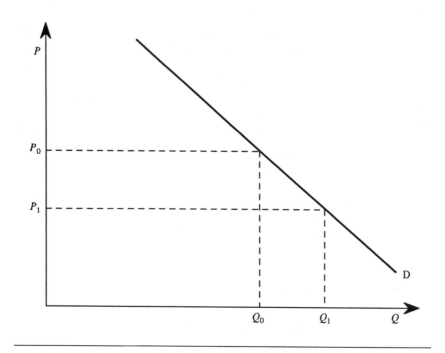

Graphique 2.1 – La courbe de demande

Nous avons $\dfrac{\Delta Q}{\Delta P}$ qui devient $\dfrac{dQ}{dP}$ lorsque la variation de prix tend

vers 0 et $\dfrac{dQ}{dP} = b$. Si $b = -0,5$, par exemple, cela signifie que la variation

dans les quantités est égale à la moitié de la variation dans les prix et de sens inverse; une situation où $b = -2$ signifierait que la variation des quantités est le double de celle des prix et de sens inverse[5].

Nous pouvons aussi représenter l'effet sur les quantités demandées d'une variation dans le niveau d'un des autres facteurs déterminants. Supposons, par exemple, que le consommateur subisse une baisse de revenus reliée à une variation conjoncturelle fort prononcée. Cette diminution de revenus entraîne une diminution des quantités demandées représentée par

---

5.   Notons que le coefficient b est l'inverse de la pente de la courbe de demande dans la présentation graphique où P est en abscisse et Q en ordonnée.

un déplacement vers la gauche de la courbe de demande. Au graphique 2.2, pour un niveau de revenu égal à Y_0, nous avons une courbe de demande D_0. Une baisse du revenu à un niveau Y_1 définit une autre courbe de demande D_1. Ainsi, pour un prix P_0, le consommateur qui demande une quantité Q_0 au niveau de revenu Y_0 demande une quantité Q_1 s'il prévoit une baisse de ses revenus jusqu'à Y_1. Une variation dans le niveau de tout déterminant autre que le prix s'exprime de la même façon. Ainsi, une augmentation dans le prix des substituts déplace la courbe de demande vers la droite. Une hausse du prix de l'huile à chauffage entraîne une augmentation du nombre de kilowatts demandés. De façon générale, nous pouvons retenir qu'une variation dans le niveau d'un déterminant autre que le prix s'exprime par un déplacement de la courbe de demande, puisque nous modifions le terme constant a dans l'équation de la courbe de demande, $Q_d = a + b_1 P$.

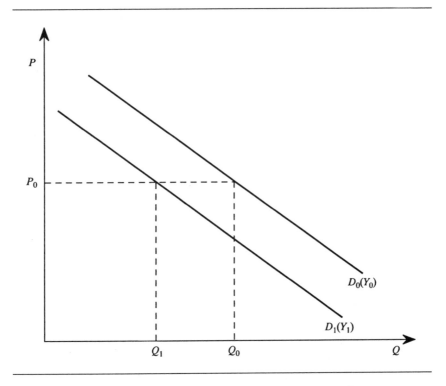

Graphique 2.2 – Déplacement de la courbe de demande

2.1.2.   La référence
« toutes choses étant égales par ailleurs »

Dans la section précédente, nous avons examiné des modifications de la demande suite à des variations de prix (déplacement le long de la courbe) et des variations d'un des autres déterminants (déplacement de la courbe de demande). Dans chacun des cas, nous avons isolé un déterminant et maintenu le niveau des autres constant. L'analyse économique procède généralement ainsi. Afin de comprendre l'effet d'un déterminant en particulier, il est nécessaire d'imposer la condition du « toutes choses étant égales par ailleurs » afin de ne pas confondre les effets de variations de deux déterminants. Ainsi, lorsque nous étudions les effets d'une variation de prix, nous nous assurons qu'il n'y a pas, dans notre construction, une variation simultanée de la publicité ou du revenu disponible. Une telle situation nous induirait en erreur quant à l'identification de l'effet propre à l'un ou l'autre des déterminants. Supposons une hausse des quantités vendues par une entreprise durant une période donnée, pendant laquelle nous observons un effort publicitaire accru et une hausse conjoncturelle. Nous ne pouvons pas, sans plus d'information, établir quelle est la part de la hausse des ventes attribuable à chacun des changements.

2.1.3.   La demande individuelle et la demande du marché

Nous avons jusqu'à maintenant étudié la fonction de demande au niveau de l'individu. Nous pouvons facilement passer à la demande de marché (Q_M). Celle-ci n'est en effet que la sommation des demandes individuelles. Par exemple, si nous avons $Q_i = f(P)$ pour un individu, nous aurons pour le marché simplement $Q_M = \Sigma Q_i$ (graphique 2.3). Nous supposons qu'il existe deux individus sur le marché. À un prix de 10 \$, le premier consommateur demande 5 unités du bien en question. Le second demande, pour le même prix, 8 unités. Au total, pour un prix de 10 \$, nous avons une demande de 13 unités. Pour un prix de 5 \$, le premier consommateur demande 8 unités, alors que le second en demande 15. Au total, pour un prix de 5 \$, le marché demande 23 unités. Nous avons procédé à une sommation horizontale : nous avons additionné, pour un prix donné, les quantités demandées par chaque individu, repérées sur l'axe horizontal (voir l'exercice 2.6).

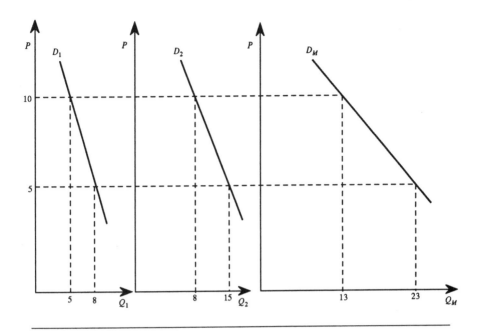

Graphique 2.3 – Demande individuelle et de marché

2.1.4. Les variations dans la demande et l'équilibre de marché

Nous sommes maintenant en mesure de prédire l'effet de variations dans la demande d'un bien ou service sur l'équilibre de marché illustré dans le chapitre précédent. Considérons le marché des véhicules automobiles neufs. Supposons au départ une situation comme celle qui est représentée au graphique 2.4. Nous avons un équilibre de marché en (P_0, Q_0), défini pour une demande D_0 et une offre O_0. Supposons maintenant un ralentissement conjoncturel. La courbe de demande se déplace vers la gauche et devient D_1. Au prix P_0, l'offre de véhicules automobiles est trop grande. Il y aura une pression à la baisse sur le prix, jusqu'à ce qu'il atteigne un niveau qui rende compatibles les plans des producteurs et des acheteurs. Nous obtenons alors un nouvel équilibre, en (P_1, Q_1). Supposons maintenant que les producteurs offrent des plans de financement à des taux inférieurs à ceux du marché. Le prix d'un bien complémentaire subit alors une variation à la baisse. La courbe de demande se déplace alors vers la droite et devient D_2. Au prix P_1, l'offre de véhicules est trop faible. Il y a demande excédentaire de véhicules. Il y a alors pression à la hausse sur les prix jusqu'à ce que les plans des acheteurs et des producteurs soient à nouveau compatibles. Nous obtenons alors un équilibre à (P_2, Q_2).

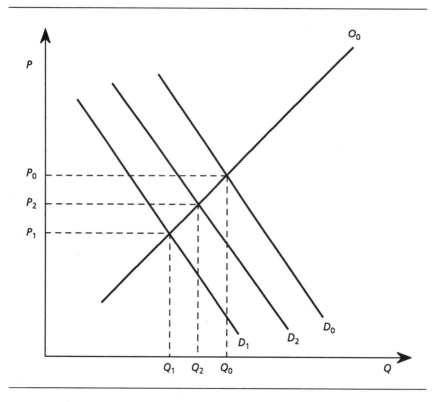

Graphique 2.4 – Variations dans la demande et équilibre de marché

2.2.   LES ÉLASTICITÉS

Dans la section précédente, nous avons mis en évidence les effets sur les quantités demandées des variations dans les différents déterminants de la demande. Nous avons toutefois insisté sur le sens des variations et non sur leur ampleur. Celle-ci peut toutefois nous être révélée au moyen des dérivées premières de la fonction de demande. Cette information est cependant incomplète. Supposons une variation conjoncturelle qui entraîne chez les acheteurs une baisse de revenus de l'ordre de 4 000 $. Par la suite, la demande pour des appareils électroménagers baisse de 4 000 unités, alors que celle pour des céréales en boîte baisse de 10 000 unités. Pouvons-nous conclure que l'ampleur de la baisse des quantités de boîtes de céréales est plus importante que celle des électroménagers ?

Deux problèmes se posent ici. Le premier concerne les unités de mesures. En effet, l'ampleur des variations prend une signification différente selon qu'il s'agit de boîtes individuelles ou de caisses de 100 boîtes chacune. Le second a trait à l'ordre de grandeur des variations, car une diminution de 4 000 unités prend une signification différente selon que la quantité de départ est de 10 000 ou de 100 000 unités. Il en est de même selon qu'une baisse de revenus de 4 000 $ touche un revenu initial de 40 000 $ ou de 100 000 $.

Afin de pallier ces difficultés, nous discutons de « sensibilité » de la demande plutôt que d'ampleur des variations proprement dite et nous faisons appel aux coefficients d'élasticité, pour mesurer cette sensibilité.

2.2.1.   Définition

L'élasticité est un rapport de variations en pourcentage. Il est possible de dégager des coefficients d'élasticité pour toutes les variables jugées déterminantes, quelle que soit la fonction. Ainsi, il existe des coefficients d'élasticités pour des fonctions de demande, de coûts, de recettes fiscales des gouvernements... De façon générale, l'élasticité est définie comme $\dfrac{\Delta Y}{Y} \bigg/ \dfrac{\Delta X_i}{X_i}$, où Y est une variable dépendante et X_i représente une des variables indépendantes d'une fonction. Ce ratio se transforme pour devenir :

$$\frac{\Delta Y}{Y} \times \frac{X_i}{\Delta X_i}$$

et $$\frac{\Delta Y}{\Delta X_i} \times \frac{X_i}{Y}$$

Dans le cas d'une fonction continue $Y = f(X_1, ..., X_n)$, les variations dans les variables indépendantes peuvent être extrêmement petites et l'élasticité devient $\dfrac{\Delta Y}{Y} \times \dfrac{X_i}{\Delta X_i}$, où $\dfrac{dY}{dX_i}$ est la dérivée première de la fonction relativement à X_i.

Pour une fonction de demande typique de la forme

$$Q = f(P, P_s, Y, A)$$

nous aurons des coefficients d'élasticité-prix (E_p), d'élasticité croisée (E_c) (prix des autres biens), d'élasticité-revenu (E_y), d'élasticité-publicité (E_a), qui s'expriment comme suit :

$$E_p = \frac{dQ}{dP} \times \frac{P}{Q}, \; < 0$$

$$E_y = \frac{dQ}{dY} \times \frac{Y}{Q}, \; > 0 \qquad \text{(généralement)}$$

$$E_c = \frac{dQ_i}{dP_j} \times \frac{P_j}{Q_i}, \; \gtrless 0$$

$$E_A = \frac{dQ}{dA} \times \frac{A}{Q}, \; > 0$$

2.2.2.   L'élasticité-prix

Le coefficient d'élasticité-prix nous renseigne sur la sensibilité de la demande aux variations de prix. Le coefficient est négatif, puisque prix et quantité varient en sens inverse. Soulignons que dans le cas d'une demande linéaire, l'élasticité-prix varie tout le long de la courbe de demande. En effet, nous avons $E_p = \dfrac{dQ}{dP} \cdot \dfrac{P}{Q}$. Le rapport $\dfrac{dQ}{dP}$ demeure constant, mais le rapport $\dfrac{P}{Q}$ varie. À partir de $Q = 0$, le coefficient d'élasticité-prix passe de $-\infty$ à 0, puisque P diminue et Q augmente. Il décroît en valeur absolue.

La valeur de l'élasticité-prix dépend de l'impact de la variation de prix sur la contrainte budgétaire de l'acheteur, ainsi que de la possibilité de substitution. Plus la part du budget consacrée à l'achat d'un bien est élevée, plus le coefficient (en valeur absolue) est élevé : en effet, le consommateur est alors fortement porté à retarder ou annuler son achat, ou à s'adresser ailleurs. Plus la substitution entre le bien à l'étude et d'autres biens est facile, plus le coefficient (en valeur absolue) est élevé, car le consommateur peut alors se tourner vers d'autres biens ou services pour satisfaire ses besoins. À cet égard, il faut noter l'effet du temps : l'élasticité-prix à long terme est plus grande qu'à court terme, pour deux raisons. En premier lieu, l'information circule et les acheteurs deviennent plus conscients de l'existence des substituts; en second lieu, avec le temps, de nouveaux substituts apparaissent.

Nous reproduisons au tableau 2.1 les valeurs estimées d'élasticités-prix de différentes catégories de biens et services.

2.2.3. L'élasticité-revenu, l'élasticité croisée et l'élasticité-publicité

Le coefficient d'élasticité-revenu véhicule l'information sur la sensibilité de la demande aux variations conjoncturelles. Le coefficient est généralement positif. Une valeur supérieure à 1 signifie que lorsque le revenu varie de, par exemple, 5 %, les quantités vendues par la firme varient dans le même sens de plus de 5 %. La firme est alors fortement affectée par une variation conjoncturelle. Une valeur inférieure à 1 signifie que lorsque le revenu baisse de 5 %, les quantités vendues baissent de moins de 5 %. Cette firme est moins sensible aux variations conjoncturelles. Nous représentons au tableau 2.2 des estimations des coefficients d'élasticité-revenu pour certaines catégories de biens et services.

Tableau 2.1 – *Élasticités-prix de différents produits* [6]

Durables	–0,77 [7]
Semi-durables	–0,36
Non durables	–0,35
Services	–0,47
Aliments	–0,23
Tabac, alcool	–0,47
Vêtements	–0,37
Meubles, équipements ménagers	–0,39
Transports, communications	–0,64
Divertissements	–1,14
Loyers, énergie	–0,62

Tableau 2.2 – *Élasticités-revenu de différents produits* [8]

Durables	1,34 [9]
Semi-durables	0,58
Non durables	0,68
Services	1,32
Aliments	0,39
Tabac, alcool	0,79
Vêtements	0,63
Loyers, énergie	1,30
Meubles, équipements ménagers	0,68
Transports, communications	1,25
Divertissements	2,18

---

6. Données canadiennes, 1947-1972, Statistique Canada, 13-431, 13-201, dans S.R. JOHNSON, Z.A. HASSAN, R.A. GREEN, *Demand Systems Estimations*, Ames, Iowa, Iowa State University Press, 1984.

7. Les résultats numériques sont des ordres de grandeur. L'utilisation de différentes techniques d'estimation donne des résultats différents. Les valeurs relatives sont cependant assez stables.

8. S.R. JOHNSON *et al., op. cit.*

9. Même remarque qu'au tableau 2.1 pour la pertinence des valeurs numériques.

Le coefficient d'élasticité croisée est intéressant tant par son signe que par sa valeur. Un signe négatif signifie que les biens sont complémentaires, alors qu'un signe positif signifie qu'ils sont substituables.

Pour une élasticité croisée positive, plus la valeur du coefficient est élevée, plus les biens sont substituables, c'est-à-dire plus la firme est affectée par les politiques de prix et de mise en marché des producteurs de ces biens ou services substituables.

Le coefficient d'élasticité-publicité véhicule l'information sur la sensibilité de la demande aux variations dans les efforts de publicité; le coefficient est positif[10].

2.2.4. Le calcul des coefficients d'élasticité

Dans le cas d'une fonction continue, le calcul du coefficient d'élasticité se fait à partir de la dérivée première de la fonction par rapport à la variable à l'étude.

Pour $Q = 5\ 000 - 5P$, pour $P = 100$, nous avons

$$E_p = \frac{dQ}{dp} \times \frac{P}{Q} = -5 \times \frac{100}{4500} = -0,11$$

Les propos qui précèdent ont été tenus dans un contexte de fonctions continues. La réalité nous limite souvent à un nombre restreint d'observations, sans possibilité d'inférer une fonction continue[11]. Le concept d'élasticité est alors toujours pertinent, quoique l'information qu'il livre est plus grossière, puisque nous ne savons pas ce qui se passe dans l'intervalle de variation (voir l'annexe 1). La technique de mesure est toutefois quelque peu différente. En effet, la variation observée étant discrète, l'écart entre la quantité de départ et la quantité d'arrivée est tel qu'il faut définir celle qui est utilisée dans la formule de calcul. La convention veut que nous prenions la valeur du milieu de l'intervalle.

---

10. Le sujet est commenté au chapitre 10, particulièrement à la section 10.19.

11. Dans le chapitre 5, nous traitons des méthodes d'estimation de fonctions de demande.

Considérons le calcul de $\dfrac{\Delta Q}{Q} \Big/ \dfrac{\Delta P}{P}$.

Nous avons

$$\Delta Q = Q_2 - Q_1,$$

$$\Delta P = P_2 - P_1,$$

et $\quad Q = \dfrac{Q_2 + Q_1}{2}$

$$P = \dfrac{P_2 + P_1}{2}$$

L'expression de l'élasticité devient alors

$$\frac{\Delta Q}{Q_2 + Q_1} \Big/ \frac{\Delta P}{P_2 + P_1}$$

La convention vaut aussi pour le calcul des autres coefficients d'élasticité.

2.3.   LA DEMANDE À LA FIRME

Nous avons examiné la demande individuelle et la demande du marché. Toutefois, nous n'avons pas encore abordé le passage de la demande de marché aux revenus de la firme, bien que nous ayons perçu que la combinaison prix-quantité d'équilibre déterminait un montant de dépenses pour les consommateurs. Nous nous attardons donc maintenant à la notion de demande à la firme.

2.3.1.   Définition

Nous définissons la demande à la firme comme **la part de la demande du marché qui s'adresse à une des firmes présentes**. De façon générale, la demande à la firme est inférieure à celle du marché, en raison du nombre de firmes, et de pente plus faible, en raison de la substitution possible entre les produits des différentes firmes[12]. Le passage de la demande du marché à la demande à la firme est plus complexe que le passage de la demande des individus à celle du marché. En effet, le partage du marché entre les firmes ne répond généralement pas à des règles simples. La complexité additionnelle vient du rôle important joué par les substituts en ce qui concerne la demande à la firme et les comportements concurrentiels de la part des autres firmes. Prenons le cas de la demande d'essence pour automobile et supposons une augmentation de prix. La quantité demandée de carburant sur le marché est certes réduite. Par contre, la réduction est selon toute vraisemblance assez faible puisque les consommateurs font face à l'alternative suivante : payer plus cher ou s'en passer. En effet, il n'y a que peu de substituts à l'essence pour faire fonctionner les voitures, et peu de substituts à la voiture comme mode de transport. La pente de la courbe de demande est donc relativement forte. Examinons maintenant une hausse de prix, qu'affiche une des firmes qui distribuent l'essence, les autres maintenant le prix au niveau d'origine. Les consommateurs de carburants ont dans ce cas plus de choix que dans la situation précédente : ils peuvent s'approvisionner chez le même distributeur, au prix plus élevé, réduire leur consommation ou encore s'approvisionner ailleurs. Les voitures fonctionnent, que la marque d'essence utilisée soit Esso, Shell ou Petro Canada. Une hausse de 0,05 $ le litre sur le marché aura relativement peu d'impact sur la demande totale de carburant. Par contre, une hausse de 0,05 $ le litre chez un distributeur entraînera une variation relativement grande de sa demande, puisque les clients peuvent se procurer un substitut, le produit d'un autre distributeur. La pente de la courbe de demande à la firme est plus faible, toutes choses étant égales par ailleurs.

2.3.2.   Représentation graphique

La courbe de demande à la firme est inférieure à la courbe de demande du marché. Pour un prix donné, les quantités demandées à une firme sont égales ou inférieures à celles demandées par le marché à l'ensemble des firmes offrant le produit. La pente sera plus faible, puisque la possibilité

---

12.   Dans le cas polaire d'un marché où il n'y aurait qu'une firme, la demande du marché est identique à celle à la firme. Cette situation, dite de monopole, est examinée au chapitre 12.

de substitution sera égale ou plus grande (voir le graphique 2.5). Plus les produits des différentes firmes sur le marché sont substituables, plus une firme risque de perdre des clients lorsqu'elle décide unilatéralement de hausser ses prix et plus la pente est faible.

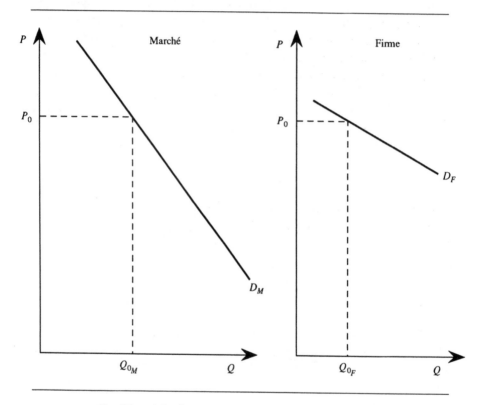

Graphique 2.5 – *Demande du marché et demande à la firme*

2.3.3. La fonction de demande à la firme et les autres firmes

Une formalisation de la fonction de demande à la firme permet de mettre en évidence les différences entre demande du marché et demande à la firme ainsi que les implications des décisions que doit prendre une firme face à ses concurrents. De façon générale, nous avons représenté la fonction de demande du marché comme étant

$$Q_m = f(\text{P}, P_s, P_c, A, Y_d).$$

Pour la firme, la nature des déterminants est la même, sauf que s'ajoute la concurrence entre les firmes présentes sur le marché, via la substitution des produits. Le degré de substitution dépend des caractéristiques et du prix du produit de la firme à l'étude, ainsi que des caractéristiques et des prix des produits des autres firmes. La fonction de demande à la firme prend alors la forme suivante :

$$Q_i = f(\underbrace{P_i, C_i, A_i;}_{\text{I}} \underbrace{P_j, C_j, A_j;}_{\text{II}} \underbrace{Y_d, P_c)}_{\text{III}}$$

où Q_i = demande à la firme i

P_i = prix du produit de la firme i

C_i = caractéristiques du produit de la firme i

A_i = publicité de la firme i

P_j = prix des produits des firmes concurrentes

C_j = caractéristiques des produits des firmes concurrentes

A_j = publicité des firmes concurrentes

Y_d = le revenu disponible des acheteurs

P_c = prix des biens complémentaires.

Les variables du groupe I sont sous contrôle de la firme i; celles du groupe II sont sous contrôle des firmes j; les variables du groupe III sont des variables de marché, prises comme une contrainte par l'ensemble des firmes.

La décision de la firme en matière de prix ne peut être isolée, de façon générale, de celle des autres firmes sur le même marché, ni des décisions prises en matières de caractéristiques de produits, qu'il s'agisse des siens ou de ceux mis sur le marché par les autres firmes. En effet, les caractéristiques du produit vont déterminer le degré de substitution et de là, l'ampleur des effets d'une variation de prix. Nous annonçons ici deux sujets qui vont faire l'objet de chapitres entiers, soit celui de la **différenciation de produit** (chapitre 10) et celui de l'**interdépendance** entre les firmes rivales sur un marché (chapitre 13). Ces deux questions d'ailleurs sont liées : le degré de différenciation de produit viendra limiter l'interdépendance. Plus les produits seront différenciés, moins ils seront substituables, et plus une entreprise pourra prendre des décisions sans se préoccuper de celles des autres firmes. La demande à la firme ne pourra pas être dissociée de l'étude des comportements des autres firmes sur le marché. Remarquons que, implicitement, aux sections 2.3.1. et 2.3.2., nous avons posé que les autres firmes ne modifiaient pas leur prix à la suite d'une variation de prix de la firme à l'étude. Cette hypothèse peut s'avérer très restrictive.

2.4. LA DEMANDE ET LES REVENUS DE LA FIRME

2.4.1. La question à l'étude

Laissons de côté les préoccupations relevées ci-dessus et revenons à la décision de prix dans un contexte plus simple, afin de bien mettre en évidence le lien entre le prix de vente d'un produit et les revenus de la firme. Toutes les variables déterminantes de la demande sont maintenues constantes, sauf le prix demandé par la firme. Examinons la courbe de demande à la firme, soit la relation $Q = f(P)$. La question posée est la suivante : qu'arrive-t-il aux revenus de la firme lorsque nous modifions, à la hausse ou à la baisse, le prix de vente du produit ?

Avant de poursuivre, nous tenons à préciser la signification des termes suivants :

- le revenu total (RT) est le produit du prix par les quantités vendues, ($P \times Q$). Il s'agit simplement du chiffre de vente de la firme;

- le revenu moyen (RM) est égal au ratio du chiffre de vente et des quantités vendues, RT/Q, et au prix, P.

Puisque le revenu total est le produit ($P \times Q$), une variation de prix exerce une pression sur les revenus à travers la variable P. Par contre, une variation de prix entraîne, selon la fonction de demande, une variation en sens inverse de la quantité demandée. Une variation de prix crée alors une pression sur le revenu total de la firme à travers Q, les quantités demandées à la firme. Puisque les pressions exercées sur RT à travers Q sont de sens inverse de celles exercées à travers P, qu'arrive-t-il alors au revenu total RT ?

Donnons-nous une définition additionnelle, soit celle du revenu marginal (**Rm**). Il s'agit de la **variation dans le revenu total associée à une variation dans les quantités vendues.** Référons-nous au tableau 2.3, où trois situations y sont relevées. Dans la première (la situation de référence), la firme obtient un revenu total de 100 \$, résultant de la vente de 10 unités au prix de 10 \$. Dans la deuxième, il y a baisse du prix de vente, qui est maintenant à 9 \$. Les quantités vendues augmentent jusqu'à 11 unités à cause de la baisse de prix, le revenu total baisse de 1 \$ et le revenu marginal, c'est-à-dire la variation dans le revenu total associée à la vente d'une unité de plus, est égal à –1 \$.

Tableau 2.3 – Illustration du revenu marginal

	P	Q	RT	Rm
S_1	10 \$	10	100 \$	–
S_2	9 \$	11	99 \$	–1 \$
S_3	9,50 \$	11	104,50 \$	4,50 \$

Considérons la troisième situation. La demande à la firme est différente : relativement à la situation de référence S_1, pour vendre une unité de plus, la firme n'a dû baisser son prix que de 0,50 \$. Le revenu total est maintenant de 104,50 \$. Le revenu marginal est de 4,50 \$.

Cet exemple illustre un problème crucial pour la firme : dans quelles circonstances baissera-t-on le prix de vente d'un produit donné pour obtenir une hausse du revenu et quand, pour atteindre ce but, devra-t-on procéder à une hausse du prix de vente ? D'après l'exemple précédent, la réponse à cette question réside dans le revenu marginal. Lorsque celui-ci est positif, une baisse de prix entraîne une augmentation de revenu et lorsqu'il est négatif, à une augmentation de prix correspond une augmentation de revenu.

Le tableau 2.4 résume le lien entre les variations de revenu total et les variations dans les prix demandés.

Tableau 2.4 – Variations du revenu total, du prix et des quantités

Si $Rm > 0$:	$+ \Delta P \rightarrow - \Delta Q \rightarrow - \Delta RT$
	$- \Delta P \rightarrow + \Delta Q \rightarrow + \Delta RT$
Si $Rm < 0$:	$+ \Delta P \rightarrow - \Delta Q \rightarrow + \Delta RT$
	$- \Delta P \rightarrow + \Delta Q \rightarrow - \Delta RT$

Afin de mieux comprendre le lien entre le revenu total et le revenu marginal, examinons d'où provient ce dernier. Supposons une baisse de prix qui permet à la firme de vendre une unité supplémentaire. Le revenu total est de ce fait modifié à la hausse, d'un montant égal au nouveau prix de vente. Par contre, le nouveau prix de vente s'applique à toutes les unités vendues. Les unités que la firme aurait vendues au prix initial sont vendues maintenant à un prix inférieur. Il y a une diminution de revenu provenant d'unités que la firme aurait vendues, de toute façon, au prix plus élevé. Reprenons l'exemple précédent et décomposons les revenus marginaux de –1 $ et de 4,50 $. Nous avons

Rm = nouveau prix – (baisse de prix × quantité initiale)

Dans la deuxième situation nous avons

–1 $ = 9 $ – (1 $ × 10)

alors que dans la troisième nous avons

4,50 $ = 9,50 $ –(0,50 $ × 10).

Lorsque la perte sur les unités qui auraient de toute façon été vendues au prix plus élevé est inférieure au nouveau prix de vente, le revenu marginal est positif. Lorsque cette perte est supérieure au nouveau prix de vente, le revenu marginal est négatif. Le montant de cette perte est relié directement à l'ampleur de la baisse de prix nécessaire pour obtenir la vente d'une unité supplémentaire. Plus la baisse de prix nécessaire pour vendre une unité supplémentaire est considérable, plus la perte est élevée et vice versa.

Supposons maintenant une hausse de prix telle que les quantités vendues baissent d'une unité. La perte de revenu provient maintenant du fait que cette dernière unité n'est plus vendue, alors que le gain de revenu résulte de l'augmentation du prix de vente des autres unités. Plus la hausse de prix nécessaire pour réduire les quantités vendues d'une unité est élevée, plus considérable est le gain de revenu associé à une hausse des prix. Au contraire, plus faible est la hausse de prix nécessaire à la diminution des unités vendues, plus faible est le gain réalisé sur les autres unités.

2.4.2.   Représentation graphique et formalisation

Nous voici donc arrivés au seuil d'une question importante : pour une demande donnée, quel est le niveau de prix demandé qui maximise les revenus totaux ? Afin de répondre simplement, procédons à une formulation graphique et formelle de la demande à la firme.

Soit la courbe de demande $Q = f(P)$ apparaissant au graphique 2.6 et mettant en relation les quantités vendues et le prix de vente. Le revenu moyen étant défini comme $RT/Q = P$, la courbe de revenu moyen de la firme est identique à la courbe de demande à la firme. La courbe de revenu marginal de la firme coupe l'axe des prix au même niveau que le revenu moyen. En effet, pour la première unité vendue, le revenu marginal est égal au revenu moyen (ainsi qu'au revenu total). Pour les unités subséquentes, le revenu marginal est inférieur au revenu moyen, puisque la baisse de prix engendre des pertes concernant les unités que la firme aurait vendues de toute façon à un prix plus élevé[13]. Lorsque cette perte devient supérieure au prix, le revenu marginal devient négatif. Considérons maintenant la fonction de revenu total. Lorsque le revenu marginal

---

13.   Dans le cas d'une fonction de demande linéaire, le calcul de la fonction de revenu marginal est très simple. Soit

$P = a + bQ,$

Nous avons

$RT = P \times Q = aQ + bQ^2$

et $Rm = \dfrac{dRT}{dQ} = a + 2bQ$.

La fonction de revenu marginal a la même ordonnée à l'origine que la fonction de demande, et une pente deux fois plus forte.

est positif, une augmentation des quantités vendues entraîne une augmentation du revenu. Lorsque le revenu marginal est négatif, une augmentation des quantités vendues provoque une diminution du revenu. Lorsque le revenu marginal est nul, une augmentation des quantités vendues n'a aucune répercussion sur le revenu; le revenu total est à son maximum.

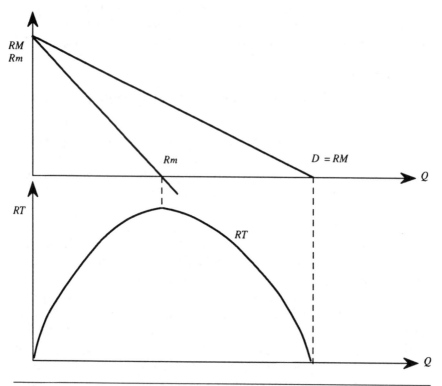

Graphique 2.6 – *Revenu moyen, revenu marginal et revenu total*

Formellement, dans le cas d'une fonction continue, nous avons la situation suivante :

Rm = dRT/dQ, c'est-à-dire la pente de la fonction de revenu total. Nous avons

dRT/dQ = $d(P \times Q)/dQ$

= $[(dP/dQ) \times Q] + [P \times (dQ/dQ)]$

$$= [(\mathrm{d}P/\mathrm{d}Q) \times Q] + P \text{ [14]}.$$

Nous retrouvons les mêmes composantes que dans les propos qui ont précédé. Dans le cas d'une baisse de prix, le prix de vente P est un gain associé à la vente d'une unité supplémentaire, alors que $\mathrm{d}P/\mathrm{d}Q \times Q$ représente la perte réalisée sur des unités qui auraient été vendues au prix plus élevé. Nous avons RT à son maximum lorsque $Rm = \mathrm{d}RT/\mathrm{d}Q = 0$, c'est-à-dire lorsque le revenu marginal est nul.

2.4.3.   Revenu marginal et élasticité-prix

Considérons le cas où l'entreprise a comme préoccupation de maximiser ses revenus totaux[15]. Elle cherche donc le couple (P, Q) qui assure $Rm = 0$. Il est aussi possible d'exprimer cette dernière condition au moyen d'une mesure de la sensibilité de la demande aux variations de prix, soit le coefficient d'élasticité-prix examiné en 2.2.2.

Le coefficient d'élasticité-prix de la demande à la firme se définit comme étant

$$E_p = \frac{\mathrm{d}Q}{\mathrm{d}P} \times \frac{P}{Q}.$$

Reprenons maintenant l'expression générale du revenu marginal. Multiplions et divisons le terme de droite par P (ce qui ne change en rien sa valeur) et réécrivons l'expression qui en résulte :

$$Rm = P + \left(\frac{\mathrm{d}P}{\mathrm{d}Q} \times Q \right)$$

$$= P \left[\frac{P}{P} + \left(\frac{\mathrm{d}P}{\mathrm{d}Q} \times \frac{Q}{P} \right) \right]$$

---

14.   Voir la dérivée d'un produit, à l'annexe 1.1.

15.   La maximisation des revenus peut être l'objectif d'une firme « managériale ». Le sujet est abordé à l'annexe 1.2 et repris au chapitre 15, où nous traitons des pratiques de fixation de prix.

$$= P + \left(1 + \cfrac{1}{\cfrac{dQ}{dP} \times \cfrac{P}{Q}}\right)$$

$$= P \left(1 + \cfrac{1}{E_p}\right)$$

Le passage de la deuxième à la troisième ligne fait apparaître l'inverse de l'expression du coefficient d'élasticité-prix.

Le revenu total est à son maximum lorsque le revenu marginal est nul, c'est-à-dire lorsque

$P(1 + 1/E_p) = 0$

ce qui implique $E_p = -1$. Lorsque $E_p < -1$, $Rm > 0$, et lorsque $E_p > -1$, $Rm < 0$.

Il est de pratique courante d'exprimer ces résultats en valeur absolue, puisque l'élasticité-prix est toujours négative (*cf.* dP/dQ, la pente de la fonction de demande). Nous avons alors

$|E_p| = 1 — \quad \to \quad Rm = 0$

$|E_p| < 1 — \quad \to \quad Rm < 0$

$|E_p| > 1 — \quad \to \quad Rm > 0$

Cette situation est représentée au graphique 2.7. Ce dernier est identique au graphique 2.6, sauf que nous avons introduit les valeurs des coefficients d'élasticité, délimitant ainsi les zones de la courbe de demande où une variation de prix, à la hausse ou à la baisse, entraîne une hausse ou une baisse du revenu total de la firme.

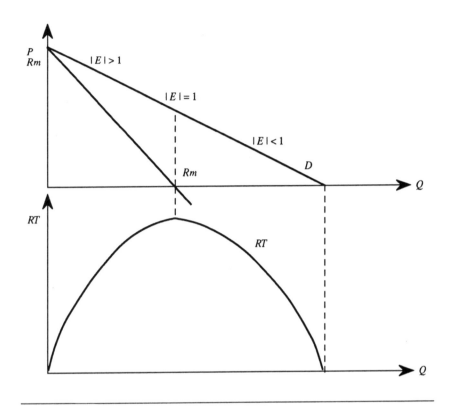

Graphique 2.7 – Revenu marginal et élasticité-prix

2.5.   POINTS IMPORTANTS ET IMPLICATIONS

Ce chapitre cherche avant tout à caractériser le comportement des acheteurs, afin de comprendre le fonctionnement du marché. La fonction de demande et ses élasticités se retrouvent intégralement au chapitre 4, dont l'objet est l'équilibre de marché. Cependant, la notion d'élasticité apparaît en filigrane dans l'ensemble du livre.

Il présente un concept auquel font appel les chapitres de la troisième partie, portant sur la concurrence. Ainsi faisons-nous la distinction entre la demande du marché et la demande à la firme et laissons-nous déjà entrevoir les difficultés à expliquer les ventes d'une entreprise en particulier, étant donné le manque d'informations concernant le comportement des autres firmes.

Ce chapitre souligne aussi une des caractéristiques de l'analyse microéconomique, l'analyse marginale[16]. Nous en retrouvons, à l'annexe 2.1, un exemple d'utilisation. Nous n'avons aucune prétention à l'application concrète des formules qui s'y trouvent. Il semble toutefois que dans plusieurs situations, l'expression d'un problème en terme de changements à la marge apporte un éclairage nouveau, pertinent à la prise de décision, même en l'absence de données précises. Les chapitres suivants l'illustrent abondamment.

---

16. Nous appelons « néoclassique » cette démarche fondée sur l'analyse marginale. Nous la devons principalement à A. MARSHALL, *Principles of Economics*, 9e édition, London, MacMillan and Co., 1961.

ANNEXE 2.1 – La théorie du comportement du consommateur

Nous avons commencé à traiter de la demande en posant l'existence de la fonction de demande suivante :

$$Q = f(P, P_s, P_c, A, Y_d),$$

avec $dQ/dP < 0$, $dQ/dP_s > 0$, $dQ/dP_c < 0$, $dQ/dA > 0$, $dQ/dY_d > 0$.

Celle-ci peut et doit être justifiée davantage afin de nous assurer d'une logique constante dans l'analyse des divers changements que nous lui imposons. Il convient alors de présenter les fondements de la théorie de la demande. Nous avons toutefois aussi un second objectif, soit l'illustration d'un concept de base de la microéconomie, l'analyse marginale.

Soit un consommateur qui cherche à maximiser sa satisfaction, U, qui dépend strictement de la consommation de deux biens, 1 et 2. La fonction de satisfaction (ou d'utilité) s'exprime comme

$$U = f(X_1, X_2)$$

où U = le niveau d'utilité

X_1 = les quantités consommées du bien 1

X_2 = les quantités consommées du bien 2.

Nous avons $\dfrac{dU}{dX_1} > 0$, mais qui décroît lorsque X_1 augmente. Il en va de même pour le bien 2. L'utilité marginale d'un bien est décroissante.

Graphiquement, la fonction peut se représenter par un système de courbes d'indifférence, comme au graphique 2.8. Les niveaux de consommation de chacun des biens composant l'univers de ce consommateur sont représentés sur les différents axes. Toutes les combinaisons de biens se situant le long d'une des courbes procurent le même niveau de satisfaction. Les combinaisons de biens se situant sur des courbes plus élevées procurent un niveau de satisfaction supérieur.

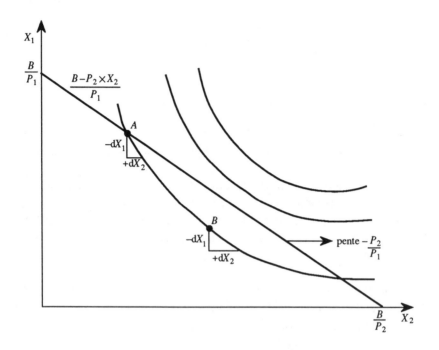

Graphique 2.8 – Optimum du consommateur

Les courbes d'indifférence ont une pente négative et sont convexes par rapport à l'origine. Supposons une diminution de la consommation du bien 1 égale à $- dX_1$. Le niveau de satisfaction diminue. Pour le maintenir, le consommateur doit augmenter sa consommation du bien 2, d'où $+ dX_2$, et une pente négative.

Par ailleurs, cette pente est décroissante en raison des utilités marginales décroissantes. Supposons, comme au graphique 2.8, $- dX_1$ à partir du point A, où le bien 1 est en abondance et le bien 2 peu abondant. Soit maintenant une autre baisse dX_1, d'un montant égal à la première, à partir du point B, où le bien 1 est peu abondant et le bien 2 fort abondant. Pour compenser la perte de bien-être, le consommateur doit se procurer $+ dX_2$, dans les deux cas. La perte d'utilité engendrée dans le premier cas est plus faible que dans le second, à cause des utilités marginales décroissantes. De plus, l'utilité marginale du bien 2 est plus grande en A qu'en B, encore une fois à cause des utilités marginales décroissantes. Ainsi en A, le consommateur doit compenser une perte d'utilité plus faible qu'en B, en se procurant plus du bien 2, dont l'utilité marginale est plus forte qu'en B.

En B, le consommateur doit compenser une perte d'utilité plus forte qu'en A, par une consommation additionnelle du bien 2, dont l'utilité marginale est plus faible qu'en A. Ainsi, pour une même réduction dX_1, il faut une augmentation du bien 2 plus grande en B qu'en A.

Le consommateur vit dans un monde de rareté. Il subit une contrainte budgétaire, représentée par un budget B. Les quantités des biens 1 et 2 qu'il peut se procurer dépendent des prix P_1 et P_2, que nous prenons comme donnés. La contrainte budgétaire s'exprime comme étant

$$B = (P_1 \times X_1) + (P_2 \times X_2)$$

Cette équation est celle d'une droite de pente $- (P_2/P_1)$ et d'ordonnée à l'origine B/P_1. En effet, si nous isolons $P_1 \times X_1$ et ensuite divisons les deux termes par P_1 nous obtenons

$$X_1 = \frac{B - (P_2 \times X_2)}{P_1}$$

Optimum du consommateur : aspects graphiques

Le consommateur cherche la combinaison des biens X_1 et X_2 qui maximise sa satisfaction (utilité), c'est-à-dire celle qui le place sur la courbe d'indifférence la plus élevée, étant donné sa contrainte budgétaire (voir le graphique 2.9). Toutes les combinaisons situées à droite de la contrainte budgétaire sont à exclure, puisque le consommateur ne peut se les procurer. Considérons la combinaison A : celle-ci ne maximise pas la satisfaction du consommateur, puisqu'elle n'épuise pas le budget. Il lui est possible de se procurer davantage d'un ou des deux biens. Considérons maintenant une combinaison C, qui épuise le budget.

Celle-ci ne maximise pas la satisfaction puisqu'il est possible de se déplacer le long de la contrainte budgétaire en substituant du bien 2 au bien 1 et ainsi passer à une courbe d'indifférence plus élevée. L'optimum est atteint au point D. Toute substitution à partir de ce point place le consommateur sur une courbe d'indifférence de niveau inférieur. Nous sommes au point de tangence entre la droite de contrainte budgétaire et une courbe d'indifférence.

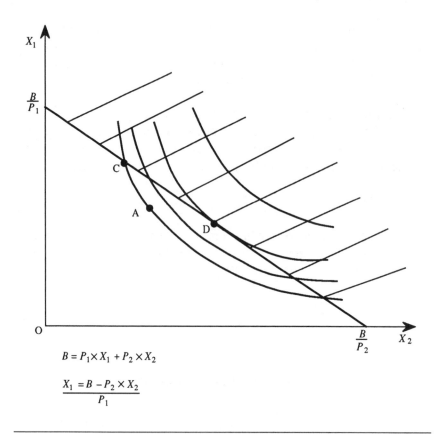

$$B = P_1 \times X_1 + P_2 \times X_2$$

$$X_1 = \frac{B - P_2 \times X_2}{P_1}$$

Graphique 2.9 – *Optimum du consommateur*

Dérivation de la courbe de demande

Nous sommes maintenant en position de justifier la courbe de demande à pente négative à laquelle nous avons fait appel jusqu'à maintenant. Partons d'une situation d'optimum du consommateur illustrée au graphique 2.10. La combinaison optimale des biens 1 et 2, étant donné un budget B et des prix P_1 et P_2A, est celle indiquée par le point A. Supposons maintenant que le prix du bien 2 augmente et passe à P_2C. La droite de budget se déplace vers l'intérieur; la quantité maximale du bien 2 que le consommateur peut se procurer est réduite. La combinaison optimale des biens 1 et 2 est maintenant celle illustrée par le point C.

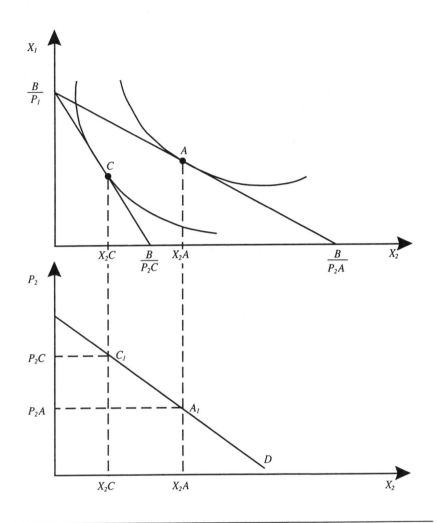

Graphique 2.10 – *Dérivation de la courbe de demande*

Représentons à nouveau sur l'axe horizontal de la partie inférieure du graphique 2.10 les quantités du bien 2. La quantité demandée lorsque le prix est P_2A est indiquée par X_2A. La quantité demandée lorsque le prix est P_2C est indiquée par X_2C. En ordonnée de la partie inférieure, nous représentons les prix du bien 2. Au prix P_2A nous associons une quantité X_2A; au prix P_2C nous associons la quantité X_2C. La courbe qui passe par les points A_1 et C_1 est la courbe de demande pour le bien 2, définie pour un budget B et un prix du bien 1 égal à P_1.

Nous pouvons retrouver le déplacement de la courbe de demande à la suite d'une variation du budget *B* en introduisant ce changement dans la partie supérieure du graphique. Ainsi, une hausse du revenu déplace la contrainte budgétaire vers la droite. Il suffit de trouver à nouveau les combinaisons optimales de X_2 pour P_2A et P_2C et de reporter les résultats obtenus dans la partie inférieure du graphique. Le même procédé nous ferait voir aussi l'effet d'une variation dans le prix de X_1, sur la courbe de demande de X_2.

Optimum du consommateur : aspects formels

Examinons de plus près les propriétés formelles de la combinaison D du graphique 2.9 afin de dégager un principe de base de l'optimisation, celui des égalités à la marge, et une application courante en microéconomie, celle de l'égalité des utilités marginales des derniers dollars dépensés.

Partons de notre conclusion que l'optimum se trouve au point de tangence entre une courbe d'indifférence et la contrainte budgétaire. Ce point est caractérisé par l'égalité des pentes des deux courbes. Nous avons déjà dégagé la pente de la contrainte budgétaire, que nous avons exprimée comme étant $-\dfrac{P_2}{P_1}$.

Examinons la pente de la courbe d'indifférence, dX_1/dX_2. Sur une même courbe, par définition, le niveau de satisfaction ne change pas. Nous avons donc la différentielle totale suivante :

$$dU = 0 = \frac{\partial U}{\partial X_1} dX_1 + \frac{\partial U}{\partial X_2} dX_2$$

où $\dfrac{\partial U}{\partial X_1}$ et $\dfrac{\partial U}{\partial X_2}$, représentent les dérivées partielles et où dX_1 et dX_2 représentent les variations dans les quantités consommées de X_1 et de X_2 .

À partir de cette relation, nous pouvons exprimer la pente dX_1/dX_2, c'est-à-dire le taux de substitution entre X_2 et X_1 qui maintient le niveau de satisfaction. Nous obtenons l'équation suivante :

$$\frac{dX_1}{dX_2} = \frac{\partial U / \partial X_2}{\partial U_1 / \partial X_1} = -\frac{umX_2}{umX_1}$$

c'est-à-dire le rapport des utilités marginales des biens 1 et 2.

Étant donné l'égalité des pentes observée à l'optimum, nous avons l'équation suivante :

$$\frac{P_2}{P_1} = \frac{umX_2}{umX_1}$$

Modifions la forme de l'expression en divisant par P_2 et multipliant par umX_1 chaque terme de la relation. Nous obtenons l'équation suivante :

$$\frac{umX_1}{P_1} = \frac{umX_2}{P_2}$$

Cette expression exprime l'égalité des utilités marginales des derniers dollars dépensés. L'allocation optimale du budget s'obtient là où un déplacement de 1 $ d'un bien vers l'autre ne modifie pas le niveau de satisfaction : le gain de satisfaction relié à l'augmentation de la consommation d'un bien est exactement compensé par la diminution de satisfaction due à la diminution de consommation de l'autre bien.

Nous avons recours à cette même analyse lorsque nous examinons les conditions de production et déterminons le choix optimal d'équipements au chapitre 3.

Nous ne retrouvons pas d'application concrète de ce modèle de choix pour le consommateur. Il s'apparente toutefois au comportement d'agents économiques qui ont à choisir un portefeuille quelconque. Il peut s'agir d'un portefeuille financier, que détiennent des individus ou des institutions, ou encore d'un portefeuille média, qui concerne l'allocation des dépenses pour la publicité.

TERMES IMPORTANTS

« Toutes choses étant égales par ailleurs »
déplacement sur la demande
élasticité
demande à la firme

BIBLIOGRAPHIE

DOUGLAS, E.J., *Managerial Economics*, 3e édition, Englewood Cliffs, N. J., Prentice-Hall, 1987, chapitre 4.

GAUTHIER, G. et F. LEROUX, *Microéconomie, théorie et applications*, 2e édition, Montréal, Gaëtan Morin Éditeur, 1988, chapitres 1 et 2.

THOMPSON, A.A, *Economics of the Firm*, 4e édition, Englewood Cliffs, N. J., Prentice-Hall, 1985, chapitre 5.

QUESTIONS ET EXERCICES

2.1   Considérez le marché des cartouches de pellicule pour appareils photographiques. Comment les changements suivants font-ils varier la demande de ces produits ?

    2.1.1   Une augmentation du prix des appareils photographiques

    2.1.2   L'introduction d'appareils photographiques électroniques « sans film »

    2.1.3   Une reprise conjoncturelle

2.2   Discutez de l'effet d'une hausse de prix de 25 % des vidéocassettes en location et de l'effet d'une hausse de prix de 25 % des cassettes disponibles chez un distributeur en particulier.

2.3   Les télédiffuseurs privés s'opposent à ce que les télédiffuseurs publics et les canaux spécialisés puissent vendre du temps d'antenne pour la publicité. Expliquez.

2.4   Par le traité de libre-échange, le Canada élimine les tarifs qui frappent les produits américains importés au Canada.

Supposons que les tarifs représentaient en moyenne une taxe de 10 % sur l'ensemble des produits manufacturés importés des États-Unis (et un relèvement de 10 % du prix au Canada de ces biens importés).

    2.4.1   Est-ce que l'élimination de ces tarifs et barrières provoque nécessairement une augmentation du volume des importations canadiennes de produits manufacturés en provenance des États-Unis ?

    2.4.2   L'élimination de ces tarifs et autres barrières provoquera-t-elle une augmentation ou une diminution de la valeur des importations canadiennes de produits manufacturés en provenance des États-Unis ?

2.4.3 Si l'élasticité croisée de la demande canadienne des biens manufacturés importés du Japon par rapport au prix des biens importés des États-Unis est positive, l'élimination des tarifs et autres barrières sur les importations en provenance des États-Unis provoquera-t-elle une augmentation ou une diminution du volume et de la valeur des importations canadiennes en provenance du Japon ?

2.5 Une étude portant sur la sensibilité de la demande de transport en commun dans la région de Montréal présente les observations suivantes :

– un coefficient d'élasticité-prix de – 0,15

– un coefficient d'élasticité-revenu de – 0,08

On estime par ailleurs à 0,2 le coefficient d'élasticité croisée de la demande de déplacements automobiles par rapport au prix du transport collectif dans les grandes villes canadiennes.

2.5.1 Interprétez ces trois coefficients d'élasticité.

2.5.2 La STCUM devrait-elle hausser ou baisser le prix des billets d'autobus et de métro si elle désire accroître ses recettes ?

2.5.3 Croyez-vous que les augmentations annuelles dans le revenu des Montréalais soient de nature à stimuler le développement des transports en commun ?

2.5.4 De combien (en %) doit-on faire varier le prix de transport en commun pour diminuer le nombre de déplacements automobiles de 10 % ?

2.6 Soit un marché où il y a 100 acheteurs. La courbe de demande pour chacun d'entre eux est représentée par $P = 150 - Q_i$. Quelle est la courbe de demande du marché ?

2.7   Soit la fonction de demande à la firme suivante :

$$Q = 1100 + 0{,}10A + 0{,}5Y + 3P_s - 10P$$

où A = montant dépensé en publicité = 1 000 $
    Y = indice du revenu disponible = 1 500 $
    P_s = prix des biens substituables = 50 $
    P = prix du bien = 60 $

2.7.1   Calculez la quantité vendue, pour les valeurs indiquées ci-dessus.

2.7.2   Calculez l'élasticité-prix. Si l'entreprise veut augmenter ses ventes (chiffre de vente, revenu total de la firme), que lui suggérez-vous, d'augmenter ou de diminuer son prix ?

2.7.3   Quel est le niveau de prix qui maximise les revenus de la firme ?

2.7.4   La qualité, la présentation et le service après vente du produit de vos concurrents ont nettement été améliorés. Quel est l'effet sur les coefficients d'élasticité-prix et d'élasticité croisée ?

2.8   Un entrepreneur relate deux expériences de nouveaux produits, supérieurs à ceux offerts par les entreprises concurrentes. La première a eu lieu en 1982 et l'autre en 1990. À chaque fois, précise-t-il, il a fallu attendre deux ans avant que les ventes de l'entreprise augmentent. Il conclut que les acheteurs prennent du temps à accepter un nouveau produit.

        Sa conclusion est-elle justifiée ?

2.9   Calculez le revenu total, le revenu marginal et l'élasticité-prix pour chaque niveau de prix et quantité indiqué au tableau suivant et commentez.

prix	100 $	90 $	80 $	70 $	60 $	50 $
quantité	10	12	14	16	18	20

CHAPITRE

3

La production et les coûts

Dans le chapitre précédent, nous avons examiné les plans des acheteurs. Nous nous attardons maintenant aux fondements des plans de l'autre partie aux échanges, soit les vendeurs.

Comme les plans de production sont liés aux coûts de production, leur expression exige une compréhension des déterminants des coûts ainsi que de leur évolution. Les coûts résultent de la combinaison de deux éléments : le prix des facteurs de production et la technologie. Cette dernière indique comment les biens et services peuvent être produits, et les prix des facteurs nous font passer des considérations techniques de la production à la dimension monétaire des coûts. Étant donné les facteurs que nécessite la production, quels sont les coûts que la firme devra supporter ?

Nous nous penchons en premier lieu sur la fonction de production, c'est-à-dire sur les considérations techniques de la production de biens et services, pour ensuite déduire la fonction de coûts. L'optique privilégiée dans ce chapitre est celle des fondements de l'offre des entreprises, afin de saisir l'essentiel du fonctionnement du système de marché. L'étude des coûts permet également d'éclairer de nombreuses décisions de la firme; cela fait toutefois l'objet du chapitre 7.

3.1.   LA FONCTION DE PRODUCTION

3.1.1.   Les notions de court et de long termes

Toutes les décisions de la firme ne sont pas prises dans le même horizon temporel, même lorsqu'elles semblent se rapporter à une même préoccupation. Ainsi, le vice-président à la production peut à un moment donné de la journée discuter de l'opportunité d'augmenter la production durant les trois mois qui viennent, et à un autre moment de la même journée, de l'opportunité d'augmenter la production dans trois ans. Le gestionnaire fait face à des contraintes différentes quant aux facteurs de production auxquels il peut faire appel. Dans un cas, il doit compter sur l'embauche de travailleurs additionnels ou sur des heures supplémentaires de travail. Dans le second, il peut envisager acquérir de nouveaux bâtiments et équipements. Nous appelons court terme un horizon où le capital est fixe et long terme un horizon où tous les facteurs de production sont variables. Il faut prendre garde de ne pas accorder une durée bien définie à chacun de ces horizons. Une même période aura une signification différente selon la technologie employée dans un secteur donné. Dans la pétrochimie, par exemple, il faut compter cinq ans avant de mettre une nouvelle usine sur pied une fois que la décision en a été prise, alors que dans l'industrie du meuble ou de la transformation alimentaire une période de deux ans peut suffire.

3.1.2.   La notion de fonction de production

Nous entendons par fonction de production la relation qui existe entre les facteurs de production utilisés et la quantité produite d'un bien ou service. La forme générale est la suivante :

$Q = f(K,L)$

où Q = la quantité produite

K = le stock de capital utilisé

L = les unités de main-d'œuvre utilisées.

Notons qu'aux fins de notre propos, les facteurs de production sont utilisés de façon efficiente, c'est-à-dire que chaque facteur contribue à sa pleine capacité. Il n'y a pas moyen de produire davantage, à moins d'augmenter la quantité d'un facteur de production.

Il existe en microéconomie un grand nombre de spécifications de fonction de production. Elles diffèrent selon le nombre de facteurs considérés, la perspective de court ou de long terme et la forme fonctionnelle imposée. Afin d'établir les plans de production, nous nous concentrons sur une situation de court terme, où le stock de capital est fixe, au niveau $\overline{K}$. La forme fonctionnelle est caractérisée par des « rendements marginaux décroissants », concept que nous expliquons dans les paragraphes suivants. Par la suite, pour traiter de la taille des installations de production, nous adoptons une optique de long terme et considérons une fonction où le capital est variable.

3.2. LA FONCTION DE PRODUCTION À COURT TERME

Nous nous référons à une fonction continue dont la forme générale est

$$Q = f(\overline{K}, L), \text{ où } \overline{K} \text{ est le niveau fixe de capital disponible.}$$

Donnons-nous quelques définitions. Nous appelons production totale (*PT* ou *Q*) les quantités produites. Nous appelons productivité moyenne physique (*PMp*) le ratio *PT/L*. Finalement, nous appelons productivité marginale physique (*Pmp*) la variation dans les quantités à la suite d'une variation dans les unités de main-d'œuvre utilisées.

Si nous avons une fonction continue $PT = Q = f(L, \overline{K})$, nous avons

$Pmp_L = \dfrac{dQ}{dL}$, c'est-à-dire la dérivée première de la fonction de production totale. La valeur de la productivité marginale physique est la pente de la fonction de production totale.

Dans le cas d'une fonction discrète, nous avons $Pmp_L = \dfrac{\Delta Q}{\Delta L}$.

La fonction que nous posons est caractérisée par une productivité marginale du travail positive, $\dfrac{\mathrm{d}PT}{\mathrm{d}L} > 0$, croissante pour les premières unités utilisées, mais qui devient par la suite décroissante, pouvant même devenir négative (graphique 3.1). L'addition d'une deuxième unité de main-d'œuvre augmente plus la production que l'addition de la première unité de main-d'œuvre. Il en est de même, dans notre exemple, jusqu'à la quatrième unité. Après celle-ci, les augmentations de production associées aux additions d'unités de main-d'œuvre sont de plus en plus petites. Nous attribuons à ce phénomène le terme de « loi des rendements marginaux décroissants ». Lorsque nous combinons des facteurs variables à un facteur fixe, il arrive un moment où la production additionnelle suscitée par l'addition de facteurs variables est décroissante.

La forme de la fonction de production totale résulte de cette productivité marginale physique positive croissante puis décroissante. Une productivité marginale positive indique une production totale croissante. Une productivité marginale physique positive et croissante correspond à une production totale qui augmente à un rythme croissant (la pente est positive et augmente). Une production marginale positive mais décroissante signifie une production totale croissante à un rythme décroissant (la pente est positive et diminue). Une productivité marginale physique négative implique une production totale décroissante (la pente est négative). La partie inférieure du graphique 3.1 illustre la situation. La fonction de production moyenne physique a la même forme que la fonction de productivité marginale; elle croît d'abord, pour ensuite décroître. Elle croît tant que la productivité marginale lui est supérieure. Elle atteint son maximum lorsqu'il y a égalité entre les productivités marginale et moyenne[1].

---

1. Nous pouvons vérifier cela par un exemple chiffré, comme dans l'exercice 3.1, ou encore formellement. Soit la fonction de productivité moyenne $PM = PT/L$. Exprimons sa dérivée première (pente) et établissons les caractéristiques du point minimum.

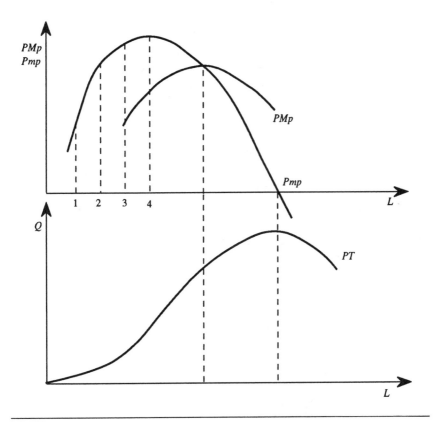

Graphique 3.1 – *Les fonctions de productivité marginale physique, de production totale et de productivité moyenne physique*

$$\frac{\mathrm{d}\left(\dfrac{PT}{L}\right)}{\mathrm{d}L} = \frac{\dfrac{\mathrm{d}PT}{\mathrm{d}L} * L - PT}{L^2} = \frac{\dfrac{\mathrm{d}PT}{\mathrm{d}L} - \dfrac{PT}{L}}{L} = \frac{Pmp - PMp}{L} = 0$$

$Pmp > PMp$, PMp ↗

$Pmp < PMp$, PMp ↘

$Pmp = PMp$, Max PMp

3.3.   LES FONCTIONS DE COÛTS À COURT TERME

La firme ne prend pas de décisions seulement à partir des données techniques caractérisant la production. En soi, la fonction de production n'est
pas liée à l'objet des activités de la firme, les profits. À cette fin, la firme
examine les coûts de production.

Référons-nous à la situation représentée au graphique 3.2. Dans la
partie droite, nous reprenons simplement la fonction de production totale
à court terme dont nous avons traitée dans la section précédente. Pour
passer à la fonction de coûts, à la partie gauche, nous introduisons la
rémunération de la main-d'œuvre. Prenons le cas le plus simple d'une
rémunération de 1 $ par unité de temps et indiquons sur la partie gauche
le coût de la production de différentes quantités. Sur la partie droite, nous
pouvons lire qu'une production de trois unités est atteinte lorsque nous
faisons appel à une unité de main-d'œuvre. Au taux de 1 $, il s'ensuit que
trois unités produites coûtent 1 $. Nous lisons ensuite que trois unités de
main-d'œuvre produisent 6 unités du bien. Au taux de 1 $, il s'ensuit que

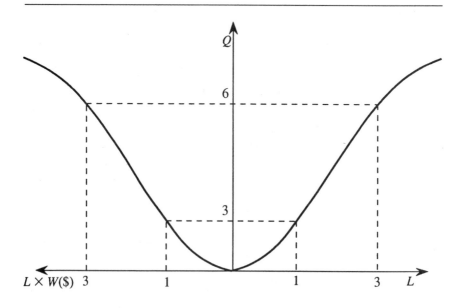

Graphique 3.2 – Le passage de la production aux coûts

six unités coûtent 3 \$, et ainsi de suite. En répétant ce calcul pour l'ensemble des unités produites, nous obtenons sur la partie gauche du graphique une représentation de la fonction de coût variable de production.

Donnons-nous maintenant quelques définitions et déduisons les caractéristiques principales des fonctions de coûts de production d'une entreprise. Nous appelons coût total (CT) de production la somme des coûts fixes (CF) et variables (CV). Les coûts fixes sont associés au capital et les coûts variables aux facteurs de production qui varient selon le niveau de production. Le coût moyen se définit comme le ratio CT/Q. Finalement, le coût marginal se définit comme dCT/dQ, ainsi que dCV/dQ, c'est-à-dire la variation dans le coût total associée à une variation dans les quantités produites. Pour une quantité donnée, la valeur du coût marginal correspond à la pente de la fonction de coût total.

Prenons la partie gauche du graphique 3.2 et effectuons une rotation des axes de 90 degrés et ajoutons les coûts fixes. Nous obtenons la présentation habituelle de la fonction de coût total, comme illustrée au graphique 3.3 de la page 81. La pente de la fonction de coût total est positive. Elle est toutefois décroissante, puis croissante. Il s'ensuit que le coût marginal, également illustré au graphique 3.3, sera positif, décroissant au début et croissant par la suite. Ceci est attribuable aux rendements marginaux croissants puis décroissants de la fonction de production. La productivité des premières unités de facteurs variables est croissante. Une même addition de facteurs variables entraîne une production additionnelle croissante. Le coût des unités additionnelles produites est alors décroissant. Par la suite, la productivité des unités de facteurs variables additionnelles est décroissante. Une même addition de facteurs, c'est-à-dire une même addition aux coûts, engendre une production additionnelle décroissante et le coût des unités additionnelles produites est croissant. Le tableau 3.1 au début de la page suivante résume la situation.

Tableau 3.1 – *Productivité marginale et coût marginal*

$Pmp \nearrow$,	$Cm \searrow$,	$CT \nearrow$,	à rythme décroissant
$Pmp \searrow$,	$Cm \nearrow$,	$CT \nearrow$,	à rythme croissant

Nous pouvons exprimer ce lien au moyen de la formule suivante :

où $R =$ taux de rémunération du capital

$W =$ taux de rémunération de la main-d'œuvre.

Le coût marginal s'exprime alors ainsi :

$$Cm = \frac{d(R\overline{K} + WL)}{dQ}$$

$$= \frac{dWL}{dQ}, \quad \text{c'est-à-dire} \quad \frac{dCV}{dQ}$$

$$= W \times \frac{dL}{dQ}$$

$$= W \times \frac{1}{Pmp}$$

La variation dans le coût total provient de l'addition de facteurs variables nécessaires à l'augmentation de la production. Comme $dL/dQ = 1/Pmp$, il s'ensuit que lorsque la productivité marginale physique augmente, le coût marginal diminue, et vice versa.

Nous pouvons aussi illustrer au graphique 3.3 la fonction de coût moyen. Le coût moyen décroît lorsque le coût marginal lui est inférieur et croît, lorsqu'il lui est supérieur. La fonction de coût marginal passe par le minimum de la fonction de coût moyen et du coût moyen variable[2].

---

2.   Nous pouvons vérifier à l'aide d'un exemple chiffré, comme dans l'exercice 3.1, ou

encore formellement. La pente de la fonction de coût moyen est $\dfrac{dCM}{dQ} = \dfrac{d\left(\dfrac{CT}{Q}\right)}{dQ}$.

Nous avons, au minimum du coût moyen,

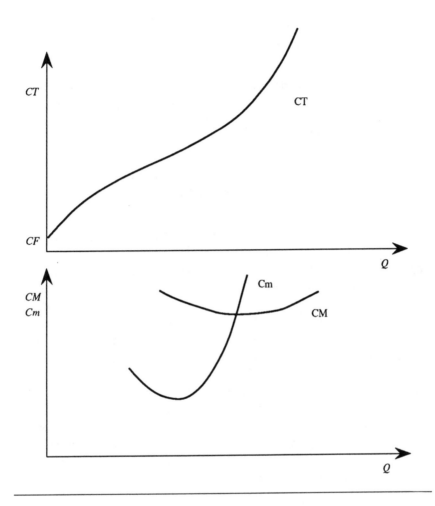

Graphique 3.3 – *Les fonctions de coût total, de coût marginal et de coût moyen*

$$\frac{\mathrm{d}\left(\dfrac{CT}{Q}\right)}{\mathrm{d}Q} = 0 = \frac{(Cm \times Q) - CT}{Q^2} = \frac{Cm - CM}{Q}$$

$Cm < CM$, CM ↘

$Cm > CM$, CM ↗

$Cm = CM$, Min CM

3.4.   LA FONCTION DE COÛT MOYEN
À LONG TERME

Nous avons jusqu'ici exprimé la fonction de coûts en nous référant à une
situation où la firme considère certains facteurs comme fixes. Nous examinons maintenant de quelle façon la possibilité de faire varier le niveau
de ces facteurs modifie cette fonction.

3.4.1.   Le choix de la taille des installations de production

À long terme, tous les facteurs de production sont variables. La firme peut
alors modifier la taille de ses installations. Le choix se présente comme au
graphique 3.4. Les vendeurs d'équipements et les constructeurs proposent
à la firme différentes tailles d'installations. La firme choisit celle qui
minimise le coût de production de la quantité qu'elle compte produire.
Considérons une situation où l'on propose à la firme trois tailles d'installations. Chacune entraîne, après la mise en place, une certaine combinaison de facteurs fixes et variables, qui détermine une fonction de coût
moyen de production. Ainsi à l'usine 1, de petite taille, correspond la
courbe CM_1. À l'usine 2, plus grande, correspond la courbe CM_2. Et ainsi
de suite. Si la firme compte produire entre 0 et Q_1 unités, elle choisit
l'usine de taille 1, puisque celle-ci minimise les coûts pour le niveau de
production envisagé. Si par contre la firme projette de produire entre Q_1 et
Q_2 unités, elle choisit l'usine 2. Finalement, si elle envisage de produire
plus de Q_2 unités, elle opte pour l'usine 3.

La fonction de coût moyen à long terme prend la forme tracée en
gras au graphique 3.4. Lorsque tous les facteurs de production sont variables, c'est-à-dire avant la mise en place de l'usine, et que la firme cherche
à minimiser les coûts, la fonction de coût moyen qui en résulte est compo-
sée de portions des fonctions de coût moyen correspondant aux différentes installations. Une fois que la firme a choisi une installation particulière,
que l'usine est construite et que les équipements sont mis en place, la
courbe de coût moyen devient la courbe à court terme associée à la taille
choisie.

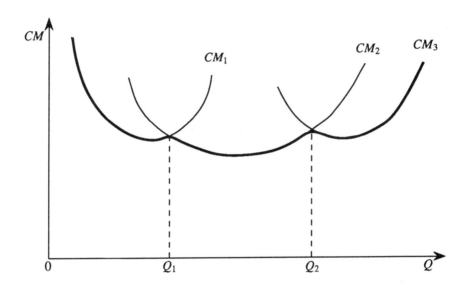

Graphique 3.4 – Choix de taille usine

Au graphique 3.5, nous augmentons à l'infini les tailles d'usine que la firme peut choisir. Nous avons alors une courbe de coût moyen à long terme qui prend la forme d'un U évasé, ne laissant voir aucune discontinuité. Cette courbe enveloppe l'ensemble des courbes de court terme. Dans ce cas limite, nous avons une usine optimale non pas pour différents intervalles de production, mais pour chaque volume de production que la firme peut envisager. Ainsi, pour un volume prévu Q_1, la firme choisit une usine de taille 1 et subit des coûts moyens d'opération CM_1. Pour un volume envisagé légèrement plus grand que Q_1, la firme choisira une taille supérieure.

3.4.2.   La forme de la courbe de coût moyen à long terme : les économies d'échelle

La forme donnée à la courbe de coût moyen à long terme illustre les économies et les déséconomies d'échelle. Nous appelons zone d'économies d'échelle la zone où le coût moyen à long terme diminue lorsque l'échelle de production augmente, c'est-à-dire où le volume à produire ainsi que la taille des installations de production augmentent. Nous appelons zone de déséconomies d'échelle la zone où le coût moyen de production augmente quand l'échelle de production augmente (graphique 3.6).

Le phénomène des économies d'échelle s'observe au niveau des équipements, de l'usine et de la firme. En ce qui concerne les équipements, il s'agit de machineries de diverses tailles, auxquelles nous pouvons combiner plus ou moins de main-d'œuvre. Au niveau de la firme, nous entendons la taille de l'ensemble de l'organisation qu'est l'entreprise; celle-ci peut regrouper plusieurs usines. Pour évaluer la taille de l'usine, on se réfère aux bâtiments ainsi qu'à l'ensemble de la machinerie qui y est installée. Au niveau de l'équipement et de l'usine, seules les activités de production sont sujettes aux économies d'échelle; au plan de la firme, d'autres activités telles que le financement, l'approvisionnement, la mise en marché et la recherche sont aussi à examiner pour déceler la présence d'économies d'échelle.

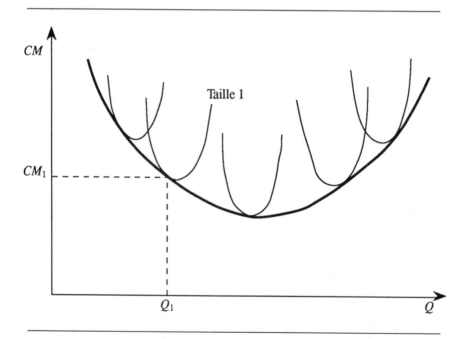

Graphique 3.5 – La courbe de coût moyen à long terme

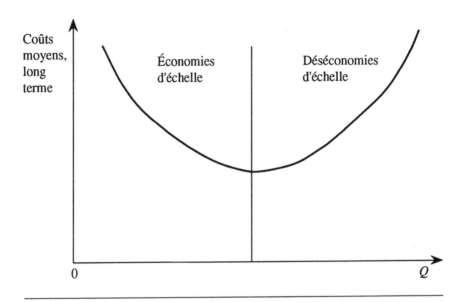

Graphique 3.6 – Les économies d'échelle

Plusieurs raisons sont invoquées pour expliquer les économies et déséconomies d'échelle, et de là, la forme de la fonction de coût moyen à long terme. Les principales sont discutées ci-dessous.

3.4.2.1. Les causes des économies d'échelle

La règle des deux tiers. Il s'agit ici d'une relation entre les coûts de production et la capacité de fabrication. Dans un grand nombre de processus de fabrication, le coût de production est relié à la surface des installations, alors que la quantité produite est liée au volume occupé par les installations. Puisque le volume varie plus rapidement que la surface, il s'ensuit que les coûts unitaires de production diminuent lorsque le volume des installations de production augmente. Nous pouvons penser à tous les procédés de production où interviennent des réservoirs, pipelines, conduits, comme dans l'industrie pétrochimique et la sidérurgie. Ce phénomène se retrouve au niveau des équipements et de l'usine.

La spécialisation. Les unités de plus grande taille peuvent se permettre de spécialiser davantage leurs ressources, qu'il s'agisse d'équipements, de main-d'œuvre de fabrication, de membres de la haute direction ou de chercheurs. Il y aurait ainsi un gain net d'efficacité de ces ressources. Ce phénomène s'observe au niveau de l'usine et de la firme.

L'acquisition des ressources nécessaires à la production. Il semble que de plus grandes unités puissent obtenir de meilleures conditions à l'achat d'intrants nécessaires aux différentes activités de production. Nous pensons ici aux matières premières mais aussi aux services de financement et de mise en marché. Les coûts unitaires sont alors réduits, car les prix payés pour les intrants sont plus faibles. Ce phénomène s'observe au niveau de la firme et de l'usine.

3.4.2.2   Les causes des déséconomies d'échelle

Les questions techniques.   À partir d'une certaine taille d'installation, les exigences techniques touchant la construction et les équipements changent fortement et occasionnent des coûts d'installation élevés. Ce phénomène s'observe au niveau de l'usine et de l'équipement.

Les difficultés de communication et de gestion.   La capacité de recevoir, de traiter et de diffuser des informations est limitée. Le gestionnaire se trouve à un moment donné incapable de traiter efficacement les informations supplémentaires. L'organisation se bureaucratise et des retards dans les décisions se font sentir, causant ainsi des opérations moins efficaces et des coûts plus élevés. Ce phénomène s'observe au niveau de la firme et de l'usine.

3.5.   POINTS IMPORTANTS ET IMPLICATIONS

Dans ce chapitre, nous jetons les bases de la fonction d'offre, c'est-à-dire les plans de production des entreprises, afin de pouvoir étudier, au chapitre 4, le fonctionnement du marché. Il est fondamental à plusieurs égards. En premier lieu, il est nécessaire à une étude le moindrement articulée du fonctionnement du marché. En second lieu, il souligne que les coûts de la firme sont issus de la technologie de production, d'où la nécessité pour l'analyse des comportements des entreprises de préciser les conditions de production.

Il est toutefois en grande partie articulé autour d'un concept des plus contestés en microéconomie sur le plan du réalisme, celui des rendements marginaux décroissants, qui mènent aux coûts marginaux croissants. Il faut garder à l'esprit que l'objectif premier de ce chapitre est de jeter les bases d'une fonction d'offre, au niveau du marché. Il constitue, par conséquent, un très bon exemple d'une construction pertinente à une fin en particulier, et qui ne le serait pas à d'autres. Nous traitons à nouveau des coûts au chapitre 7, en faisant appel à d'autres constructions, plus adaptées aux décisions des gestionnaires.

ANNEXE 3.1 – La fonction de production à long terme

A3.1   Définition et représentation graphique

La fonction de production que nous nous sommes donnée en 3.2 peut être représentée en trois dimensions, comme au graphique 3.7, ou sous forme « d'isoquantes », comme au graphique 3.8. Tout le long d'une même isoquante, nous retrouvons la même quantité produite, par différentes combinaisons des facteurs capital et travail. La carte d'isoquantes résulte de l'écrasement en deux dimensions de la « colline » du graphique 3.7. Nous pouvons assimiler les courbes d'isoquantes aux courbes de niveau des croquis topographiques. Les isoquantes sont convexes à l'origine, en raison de la productivité marginale positive mais décroissante des facteurs de production. L'argumentation est identique à celle présentée dans le cas des courbes d'indifférence, à l'annexe 2.1.

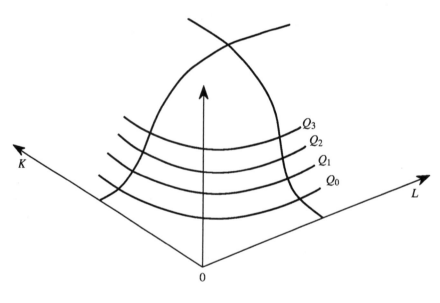

Graphique 3.7 – Fonction de production

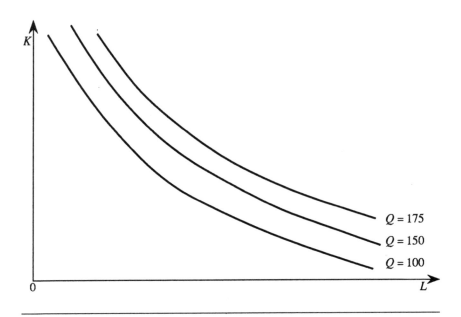

Graphique 3.8 – Isoquantes

A3.2   La substitution de facteurs

La fonction de production générale considérée ci-dessus pose que les facteurs de production sont substituables. Il y a toujours moyen de substituer un facteur par un autre et produire la même quantité. Ce degré de substitution peut varier, allant de la substitution parfaite à une substitution très faible. À la limite, il n'y a pas de substitution possible (graphique 3.9).

Le cas de substitution parfaite est une vue de l'esprit. En général, il existe une possibilité limitée mais réelle de substitution de facteurs, pour une technologie donnée.

Dans les cas extrêmes où aucune substitution n'est possible, il n'y a pas moyen d'augmenter la production à moins d'augmenter dans une même proportion les deux facteurs de production.

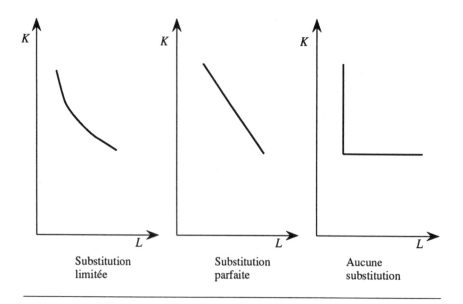

Graphique 3.9 – Degré de substitution de facteurs

A3.3   Les rendements à l'échelle

Nous appelons rendements à l'échelle le lien entre les quantités produites et les facteurs de production, lorsque ces derniers varient tous dans une même proportion.

Nous avons des rendements constants lorsque la production varie dans la même proportion que les facteurs de production. Nous avons des rendements croissants lorsque la production varie dans une proportion supérieure à celle des facteurs de production. Nous avons des rendements décroissants lorsque la production varie dans une proportion inférieure à celle des facteurs de production.

Le graphique 3.10 illustre des situations de rendements à l'échelle constants et croissants, lorsque nous doublons les quantités de facteurs utilisés.

Lorsque nous observons des rendements à l'échelle croissants, nous pouvons conclure qu'il y a des économies d'échelle; l'existence de rendements à l'échelle décroissants entraîne des déséconomies d'échelle.

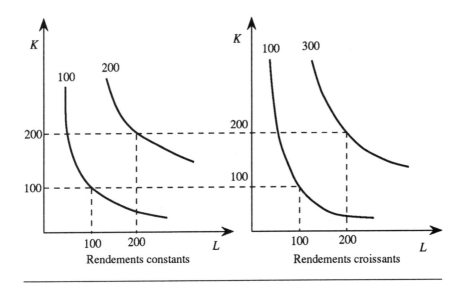

Graphique 3.10 – Rendement à l'échelle

A3.4   Le choix des facteurs de production

La fonction de production à long terme exposée en A3.1 nous permet une extension pertinente au choix des facteurs de production.

Considérons le graphique 3.11. Faisons l'hypothèse que la firme cherche à maximiser la quantité produite, sous contrainte d'un budget de production donné. Cette contrainte s'exprime comme étant $C = WL + RK$, où R et W sont respectivement le coût d'une unité de capital et d'une unité de travail. Les combinaisons de capital et de travail qui respectent cette contrainte sont données par l'équation suivante :

$$K = \frac{(C - WL)}{R}$$

Cette équation définit un isocoût, c'est-à-dire les combinaisons de facteurs qui occasionnent un même coût de production.

Exprimons sur le même graphique les isoquantes et la droite d'isocoût représentant la contrainte. Le problème de la firme est le suivant :
quelle est la combinaison de facteurs K et L qui, tout en respectant la
contrainte de coûts, maximise la production ? Toutes les combinaisons de
facteurs au-dessus de la contrainte ne sont pas admissibles, simplement
parce que la firme ne peut se les procurer : le coût dépasse la contrainte
budgétaire. Considérons alors la combinaison A : celle-ci n'épuise pas la
contrainte de coûts. La firme peut alors augmenter la production simplement en acquérant plus d'un ou des deux facteurs de production. Passons
alors à la combinaison B : celle-ci épuise la contrainte budgétaire. Par
contre, elle se situe sur une isoquante inférieure à celle où se situe la
combinaison D. Elle n'est donc pas optimale.

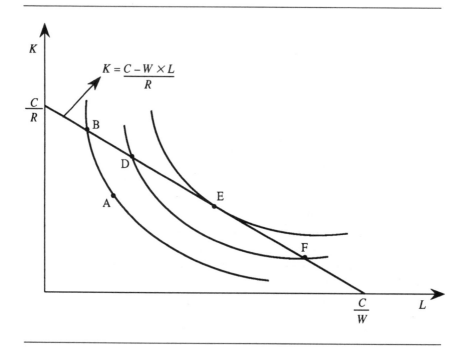

Graphique 3.11 – Choix de facteurs de production

Voyons de plus près ce qui s'est passé entre les combinaisons B et
D : nous avons substitué du travail au capital, dans des proportions qui
respectent la contrainte de coûts, et avons ainsi augmenté la production.
Continuons ce processus de substitution. Passons de la combinaison D à E.

Nous avons encore augmenté la production. Si nous poussons la substitution jusqu'au point F, nous constatons une réduction de la production.

L'optimum se trouve au point E. À ce point, la firme se trouve sur la plus haute isoquante qui respecte la contrainte budgétaire. Au point E, il y a tangence entre la courbe de budget et l'isoquante, ce qui implique l'égalité des pentes.

La pente de la contrainte budgétaire s'exprime comme suit :

$$\frac{dK}{dL} = \frac{d\left(\frac{C - W \times L}{R}\right)}{dL}$$

$$= -\frac{W}{R}.$$

La pente de l'isoquante s'exprime comme suit :

$$\frac{dK}{dL} = -\frac{Pmp_L}{Pmp_K}.$$

Au point de tangence, nous avons donc

$$\frac{W}{R} = \frac{Pmp_L}{Pmp_K}.$$

Sous une autre forme, cette relation s'exprime comme suit :

$$\frac{Pmp_K}{R} = \frac{Pmp_L}{W}.$$

À l'optimum, les productivités marginales des derniers dollars dépensés sur chacun des facteurs sont égales.

Pour nous en convaincre, considérons une situation où cette égalité n'est pas vérifiée. Soit, par exemple, une combinaison de facteurs telle que $Pmp_K = 6$, $Pmp_L = 10$, alors que $R = 4$ et $W = 4$.

Nous avons alors $\dfrac{Pmp_K}{R} = \dfrac{6}{4} = 1,5$ et $\dfrac{Pmp_L}{W} = \dfrac{10}{4} = 2,5.$

Si nous dépensons 1 \$ de moins en capital, la production diminue de 1,5. Prenons ce dollar et embauchons de la main-d'œuvre; la production augmente alors de 2,5. Nous avons augmenté la production, tout en respectant la contrainte budgétaire fixée. La combinaison initiale choisie n'était donc pas optimale.

TERMES IMPORTANTS

Rendements marginaux décroissants
Coût marginal
Économies d'échelle

BIBLIOGRAPHIE

Douglas, E.J., *Managerial Economics*, 3e édition, Englewood Cliffs, N. J., Prentice-Hall, 1987, chapitre 6.

Gauthier, G. et F. Leroux, *Microéconomie, théorie et application*, 2e édition, Montréal, Gaëtan Morin Éditeur, 1988, chapitres 3 et 4.

Thompson, A.A., *Economics of the Firm*, 4e édition, Englewood Cliffs, N. J., Prentice-Hall, 1987, chapitres 6, 7 et 8.

QUESTIONS ET EXERCICES

3.1 Quels messages un gestionnaire peut-il tirer d'une fonction de coût moyen à court terme croissante et d'une fonction de coût moyen à long terme croissante ?

3.2 Dans le cas d'une firme qui fait face à une grande incertitude quant à la quantité à produire, est-il dangereux de choisir la taille d'installation qui minimise les coûts moyens ?

3.3 Une entreprise de fabrication d'automobiles prévoit installer au cours de l'année une usine d'assemblage automobile. Afin de déterminer le niveau d'activité de cette future installation, elle entreprend une étude de la productivité d'une de ses usines. Le tableau suivant décrit la production au cours des cinq dernières années :

Année	Nombre de travailleurs	Production totale
1986	60	375
1987	90	520
1988	70	427
1989	80	475
1990	100	555

Définissez les concepts de productivité moyenne et de productivité marginale.

Calculez la productivité moyenne et la productivité marginale.

Est-ce que l'usine répond à la loi des rendements marginaux décroissants ? Justifiez.

Sachant que les coûts fixes sont de 300 000 $ par année et que pour un niveau de production égal à 375 unités le coût moyen est de 4 000 $, calculez le coût marginal et le coût variable moyen associés à chacun des niveaux de production en posant comme hypothèse que le prix du facteur travail demeure constant durant cette période. (On suppose que le travail est le seul facteur de production qui soit variable.)

Indiquez quel lien existe entre la productivité marginale physique et le coût marginal, d'une part, et la productivité moyenne physique et le coût variable moyen, d'autre part. Illustrez graphiquement.

3.4   Soit la fonction de production suivante :

$Q = 60L + 15 L^2 - L^3$. Calculez les fonctions de productivité marginale et moyenne. Que pouvez-vous dire de la forme de la fonction de coût marginal ?

3.5   Le volume de trafic maritime a fortement augmenté durant les dernières vingt années. Cette augmentation de volume s'est accompagnée d'une hausse de la proportion de fret par conteneur. La manipulation de conteneurs nécessite beaucoup moins de main-d'œuvre, dont le prix a augmenté durant cette même période, que la manipulation de fret ne se trouvant pas dans des conteneurs. Les autorités portuaires ont aussi investi pour augmenter la capacité de manipulation de conteneurs.

Pouvez-vous expliquez le changement dans la technologie utilisée par les autorités portuaires, en vous référant aux isoquantes et à une droite de coûts de production (*cf.* annexe 3.1) ?

3.6   Deux entreprises se lancent dans l'assemblage de micro-ordinateurs, l'une au Cameroun, l'autre au Canada.

Que pouvez-vous dire du choix de facteurs de production, par chacune de ces entreprises ? Référez-vous aux isoquantes et aux droites de coûts de production (annexe 3.1).

Qu'arriverait-il aux coûts moyens de production des deux entreprises si le volume de production prévu n'était pas atteint ?

Illustrez vos propos au moyen d'un graphique.

3.7   Soit une entreprise qui utilise un pipeline d'une capacité de 80 000 barils de pétrole en une période de 24 heures et qui songe à augmenter sa capacité. Si le pipeline avait un diamètre supérieur de deux pouces au diamètre actuel, sa capacité augmenterait à 90 000 barils par période de 24 heures. On sait aussi que si l'on utilisait avec le pipeline actuel une pompe de 200 chevaux-vapeur de plus de puissance, sa capacité augmenterait de 80 000 barils à 92 000 barils en 24 heures.

Le coût de la pompe additionnelle est de 500 $ par cheval-vapeur, celui du pipeline plus large, 100 000 $ par pouce de diamètre. De quelle façon l'entreprise devrait-elle augmenter sa capacité de production (annexe 3.1) ?

3.8   Vous êtes représentant d'un entreprise de télédiffusion. De quelle façon la notion de productivité marginale physique peut-elle vous aider dans vos efforts de vente de temps d'antenne (annexe 3.1) ?

4

Le fonctionnement des marchés : le modèle de concurrence pure et parfaite

Jusqu'ici, nous avons établi les plans des acheteurs et examiné la production et les coûts. Nous n'avons toutefois pas fait le passage des coûts à l'offre, c'est-à-dire aux plans de production. C'est l'objet de ce chapitre de faire ce passage, ce qui nous permettra par la suite de traiter du fonctionnement des marchés. À cette fin, nous posons la maximisation des profits et déduisons dans un premier temps, les quantités qu'une entreprise voudra produire. Dans un second temps, nous voyons comment sont fixés les prix sur les marchés et comment ils sont affectés par les modifications dans les conditions d'offre et de demande.

4.1. LA MAXIMISATION DES PROFITS

Nous ne pouvons pas mettre en évidence les plans de production des entreprises en nous référant exclusivement aux concepts techniques vus au chapitre précédent. Pour déduire le comportement des entreprises dans un contexte donné, nous devons nous référer à un objectif. Nous optons ici pour la maximisation des profits.

Supposons que le produit est homogène et que les acheteurs sont informés de l'existence de la firme et des caractéristiques du produit; la firme n'a donc pas besoin de prendre des décisions touchant le produit ou sa promotion, il lui suffit de décider à quel prix elle doit vendre et quelle quantité de ce produit elle doit mettre sur le marché. Nous faisons par ailleurs abstraction de toutes les considérations organisationnelles touchant l'entreprise[1].

De façon générale, nous avons $\pi = RT - CT$.

La quantité qui maximise les profits est telle que $\dfrac{d\pi}{dQ} = 0$, c'est-à-dire

$$\frac{d(RT - CT)}{dQ} = 0$$

$$\frac{dRT}{dQ} - \frac{dCT}{dQ} = 0$$

$$Rm - Cm = 0$$

d'où $Rm = Cm$

La quantité qui maximise les profits est donc celle qui égalise le revenu et le coût associés à la dernière unité. Nous avons vu au chapitre 2 que le revenu marginal est le revenu additionnel procuré par une augmentation de la quantité vendue, et au chapitre 3, que le coût marginal est le coût additionnel occasionné par une augmentation de la quantité produite. Si le revenu et le coût associés à une unité additionnelle ne sont pas égaux, il y a lieu de modifier la quantité produite.

La formulation précédente est générale et s'applique à toutes les situations de maximisation de profits. Toutefois, elle ne permet pas à elle seule d'étudier le fonctionnement du marché. Il faut préciser davantage le contexte dans lequel opèrent les entreprises, afin de déterminer la courbe de demande à la firme et le revenu marginal.

---

1.   Nous décrivons brièvement les différents modèles de l'entreprise à l'annexe 1.2.

4.2. UN MODÈLE DE MARCHÉ : LA CONCURRENCE PURE ET PARFAITE

Notre objectif consiste, en premier lieu, à comprendre comment les échanges entre des acheteurs rationnels voulant maximiser leur satisfaction et des entreprises voulant maximiser leurs profits peuvent assurer l'allocation des ressources d'une société. En second lieu, nous voulons observer les effets des différentes perturbations dans les déterminants de la demande et des coûts de production sur les prix et les quantités échangées. Le modèle de la concurrence pure et parfaite est l'outil tout désigné. Les chapitres 10 à 16 traitent des préoccupations d'entreprises en situation de rivalité. Les modèles utilisés sont alors conçus pour répondre aux questions spécifiques posées et diffèrent sensiblement de celui que nous proposons ici.

4.2.1. Les hypothèses du modèle

Le modèle de concurrence pure et parfaite est défini par les objectifs des parties aux échanges et par des éléments de structure de marché. Les acheteurs sont rationnels et cherchent à maximiser leur satisfaction, sous la contrainte de ressources limitées. Pour leur part, les propriétaires/actionnaires des entreprises font également preuve de rationalité et cherchent à maximiser leurs profits.

Du côté des structures de marché, nous faisons les hypothèses suivantes :

- Les firmes sont nombreuses et de petite taille par rapport au marché; il n'y a pas de collusion.

- Les consommateurs sont nombreux, chacun d'eux est petit relativement à la taille du marché.

- La mobilité est parfaite : rien ne gêne le mouvement des ressources, des firmes ou des acheteurs.

- L'information est parfaite : tous les agents économiques ont l'information désirée sur les produits offerts, les ressources disponibles et les occasions de gain.

- La fonction de production laisse voir des rendements marginaux décroissants.

- Le produit est homogène : les produits des différentes firmes sont en tous points identiques.

4.2.2. Les décisions relatives au prix et à la quantité à produire de la firme

4.2.2.1. La dépendance en matière de prix

En premier lieu, considérons la politique de prix. Supposons que la firme fixe un prix plus élevé que ce qui est observé ailleurs. Par hypothèse, les acheteurs sont informés des différents prix, il n'y a pas de contrainte à l'accès aux différentes firmes et le produit est homogène. Les acheteurs vont alors délaisser la firme qui affiche un prix plus élevé. Selon les conditions que nous avons posées, cette firme **n'a alors aucun client**; elle ne peut donc pas afficher un prix plus élevé que ce qui est observé ailleurs sur le marché. Par contre, si la firme affiche un prix inférieur, elle attire tous les clients des autres firmes. Étant donné les rendements marginaux décroissants, le coût marginal des dernières unités vendues tend vers l'infini. Résultat : la firme ne peut pas répondre à la demande et elle ne peut afficher un prix différent de ce qui prévaut ailleurs sur le marché.

Voyons maintenant si elle peut influer sur ce prix, en modifiant la quantité qu'elle met sur le marché. Comme elle est petite relativement au marché, quelle que soit la quantité produite, le geste passe inaperçu. Elle ne peut donc exercer aucune influence sur le prix du marché; par conséquent, elle doit le prendre comme une donnée[2]. Nous verrons plus loin comment s'établit le prix du marché.

---

2. En anglais, on utilise alors l'expression « price taker », par opposition à « price maker », que nous verrons dans d'autres chapitres.

4.2.2.2. La courbe de demande à la firme

Dans un monde de produits homogènes et d'information parfaite, il ne reste à la firme de concurrence pure et parfaite qu'une décision à prendre : quelle quantité produire ? La courbe de demande à la firme est horizontale (graphique 4.1). Puisque la firme est petite par rapport au marché, les variations de quantités ne modifient pas le prix de vente. Le revenu marginal dans une telle situation n'est pas inférieur mais bien égal au prix[3]. Dans le cas qui est illustré, la firme choisit de produire une quantité Q^*. Si au prix P^* elle produisait une quantité supérieure (par exemple Q_3), elle subirait des pertes sur les unités excédant Q^* ($Cm > Rm$); si elle produisait une quantité inférieure (par exemple Q_4), elle manquerait une occasion de faire des profits sur les unités comprises entre Q^* et le niveau de sa production ($Rm > Cm$).

4.2.2.3. Représentation graphique et courbe d'offre

Toujours en se référant au graphique 4.1, posons maintenant que le prix donné par le marché est égal à P_1; la quantité qui maximise les profits est alors Q_1. Si le prix est P_2, la quantité qui maximise les profits est Q_2.

La courbe d'offre de la firme est la représentation des plans de production de la firme en fonction du prix donné par le marché. Le processus de maximisation des profits décrit ci-dessus révèle que la courbe d'offre de la firme n'est rien d'autre que la **courbe de coût marginal**[4]. En effet, la firme compare le prix de vente au coût de production de la dernière unité, afin de voir si celle-ci doit être produite ou non.

La courbe d'offre de la firme a donc une pente positive. En raison de coûts marginaux de production croissants résultant des rendements marginaux décroissants, les producteurs n'augmenteront leur quantité sur le marché que s'ils peuvent obtenir un prix plus élevé pour leur produit.

---

3.   Le concept de revenu marginal est expliqué à la section 2.4. De façon générale, nous avons $Rm = P + (dP/dQ)\,Q$. Dans le cas de la firme de concurrence pure et parfaite, $dP/dQ = 0$, puisque les quantités mises sur le marché par la firme sont trop faibles pour exercer une influence sur le prix. Nous avons alors $Rm = P$.

4.   Il s'agit en fait de la portion croissante de la courbe de coût marginal, à partir de l'intersection avec la courbe du coût moyen variable.

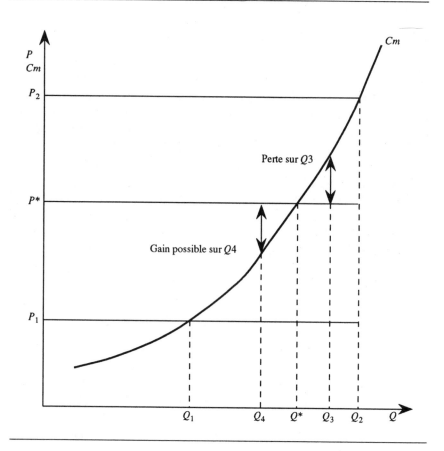

Graphique 4.1 – La décision relative à la quantité

4.3.   L'OFFRE

4.3.1.   La sommation des offres individuelles

Attardons-nous maintenant à la courbe d'offre du marché, c'est-à-dire de l'ensemble des firmes sur le marché (graphique 4.2). Supposons deux firmes et un prix P_0 : la première firme met 10 unités sur le marché, alors que la seconde en met 14; au total elles en mettent 24. L'offre du marché est donc de 24 unités et elle résulte simplement de la somme des quantités offertes par les différentes firmes, pour un prix donné. À un prix P_1, l'offre du marché est de 32. L'opération que nous effectuons ici prend le nom de sommation horizontale, parce que nous agrégeons les unités représentées sur l'axe horizontal, c'est-à-dire les quantités (voir l'exercice 4.7). La façon de procéder est identique à celle qui nous a menés à la demande du marché au chapitre 2.

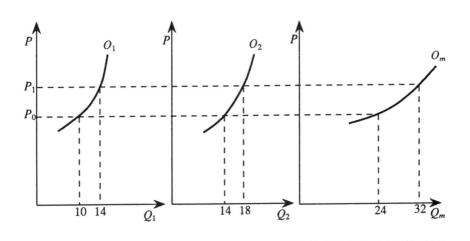

Graphique 4.2 – Offre des firmes et offre du marché

Le comportement de maximisation des profits d'une entreprise nous mène donc à une offre de marché à pente positive, comme nous l'avions présumée dans notre présentation intuitive des marchés au chapitre 1.

4.3.2. Les déplacements de la courbe d'offre

Tous les facteurs qui influent sur les coûts de production de la firme occasionnent des déplacements de la courbe d'offre. Supposons une hausse du taux de salaire. Le coût marginal est plus élevé, puisque

$Cm = W \times \dfrac{1}{Pmp_L}$. La courbe de coût marginal de chacune des firmes se

déplace vers le haut. Pour un même niveau de prix, la firme offre une quantité moindre. La courbe d'offre du marché se déplace aussi vers le haut. Il en va de même pour des variations de prix des autres facteurs de production, comme l'énergie et les matières premières. La situation est illutrée dans le graphique ci-dessous.

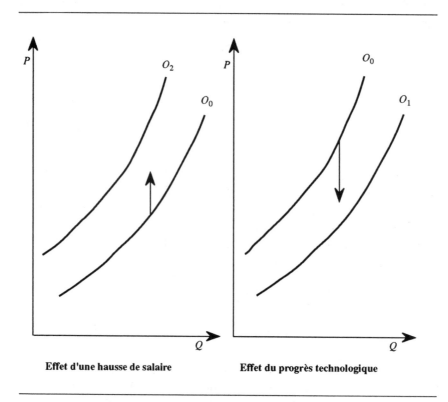

Effet d'une hausse de salaire   Effet du progrès technologique

Graphique 4.3 – *Déplacement de la courbe d'offre*

Un changement dans les techniques de production modifie aussi la fonction d'offre de la firme, lorsque celle-ci modifie ses installations. Le changement technologique amène une modification de la carte des isoquantes représentée au graphique 3.11. Pour un niveau de capital donné, les combinaisons avec différents niveaux de main-d'œuvre vont avoir pour résultat des quantités produites différentes. Nous obtenons une nouvelle courbe de *Pmp*, plus élevée. La fonction de coût marginal correspondante est alors plus basse. Ainsi, l'avènement de la microélectronique pourra avoir comme conséquence de réduire les coûts marginaux de production de plusieurs biens et services.

4.3.3. Les élasticités de la courbe d'offre

De la même façon que nous avons dégagé des élasticités de demande, nous pouvons dégager des élasticités d'offre. Nous distinguons l'élasticité-prix, qui correspond à un déplacement le long de la courbe d'offre, et les élasticités-prix des facteurs, qui correspondent à des déplacements de la courbe d'offre.

L'élasticité-prix de l'offre est égale à $(dQ/dP) \times (P/Q)$; le coefficient est positif. Sa valeur dépend de la facilité avec laquelle une firme peut augmenter ou réduire sa production. Ainsi, une firme pour laquelle les rendements marginaux décroissants ne se font sentir que faiblement peut passablement augmenter sa production à la suite d'une variation à la hausse du prix de vente du produit fabriqué. Une entreprise pour laquelle les rendements décroissants s'appliquent fortement n'augmente sa production que très faiblement à la suite d'une hausse du prix de vente : le coût marginal de production augmente si rapidement que la hausse du prix de vente ne peut couvrir la hausse du coût de production que d'une faible quantité additionnelle.

L'élasticité-prix des facteurs est égale à $(dQ/dW) \times (W/Q)$, où W est le prix des facteurs. Le coefficient est évidemment négatif. Toute hausse de prix des facteurs réduit la quantité offerte, à un prix donné du produit.

La valeur du coefficient dépend de la part du facteur dans les coûts de production. Plus le facteur représente une large part des coûts de production, plus l'élasticité sera forte en valeur absolue. Si un facteur de production représente une faible part des coûts de production, une variation de son prix n'affecte pas fortement la quantité à produire[5].

4.4. L'ÉQUILIBRE DE MARCHÉ

Après avoir examiné ce qui détermine les fonctions de demande et d'offre, nous allons traiter de la fixation du prix d'équilibre du marché et nous attarder ensuite à diverses perturbations.

---

5.   Cette question est reprise au chapitre 16, lorsque nous traitons des forces d'une entreprise face à des clients et des fournisseurs.

4.4.1.   La fixation du prix en situation de concurrence pure et parfaite

Le graphique 4.4 illustre la situation où nous avons une demande de marché qui résulte de l'agrégation des courbes de demande individuelle et une courbe d'offre de marché qui résulte de l'agrégation des courbes d'offre des firmes présentes sur le marché. Ces deux courbes agrégées se rencontrent au point E. Le prix et la quantité au point E sont le prix et la quantité d'équilibre. La combinaison E satisfait à la fois le plan des acheteurs et celui des producteurs. Il n'y a aucune pression de changement au point E. Toutes les autres combinaisons possibles créent de telles pressions, puisque les plans d'au moins un des deux partis en présence ne sont pas satisfaits. Considérons, par exemple, les prix P_A et P_B. En P_A, les acheteurs ne trouvent pas la quantité désirée sur le marché; il y a alors pression à la hausse sur les prix, ce qui incite les producteurs à augmenter la production. En P_B, les producteurs ont un surplus de production; ils réduisent le prix afin d'écouler les stocks et ajustent leur production courante à un niveau de prix inférieur. Il n'y a qu'au point E que le prix et la quantité mise sur le marché sont stables, dans la mesure évidemment où les courbes d'offre et de demande demeurent les mêmes[6].

Le prix correspondant au point E devient celui auquel s'ajustent toutes les firmes sur le marché. Rappelons que les courbes de *Cm* des différentes firmes ont déterminé la courbe d'offre de marché. Le jeu de l'offre et de la demande du marché fixe un prix d'équilibre qui détermine à son tour les quantités vendues par chaque firme. La somme des quantités vendues par chaque firme est égale à la demande du marché, puisque celle-ci est égale à l'offre du marché, elle-même issue de l'agrégation des courbes d'offre individuelles.

4.4.2.   Modifications de l'équilibre de marché

Les courbes d'offre et de demande se modifient continuellement à la suite de chocs de différentes natures. Examinons comment le marché réagit aux modifications des conditions d'offre et de demande. Nous nous

---

6.   Nous pourrions démontrer que le système n'est pas explosif, mais cette démonstration est quelque peu fastidieuse. Nous allons plutôt tenir pour acquis que le système nous mène vers le point E.

intéressons au sens des variations des prix et des quantités d'équilibre, ainsi qu'à l'ampleur des variations. Un grand nombre de facteurs provoquent des déplacements des courbes d'offre et de demande. En fait, toute modification dans la valeur de chaque déterminant retenu, sauf le prix de vente, occasionne un déplacement, soit de la demande, soit de l'offre et pour l'illustrer, nous allons envisager trois situations : une baisse conjoncturelle, une modification des produits substituables et une hausse de prix d'un facteur de production.

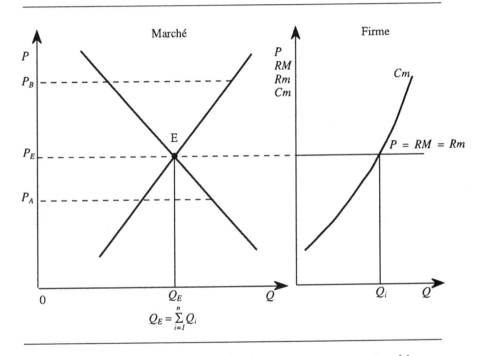

Graphique 4.4 – *Fixation de prix en situation de concurrence pure et parfaite*

4.4.2.1. Une baisse conjoncturelle

Nous entendons par variation conjoncturelle une fluctuation des revenus associée aux conditions macroéconomiques (graphique 4.5). Une baisse conjoncturelle déplace la courbe de demande vers la gauche. Nous obtenons un nouvel équilibre caractérisé par un prix plus faible et une quantité moindre. L'ampleur du changement de prix et de quantité est fonction de deux éléments : l'importance de la baisse de la demande pour un produit donné entraînée par une baisse du revenu et la facilité avec laquelle les producteurs peuvent ajuster leur production. L'importance de la variation de la demande est fonction de l'élasticité-revenu qui peut varier fortement d'un produit à l'autre. Ainsi, les biens durables ont une élasticité-revenu plus forte que les biens non durables (voir tableau 2.2). Le déplacement de la courbe de demande est donc plus marqué pour les biens durables que pour les biens non durables. Pour une courbe d'offre donnée, les modifications de prix et de quantité sont alors plus fortes pour les biens durables. L'effet de l'élasticité-revenu est illustré à la partie supérieure du graphique 4.5.

Les réactions des producteurs déterminent aussi l'ampleur des variations de prix et de quantité. Si la production laisse voir des rendements marginaux fortement décroissants, les coûts marginaux sont fortement croissants. La courbe d'offre est inélastique et une faible variation de prix à la baisse n'aura que peu de répercussions sur la quantité offerte. La baisse de la demande se traduit alors par une forte baisse de prix. Par contre, si les rendements marginaux décroissants ne se font que peu sentir, une faible variation de prix à la baisse entraîne une fluctuation considérable des quantités : la baisse de la demande suscitera alors une forte diminution des quantités et une faible baisse des prix. L'effet de l'élasticité de l'offre est illustré à la partie inférieure du graphique 4.5.

4.4.2.2. *Une modification au niveau des substituts*

Supposons qu'apparaisse un nouveau substitut; la courbe de demande se déplace alors vers la gauche et le nouvel équilibre s'établit à un prix et une quantité plus faibles. L'ampleur des variations dépend de l'ampleur du déplacement de la demande. Plus les produits sont substituables, plus forte est la baisse de la demande. Plus l'élasticité croisée de la demande est élevée, plus forte est la variation de la demande et plus fortes sont les variations à la baisse du prix et de la quantité. Par ailleurs, l'ampleur des variations dépend aussi des réactions des firmes concernant les quantités produites. Plus les rendements marginaux décroissants se font sentir, plus considérable est la variation reliée au prix comparée à la variation reliée à la quantité.

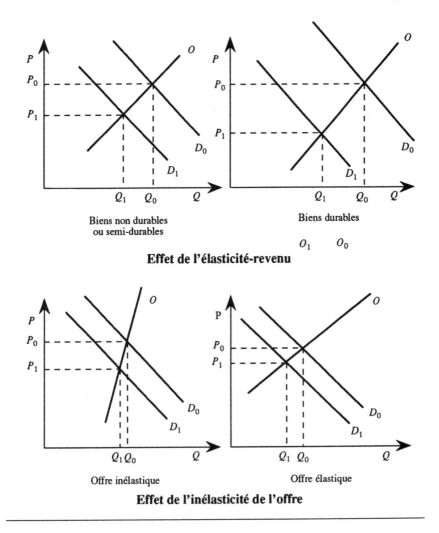

Graphique 4.5 – *Fluctuation conjoncturelle et équilibre de marché*

4.4.2.3. *Une variation du prix des facteurs de production*

Imaginons une hausse du prix d'un des facteurs de production, le taux de salaire par exemple (voir le graphique 4.6). La courbe de coût marginal se déplace vers le haut, de même que la courbe d'offre du marché. Le nouvel équilibre du marché s'établit à un prix plus élevé et une quantité plus faible. L'ampleur des variations dépend, en premier lieu, de l'importance du déplacement de la courbe *Cm*, pour une variation donnée du taux de salaire. Plus les salaires représentent une forte composante des coûts de production, plus le déplacement de la courbe est marqué et plus significatives sont la hausse du prix et la baisse de la quantité (voir la partie supérieure du graphique 4.6). En second lieu, l'ampleur des variations dépend des caractéristiques de la demande. Si la demande est inélastique, les ajustements se font surtout par le prix, et la variation de la quantité est relativement faible (voir la partie inférieure du graphique 4.6). Par contre, si la demande est élastique, l'ajustement se fait surtout par la quantité.

4.4.3.   Un exemple : le marché du blé[7]

Le blé est la céréale la plus consommée dans le monde. Les prix sont relativement stables, quoique périodiquement nous observions des fluctuations considérables.

La demande de blé a augmenté de façon constante au cours des quarante dernières années. En effet, depuis 1950, la consommation de blé progresse nettement dans des pays où cette céréale était jusque-là peu connue. Il y a donc de nouveaux marchés qui s'ouvrent. Par ailleurs, toute amélioration du niveau de vie, partout dans le monde, s'accompagne d'une hausse de la consommation de blé, d'où une courbe de demande de blé qui se déplace vers la droite.

Cette augmentation de la demande exerce des pressions à la hausse sur les prix. Toutefois, ces derniers demeurent relativement stables, ou encore baissent, car l'offre augmente durant la même période. La courbe d'offre de blé se déplace donc vers la droite. Deux facteurs sont à l'origine de cet accroissement de la production. En premier lieu, nous observons une augmentation des surfaces consacrées à la production de blé. Le second facteur, de loin le plus important, est l'accroissement des rendements à l'hectare qui ont presque doublé entre 1960 et 1980 grâce notamment à la mécanisation et à la fertilisation des sols.

---

7.   Ce propos est tiré de : Jean-Pierre ANGELIER, *Le blé*, Paris, Économica, coll. Cyclope, 1990.

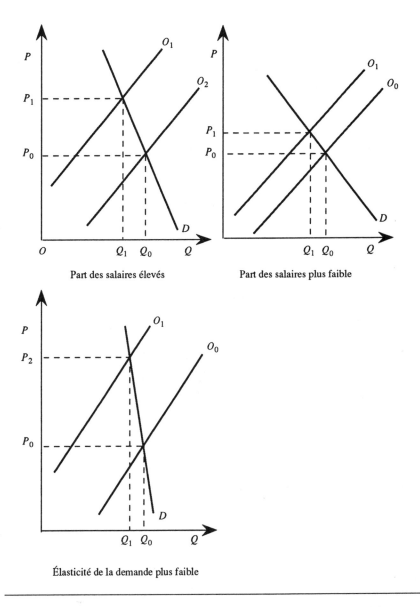

Part des salaires élevés

Part des salaires plus faible

Élasticité de la demande plus faible

Graphique 4.6 – *Variation des prix de facteurs et équilibre de marché*

Périodiquement, nous observons une fluctuation à court terme des prix, attribuable à une diminution de l'offre causée par des conditions climatiques peu favorables dans une importante région productrice, et de cette fluctuation résulte un déplacement vers la gauche de la courbe d'offre. En 1972-1973, l'URSS a connu des mauvaises récoltes, ce qui a entraîné une forte augmentation du prix du blé. Par la suite, jusqu'en 1988, la production a augmenté – ce qui correspond à un déplacement vers la droite de la courbe d'offre –, provoquant une baisse de prix. À partir de 1988, la courbe d'offre se déplace vers la gauche, en raison de la sécheresse en Amérique du Nord et d'une politique américaine de restriction des surfaces consacrées à la culture du blé. Les prix sont alors à la hausse.

4.5. ÉQUILIBRE SUR LE MARCHÉ DES FACTEURS

Jusqu'à maintenant, notre attention a surtout porté sur l'offre et la demande de biens ou services finaux. Nous nous proposons d'examiner dans cette section le marché des biens ou services intermédiaires, c'est-à-dire ceux qui servent à la production d'autres biens, soit les facteurs de production. L'offre des facteurs de production autres que la main-d'œuvre possède les mêmes caractéristiques que l'offre des produits finaux : il s'agit dans tous les cas de plans de production de firmes qui cherchent à maximiser leur profit. Cependant, l'offre de main-d'œuvre ne répond pas exactement aux mêmes impératifs. Nous avons ici affaire à des plans d'individus qui doivent gagner certains revenus pour subvenir à leurs besoins, mais qui veulent aussi se ménager du temps de loisir et de repos. La courbe d'offre de travail a une pente positive. L'élasticité-salaire varie fortement d'un secteur d'activité à un autre, en raison des qualifications requises de la main-d'œuvre. Dans le secteur de la réparation de véhicules automobiles, par exemple, l'offre de main-d'œuvre est actuellement peu élastique au taux de salaire, c'est-à-dire au prix du travail. La raison étant qu'il y a peu de personnes qualifiées disponibles. Cette situation prévaut également dans plusieurs métiers reliés à la construction.

4.5.1. La demande de facteurs

L'étude de la demande de facteurs de production est différente de celle de biens finaux : il s'agit d'une **demande dérivée**. La demande de facteurs de production dépend avant tout de la demande de biens et services finaux. En fait, trois facteurs reliés déterminent la demande de facteurs de production : la demande de biens finaux, le prix des facteurs et la productivité des facteurs. Illustrons en situation de concurrence pure et parfaite. La firme veut produire jusqu'au point où le cas d'une firme $P = Cm$. Soit un seul facteur de production, la main-d'œuvre, dont le prix est constant au niveau W.

Le coût marginal s'exprime comme suit :

$$\frac{\mathrm{d}CV}{\mathrm{d}Q}, \quad \text{c'est-à-dire} \quad W \times \frac{\mathrm{d}L}{\mathrm{d}Q},$$

ou encore

$$W \times \frac{\dfrac{1}{\mathrm{d}Q}}{\mathrm{d}L}, \quad \text{c'est-à-dire} \quad W \times \frac{1}{Pmp_L}$$

La firme produit alors jusqu'au point où $P = W \times \dfrac{1}{Pmp_L}$.

La même décision peut être examinée du point de vue de la main-d'œuvre requise pour produire la quantité qui maximise le profit. Puisque nous avons

$$P = W \times \frac{1}{Pmp_L},$$

nous avons aussi

$$W = P \times Pmp_L$$

La firme demande de la main-d'œuvre jusqu'au point où le coût de la main-d'œuvre additionnelle est égal aux revenus associés à la production additionnelle, soit la productivité marginale en valeur. La productivité marginale en valeur est égale à la productivité marginale physique multipliée par le prix de vente du produit fabriqué. La courbe de productivité marginale en valeur (*Pmv*) correspond à la courbe de demande de main-d'œuvre.

Lorsque le taux de salaire augmente (graphique 4.7), pour une productivité marginale en valeur donnée (aucun changement dans P ou dans Pmp), la firme réduit sa demande de main-d'œuvre, de L_0 à L_1. Du côté de l'offre du bien final, cette situation correspond à un déplacement vers le haut de la fonction de coût marginal et à une réduction de la quantité produite.

Cependant, lorsque le prix du bien augmente, pour un taux de salaire et une productivité marginale physique donnés, il y a une augmentation de la productivité marginale en valeur, de Pmv_0 à Pmv_1, entraînant un déplacement de la fonction de demande de travail et une augmentation de la quantité demandée, de L_0 à L_2. Du côté de l'offre du bien final, cette situation se traduit par un déplacement sur la courbe d'offre, pour augmenter la production à la suite d'une hausse de prix.

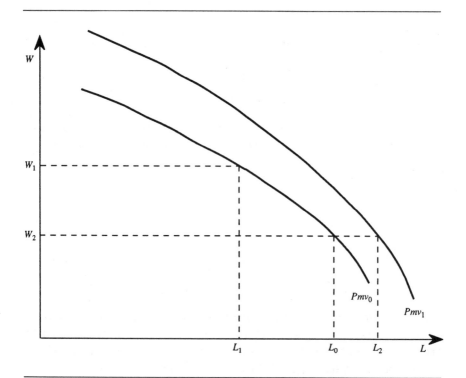

Graphique 4.7 – *Demande de main-d'œuvre. Niveau de la firme*

4.5.2. La détermination du prix des facteurs

Examinons le marché du travail au niveau de l'ensemble des firmes produisant un même bien; deux cas peuvent se présenter. Dans le premier, les firmes embauchent un petit nombre de travailleurs relativement au marché. Dans une telle situation, le taux de salaire est indépendant de la demande de la part des entreprises que nous étudions. Nous avons la représentation de cette situation à la gauche du graphique 4.8. La courbe de demande de main-d'œuvre des entreprises étudiées, obtenue par sommation des demandes des différentes firmes, se déplace de D_0 à D_1, mais le déplacement n'affecte pas le taux de salaire, la perturbation étant négligeable par rapport à l'ensemble du marché.

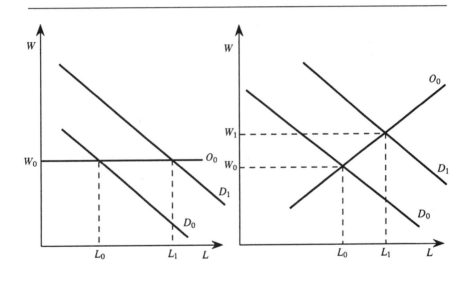

Graphique 4.8 – Équilibre sur le marché du facteur

Dans le second cas, illustré à la droite du même graphique, les firmes étudiées embauchent un nombre élevé de travailleurs relativement au marché. La courbe d'offre à laquelle elles font face a alors la pente positive du cas général. Une variation dans la demande de main-d'œuvre a alors non seulement des répercussions sur le nombre de travailleurs embauchés par les firmes étudiées, mais aussi sur le taux de salaire.

4.5.3.   Le lien entre le marché des biens et le marché du travail

Illustrons maintenant le lien entre le marché des biens et celui des facteurs en observant au graphique 4.9 l'effet d'une baisse conjoncturelle. Sur le marché des biens finaux, devant une demande réduite, le prix diminue; sur le marché du travail, la diminution de prix entraîne une diminution de la productivité marginale en valeur. La demande du facteur travail est réduite et se déplace vers la gauche, entraînant une réduction du nombre de travailleurs embauchés.

Selon l'élasticité de l'offre de travail au taux de salaire, la baisse de la demande de travail provoque une baisse du taux de salaire plus ou moins considérable (graphique 4.9), et nous avons alors un taux de salaire de W_0, W_1 ou W_2. Notons que cette baisse du taux de salaire fait aussi baisser les coûts des entreprises et déplace la courbe d'offre du bien final vers la droite.

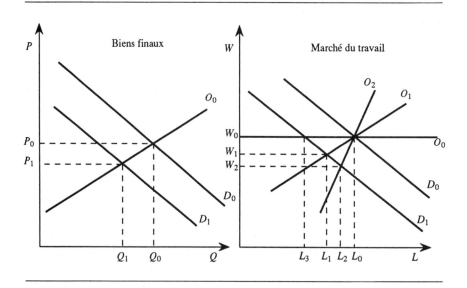

Graphique 4.9 – *Baisse conjoncturelle et équilibre sur le marché des facteurs*

Le résultat final dépend donc de deux élasticités : l'élasticité-revenu de la demande du bien final, et l'élasticité au taux de salaire de l'offre de travail.

4.6. ÉQUILIBRE DE MARCHÉ À LONG TERME

Considérons maintenant le modèle de concurrence pure et parfaite et l'équilibre sur le marché des biens dans une perspective de long terme. Le facteur capital est maintenant variable, ce qui affecte l'offre dans un marché de concurrence pure et parfaite de deux façons. En premier lieu, les firmes en place peuvent modifier la taille de leurs installations en vue de minimiser les coûts d'opération. En second lieu, la perspective de réaliser des profits sur ce marché incite d'autres firmes à y entrer. La courbe d'offre se déplace vers la droite, ce qui occasionne une baisse du prix d'équilibre.

L'équilibre de long terme qui résulte du fait que tous les facteurs de production sont maintenant variables est illustré au graphique 4.10. Supposons que la demande soit stable : la courbe d'offre se déplace vers la droite tant qu'il y a entrée; il y a entrée tant qu'il y a des profits à faire et il y a des profits tant que le prix dépasse le coût moyen.

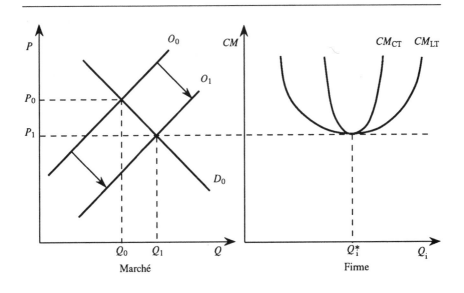

Graphique 4.10 – *Équilibre de marché à long terme*

Les firmes désirant minimiser les coûts optent pour l'installation qui correspond au minimum du coût moyen à long terme. Le prix ne peut baisser en deçà du minimum du coût moyen à long terme puisqu'il y aurait alors une sortie de firmes. L'entrée cesse donc lorsque le prix atteint P_1, qui correspond au minimum du coût moyen à long terme. Les profits à long terme sont nuls, en raison de l'hypothèse de mobilité parfaite[8].

4.7.   POINTS IMPORTANTS ET IMPLICATIONS

Avec ce chapitre, nous complétons la construction qui a pour objet le fonctionnement du marché. Le modèle énoncé nous permet de comprendre les effets des perturbations à court terme, comme les fluctuations conjoncturelles. Il sert aussi de toile de fond à nos réflexions portant sur des questions de long terme, comme la saturation de marché, le progrès technologique, l'apparition de produits substituables, et la disponibilité et la qualité de la main-d'œuvre ou d'autres facteurs de production.

Nous avons délibérément fait appel à la construction la plus simple, c'est-à-dire celle de la concurrence pure et parfaite. Cette construction est fonctionnelle lorsque nous nous limitons à prédire les réactions de marché à différentes perturbations. Nous recommandons, par conséquent à l'utilisateur de faire preuve de jugement et de prendre garde d'appliquer ce modèle à des problèmes pour lesquels il n'aurait pas été conçu.

Chacune des hypothèses posées joue un rôle essentiel dans le cheminement vers l'équilibre de concurrence pure et parfaite. Le rôle du nombre d'entreprises est en général relativement bien perçu. Il faut toutefois être conscient du fait que l'homogénéité du produit, la mobilité et l'information parfaites sont des conditions tout aussi importantes, et qui ne correspondent pas à la réalité des marchés contemporains. L'étude de la concurrence dans la troisième partie procède d'ailleurs en modifiant tour à tour ces différentes hypothèses.

---

8.   Nous traitons de la signification du profit nul à la section 7.4. Pour le moment, notons simplement qu'il s'agit du profit « économique » et que les entreprises présentes dans le secteur ne sont pas incitées à en sortir. Elles y réalisent donc un rendement « normal ».

Le modèle de concurrence pure et parfaite offre une conception particulière de la concurrence : **elle est très forte, mais anonyme.** Chacune des entreprises subit des pressions venant du marché, mais d'aucune entreprise en particulier, d'où l'expression de la « main invisible ». Les pressions concurrentielles s'exercent exclusivement par le prix. Les efforts des entreprises pour améliorer leur position sur le marché portent alors exclusivement sur la minimisation des coûts de production.

TERMES IMPORTANTS

Maximisation de profit	Déplacements de l'offre
Mobilité	Élasticités de l'offre
Homogénéité	Équilibre
Information	Demande
Dépendance en matière de prix	Décimé
Offre	

BIBLIOGRAPHIE

GAUTHIER, G. et F. LEROUX, *Microéconomie, théorie et application*, 2e édition, Montréal, Gaëtan Morin Éditeur, 1988, chapitre 6.

CARLTON, D.W. et J.M. PERLOFF, *Modern Industrial Organisation*, Glenview, Ill., Scott, Foresman/Little, Brown, Higher Education, 1990, chapitre 4.

QUESTIONS ET EXERCICES

4.1   Illustrez et expliquez brièvement l'effet des perturbations suivantes sur : a) l'offre, la demande et le prix d'équilibre sur le marché des voitures neuves nord-américaines; b) l'offre, la demande et le prix d'équilibre sur le marché des voitures neuves japonaises.

    4.1.1   Une augmentation de la valeur du yen relativement à celle du dollar canadien et du dollar américain.

    4.1.2   La prévision d'une baisse conjoncturelle.

    4.1.3   Une augmentation du nombre de ménages à double revenu.

    4.1.4   Une grève prolongée de la part des travailleurs syndiqués du secteur de la fabrication automobile en Amérique du Nord.

    4.1.5   Une augmentation de salaire accordée aux travailleurs de l'automobile en Amérique du Nord.

    4.1.6   Le développement d'une image de qualité de la part des fabricants de voitures japonaises.

4.2   Devant la popularité croissante des voitures japonaises et les difficultés de l'industrie canadienne de l'automobile, le gouvernement propose de limiter l'entrée annuelle de voitures japonaises à *J* unités par année. Quels sont les effets de cette politique sur les courbes d'offre et de demande, les prix et quantités d'équilibre ainsi que les revenus des détaillants vendant des automobiles japonaises ?

4.3. Dans *La Presse* du 2 février 1988, on pouvait lire : « L'Association des consommateurs du Québec comprend mal pourquoi les producteurs de lait, après avoir obtenu qu'on colore la margarine supposément pour favoriser le beurre, demandent maintenant qu'on augmente le prix du beurre [...] Non contents d'avoir eu le cadeau de la réglementation de la coloration de la margarine, les producteurs laitiers osent maintenant demander à la Commission canadienne du lait qu'on hausse le prix du beurre. Cela prouve que cette mesure de la coloration n'a eu aucun impact favorable au beurre ».

Sachant que le prix du beurre est réglementé, à l'aide des courbes de demande et d'offre et de la notion de prix d'équilibre démontrez que la réglementation sur la coloration blanche de la margarine peut expliquer la hausse subséquente du prix du beurre.

4.4 Dans *La Presse* du samedi 30 janvier 1988, on nous informait qu'« alors que les prix à la consommation ont quadruplé en 22 ans, le prix du livre, lui, a décuplé ! » L'article qui tentait de découvrir les causes de la hausse de plus de mille pour cent du prix du livre au Québec depuis 1965 concluait que « l'augmentation du prix du papier serait la principale cause de cette hausse pharamineuse du coût des livres ».

4.4.1 Si l'augmentation du prix des livres est la résultante de la seule hausse du prix du papier, représentez graphiquement et expliquez les effets de ce changement sur le prix des livres et la quantité de livres vendus au Québec.

4.4.2 Si nous observons aussi une augmentation du volume des ventes de livres, l'augmentation du prix du papier est-elle la seule cause de cette hausse du prix des livres ? La cause principale ?

4.5 Les entreprises de transformation de minerai de fer tournent actuellement à 60 % de leur capacité de production. L'élasticité-prix de l'offre à court terme est très élevée.

Expliquez.

Qu'arrive-t-il si la demande augmente ?

4.6 Soit une augmentation de la productivité marginale physique de la main-d'œuvre. Quels sont les effets sur le prix et la quantité du bien produit, le taux de salaire, le nombre d'unités de main-d'œuvre embauchées et la masse salariale distribuée ?

4.7 Soit 36 entreprises, dont la fonction de coût marginal s'exprime comme suit : $Cm_i, = 10 + 2Q_i$.

Quelle est la courbe d'offre du marché, dans un contexte de maximisation de profit et de concurrence pure et parfaite ?

4.8   Les courbes de demande et d'offre d'un fruit sont représentées par les expressions suivantes :

$$Q_D = 600 - 5P$$

$$Q_S = -16 + 3P$$

où Q_D est la quantité demandée en milliers de kilogrammes,

Q_S est la quantité offerte en milliers de kilogrammes,

P est le prix de mille kilogrammes.

On vous demande :

le prix et la quantité d'équilibre et

la valeur de l'élasticité-prix de la demande à ce prix.

4.9   À l'aide des courbes d'offre et de demande, discutez l'effet du progrès technique sur l'équilibre de marché, ainsi que sur la demande des différents facteurs de production.

Supposons qu'il existe deux groupes d'entreprises sur le marché. Le premier adapte les innovations associées au progrès technologique, alors que l'autre ne modifie pas sa technique de production. Quelles sont les implications de ces comportements, pour chacun des groupes, à court et à long termes.

4.10   Le gouvernement impose une taxe de vente. Expliquez comment vous pouvez illustrer son effet sur le prix et la quantité d'équilibre en modifiant la courbe de demande.

PARTIE II

Le support à la décision

5

Analyse de la demande au sein de l'entreprise

Les considérations que nous avons émises au chapitre 2 sur la demande sont d'autant plus pertinentes que nous pouvons quantifier le rôle des différents déterminants, c'est-à-dire évaluer les divers coefficients d'élasticité.

C'est ce dont nous allons traiter dans ce chapitre sur l'analyse de la demande à la firme, c'est-à-dire de l'établissement des déterminants et de la quantification de l'influence de chacun d'entre eux. Nous cherchons à travers différentes techniques à confirmer le choix des variables retenues comme pertinentes et à évaluer les différentes élasticités. Nous insistons en premier lieu sur le besoin d'une étape qualitative, pour ensuite présenter les différentes méthodes de quantification qui s'offrent à la firme.

Soulignons la nécessité de faire preuve d'une certaine prudence à l'égard des résultats des différentes techniques dont nous aurons traitées en se rappelant qu'aucune technique de mesure n'est parfaite. C'est donc avec circonspection que le gestionnaire pourra utiliser les résultats obtenus, les considérant comme des informations additionnelles, fortement préférables à l'absence d'informations.

5.1.   LES ASPECTS QUALITATIFS

L'analyse qualitative consiste essentiellement en une réflexion fondée sur des enseignements théoriques. Elle doit représenter la première étape de tout effort de mesure. Avant d'aborder la recherche et le traitement de données, il faut connaître les déterminants de la fonction de demande à l'entreprise. Une piètre analyse qualitative posera des problèmes lors de de l'interprétation des résultats quantitatifs.

Cette analyse qualitative de la demande à l'entreprise comporte essentiellement deux étapes : l'identification des principaux déterminants et l'évaluation a priori des élasticités. La forme de la fonction de demande est la suivante :

$$Q_D = f(P,Y,P_S, AV)$$

où P = prix de vente du produit

Y = un indice du niveau de revenu

P_S = prix des substituts

AV = autres variables

Nous retrouvons les déterminants habituels auxquels viennent s'ajouter d'autres variables propres au produit et au marché spécifiques. Ainsi pour certains produits, l'âge de la clientèle ou le nombre d'années d'études pourra être une variable déterminante. Pour d'autres, le marché de l'entreprise pourra être local et la composante ethnique de la clientèle devra entrer en ligne de compte.

Ainsi aurions-nous les déterminants suivants pour la demande concernant :

une entreprise de théâtre

$Q_D = f(P,Y$, nombre d'années d'études, qualité et quantité du théâtre offert par les autres troupes de théâtre, rôle de substitut du cinéma et de la télévision);

une épicerie de quartier

$Q_D = f(P,Y,P_s$, nombre d'habitants du quartier, composante ethnique du quartier, caractéristiques des concurrents);

une entreprise de distribution de mazout

Q_D = f(P,Y, intensité du froid, habitudes d'isolation, comportement des autres distributeurs de mazout et développements du côté du gaz et de l'électricité).

La théorie microéconomique et les études empiriques existantes fournissent une information a priori sur les élasticités. En nous référant à la nature du bien et au degré de substitution avec d'autres biens, nous pouvons inférer un ordre de grandeur des élasticités. Nous avons déjà abordé ce sujet à la section 2.3.

Les résultats quantitatifs qui ne seraient pas conformes aux attentes, soit par leur valeur absolue ou leur signe, devraient être réexaminés avec soin avant d'être acceptés.

5.2.   LES ASPECTS QUANTITATIFS : MÉTHODES DIRECTES

Il s'agit pour l'entreprise de confirmer ou d'infirmer les indications de l'analyse qualitative et de quantifier, avec plus ou moins de précision, l'impact spécifique de telle ou telle variable.

Nous distinguons deux catégories de méthodes d'estimation : les méthodes directes qui font appel au consommateur et les méthodes indirectes basées sur l'analyse statistique de données. Il importe de faire état des forces et des faiblesses de ces méthodes afin de déterminer celle qu'il convient d'appliquer à un problème donné.

Parmi les méthodes directes d'estimation, nous retenons les études de type questionnaire, l'étude de marché en « laboratoire » et l'étude de marché sur le terrain.

5.2.1.   Les études de type questionnaire

Nous regroupons sous ce titre toutes les études qui s'adressent directement à l'acheteur pour obtenir des informations concernant une décision d'achat. Il peut s'agir d'un questionnaire écrit, plus ou moins long, que le chercheur administre par la poste ou par entrevue téléphonique, d'une entrevue en personne plus ou moins structurée, ou finalement d'une étude en profondeur du « cas » de l'achat en question.

5.2.1.1. *Les coûts de ces méthodes et la taille de l'échantillon*

Aucune méthode d'enquête directe n'a évidemment la prétention de rejoindre l'ensemble des acheteurs : on procède toujours par échantillonnage. Les coûts de l'enquête sont fonction de la taille de l'échantillon et de la méthode spécifique choisie. Les questionnaires acheminés par la poste ou administrés par téléphone sont beaucoup moins coûteux que l'entrevue en personne et que l'étude de cas. Les échantillons peuvent donc être de plus forte taille.

5.2.1.2. *Les avantages de ces méthodes*

Elles permettent de rejoindre la source d'informations privilégiées en ce qui a trait aux décisions d'achat, soit l'acheteur lui-même. Il n'y a souvent aucune autre façon de procéder : les données peuvent tout simplement ne pas exister et il faut créer une banque de données; les circonstances sont tout à fait nouvelles et il n'y a aucune autre source d'informations à laquelle nous pouvons nous référer; ou encore, il s'agit d'obtenir des renseignements sur des aspects non quantifiables d'une décision d'achat, tels les attitudes.

La gamme de sujets pouvant être abordés est très vaste : l'acheteur peut offrir des informations sur tous les aspects touchant la demande, depuis le rôle des prix et la sensibilité conjoncturelle jusqu'à des considérations plus précises concernant les caractéristiques du produit et des campagnes de mise en marché.

5.2.1.3. Les faiblesses de ces méthodes

Ces méthodes de type questionnaire souffrent, à divers degrés, d'une faiblesse commune. Les répondants sont généralement placés devant une **situation hypothétique**. Au moment où ils répondent, ils ne sont pas soumis aux contraintes de la réalité que sont la rareté des ressources et la concurrence. Ce contexte hypothétique vient affaiblir considérablement la portée des résultats des enquêtes. En premier lieu, le répondant peut ne pas avoir au moment de l'étude l'information pour répondre. La réponse n'est donc pas nécessairement celle qui aurait été donnée si le répondant avait eu à analyser une situation d'achat véritable. En second lieu, il peut y avoir un biais dans les réponses, dont la source peut être la gêne, l'image à projeter, un désir de discrétion, un intérêt personnel en jeu ou une perception personnelle et subjective de la situation. Certaines approches offrent toutefois des possibilités de contrôler les conséquences de la situation hypothétique. Ainsi est-il possible dans les entrevues en personne ou dans les études de cas d'imposer un ordre dans les sujets abordés et d'y inclure des questions de contrôle permettant de déceler des incohérences dans les réponses qui seraient attribuables à un manque d'information ou à un biais. En outre, le chercheur peut aussi percevoir tout l'aspect non verbal de la communication, c'est-à-dire la gêne, l'incompréhension ou le manque de sérieux. Les questionnaires acheminés par la poste ne présentent pas ces possibilités. Les méthodes aux coûts plus élevés offrent donc une plus grande possibilité de contrôle.

5.2.1.4. Un exemple : l'acquisition d'équipements et les aides gouvernementales

Les gouvernements ont mis en place depuis plusieurs années un système d'aides gouvernementales à l'investissement. Ces aides prennent la forme d'allégements fiscaux aussi bien que de subventions directes, de prêts à taux réduits et de garanties de prêt. L'objectif de ces aides est de faciliter les investissements de la part des entreprises. Une évaluation de ces programmes nécessite alors une étude de la demande d'équipements et du rôle de la réduction de prix que représentent les aides gouvernementales. De nombreuses enquêtes de type questionnaire ont été réalisées dans cette optique, aussi bien des questionnaires acheminés par la poste que des entrevues structurées et des études de cas. Les résultats obtenus sur les effets des aides gouvernementales diffèrent considérablement selon la méthode utilisée. Les questionnaires acheminés par la poste révèlent des effets positifs : les aides gouvernementales ont un effet marqué sur les décisions d'acquisition d'équipements. Les entrevues structurées et les études de cas affichent de leur côté des résultats beaucoup plus « nuancés », certains révélant que les aides gouvernementales n'ont qu'un effet marginal sur les décisions relatives aux investissements.

Nous pouvons offrir l'explication suivante. Les réponses à de telles enquêtes sont sujettes à un biais en faveur d'un effet marqué des aides gouvernementales. Ce biais est relié à l'image du répondant ainsi qu'à son intérêt personnel. Les aides financières sont offertes à la condition, plus ou moins explicite selon les programmes, qu'elles soient nécessaires à la réalisation du projet. Le répondant ne veut donc pas révéler que l'aide n'était pas nécessaire à la réalisation du projet, alors qu'il affirmait le contraire lors de la demande d'aide financière. Ensuite, que les aides soient ou non nécessaires à la réalisation du projet, elles représentent un net avantage pour le récipiendaire; ce dernier ne désire donc pas, par sa réponse, contribuer à la mise de côté d'un programme qui lui est favorable. Les enquêtes administrées en personne sous forme d'entrevues structurées permettent aux chercheurs de contrôler ce biais, en introduisant une série de questions portant sur le contexte de l'investissement et permettant de voir à quel point la firme devait investir et à quel point elle avait les ressources financières pour le faire. Le répondant serait donc forcé d'être cohérent dans ses réponses.

Notons que ce dernier type d'enquête a aussi permis de dégager de précieux renseignements sur les attitudes des répondants face aux interventions gouvernementales et à l'administration des aides financières.

5.2.2.   L'étude de marché en « laboratoire »

L'étude de marché en « laboratoire » est une autre façon d'obtenir des informations sur la demande. Nous ne pouvons toutefois parler à proprement dit d'une analyse de la demande, la portée de cette méthode nous contraignant à n'enquêter que sur certains aspects.

Cette étude consiste en fait en une expérience contrôlée de vente. On choisit d'abord un groupe de participants représentatifs de l'ensemble de la population visée à qui l'on verse une certaine somme d'argent qu'ils peuvent dépenser en achetant plusieurs marques d'un même produit ou un ensemble de produits divers. La variable indépendante dont on veut tester l'influence sera celle sur laquelle on intervient régulièrement afin d'examiner le comportement du pseudo-consommateur face à ces changements.

Supposons, par exemple, que la compagnie Johnson & Johnson veuille mesurer l'effet de l'emballage sur les ventes de Tylenol. Après avoir sélectionné les participants à l'expérience, elle leur donne chacun 20 $ et, tour à tour, ils sont invités à défiler devant des étalages où se retrouvent, entre autres, le produit en question ainsi que ses substituts. Une fois cette première étape accomplie, l'emballage est modifié et l'on examine le comportement des consommateurs à la suite de ce changement. Après plusieurs interventions de la sorte, la compagnie est en mesure d'inférer l'effet d'une modification de l'emballage sur ses ventes. Nous pourrions aussi imaginer que cette même firme veuille obtenir des informations non pas sur l'emballage, mais sur l'effet de la place occupée par son produit sur les rayonnages du distributeur.

L'avantage évident de ce type d'étude de marché réside dans le fait que l'on contrôle parfaitement les conditions de l'expérience. Toutefois, elle comporte un défaut majeur : elle crée une situation tout à fait hypothétique, en excluant un déterminant crucial du comportement des acheteurs, la rareté. Les participants à l'expérience peuvent dépenser différemment lorsqu'ils puisent dans leurs propres revenus, destinés à satisfaire l'ensemble de leurs besoins. Les sujets qui pourront être abordés sont donc ceux qui ne sont pas reliés à la rareté. Ainsi dans l'exemple précédent, il serait difficile de tirer d'une telle expérience des informations sur l'effet des variations de prix du produit ou de celui des concurrents. Notons aussi que c'est un processus relativement coûteux.

5.2.3.   L'étude de marché sur le terrain

Nous pouvons remédier à la principale faiblesse de l'expérience précédente, c'est-à-dire l'irréalité de la situation, en transposant l'expérience sur le terrain. Il s'agit de faire une expérience sous les conditions de rareté de ressources que connaissent les acheteurs. Supposons qu'une firme veuille connaître à quel point un nouveau format ou une variante de son produit actuel peut augmenter ses ventes. Elle peut effectuer le changement dans une région et comparer l'effet du changement avec la situation qui prévalait auparavant. Ce genre d'expérience peut s'appliquer à toutes les variables sous contrôle de la firme, qu'il s'agisse du prix ou des caractéristiques du produit et de la mise en marché. Elle est fiable, en ce sens qu'elle ne fait pas référence à une situation hypothétique.

Toutefois, elle comporte également des inconvénients. D'abord, elle est longue à réaliser, ce qui peut entraîner des coûts relativement élevés. Cette expérience doit durer suffisamment longtemps pour que l'effet observé ne soit pas seulement le résultat de la nouveauté, mais reflète bien l'attitude à plus long terme des consommateurs. Il faut tenir compte du fait que les acheteurs essaient souvent un nouveau produit ou une nouvelle marque, sans nécessairement l'adopter. Il faut ajouter également qu'une expérience qui dure un certain temps ne peut pas passer inaperçue aux yeux des concurrents.

Il importe aussi d'évaluer dans quelle mesure le marché étudié ne réagit pas au même moment à des changements au niveau des facteurs autres que ceux qui font l'objet de notre étude. Dans un tel cas, la condition du « toutes choses étant égales par ailleurs » n'est pas respectée. Il faut alors repérer un marché de contrôle, tâche passablement délicate, et comparer non pas les différences de performance entre une période et l'autre mais entre les deux marchés, celui où l'expérience a lieu et celui qui sert de point de référence. Supposons, par exemple, qu'une firme cherche à connaître l'effet sur ses ventes d'un nouveau format pour son produit. Au moment de l'expérience, nous traversons une période de hausse conjoncturelle. La variation des ventes de la firme dans le marché où elle fait l'expérience provient alors de ces deux changements et non pas de la seule modification de format. Pour voir l'effet net de la modification de format, il faut comparer la variation des ventes dans la région où a lieu l'expérience avec la variation observée dans un marché très similaire à celui de notre expérience, où le seul changement qui survient est celui de la variation conjoncturelle.

Le respect du « toutes choses étant égales par ailleurs » peut aussi faire défaut d'une autre façon : les réactions des concurrents. Il est fort possible que les conditions dans lesquelles la firme opère au cours de son expérience ne soient pas celles qu'elle retrouve sur l'ensemble du marché, après l'expérience. Les concurrents peuvent ne pas modifier leur mise en marché pendant l'expérience, mais réagir lorsque la firme introduit l'innovation à l'étude sur l'ensemble du marché. Ce qui est intéressant lorsque les autres firmes ne réagissent pas, ne l'est pas nécessairement lorsqu'elles le font[1].

Aux États-unis, ce genre d'étude est souvent effectué, l'endroit de prédilection semble être San Diego en Californie qui regroupe les caractéristiques types de la population américaine. C'est ainsi, à titre d'exemple, que la bière Miller fut d'abord mise sur le marché en Californie avant le lancement national afin d'observer la réaction de la population à l'égard de cette nouvelle venue. Au Québec, Trois-Rivières et Sherbrooke semblent être les villes préférées des analystes.

5.3.   LES ASPECTS QUANTITATIFS : MÉTHODES INDIRECTES

Nous regroupons sous le titre de méthodes indirectes toutes les méthodes qui font appel aux résultats de comportements passés représentés dans les différentes séries statistiques : l'acheteur n'est pas consulté directement. Lorsqu'un consultant examine des données de vente de téléviseurs couleur et fait un rapprochement avec l'évolution des ventes de magnétoscopes, il fait appel à une méthode indirecte. Implicitement, il pose que le comportement des acheteurs est semblable pour les deux biens et s'inspire du comportement passé pour inférer un comportement présent et à venir, sans consulter l'acheteur de quelque manière que ce soit.

Sous le titre de méthodes indirectes, nous regroupons donc toutes les études analysant des données, même si cette analyse est sommaire, comme dans le cas d'un simple examen de la répartition des dépenses de consommation dans une région donnée. Nous sommes d'avis qu'il ne faut pas négliger l'information contenue dans les nombreuses banques de données

---

1.   Les demandes présumées à la firme sont traitées au chapitre 13 où nous examinons l'interdépendance entre différentes firmes rivales.

publiques, comme celles de Statistique Canada. Les méthodes indirectes font toutefois généralement appel à une technique d'analyse un peu plus précise, la modélisation économétrique. En bref, il s'agit d'effectuer une régression, fondée sur le principe des moindres carrés, d'une variable dépendante sur une ou plusieurs variables indépendantes. Cela consiste à expliquer les variations dans la première par les variations dans les autres.

Les méthodes indirectes font appel à deux types de données. Il peut s'agir de séries temporelles qui indiquent les valeurs prises par une variable à travers le temps : par exemple, le revenu annuel disponible des Québécois de 1950 à 1990 – pour chaque période de temps, nous avons une observation. Le second type de données consiste en une coupe transversale; ces données indiquent les valeurs prises à un moment donné, par une variable, pour plusieurs unités d'observations : par exemple, les dépenses de divertissement en 1992 pour un échantillon de 100 ménages québécois – pour chaque ménage, nous avons une observation.

Considérons l'équation de demande suivante :

$$Q = ß_0 + ß_1 P_t + ß_2 P_{st} + ß_3 Y_t + ß_4 A_t + ...$$

où P_t : prix du produit à la période t

   P_{st} : prix des substituts à la période t

   Y_t : revenu à la période t

   A_t : publicité à la période t

La technique des moindres carrés nous permet de quantifier les coefficients ß, ce qui correspond à notre objectif de départ. Nous voulons en effet confirmer notre choix de variables retenues comme pertinentes à l'étape qualitative et mesurer l'effet sur la quantité demandée d'un changement dans l'une d'entre elles. Les coefficients ß sont les dérivées premières partielles de la fonction. Ils sont en soi une mesure de la variation dans Q à la suite d'une variation dans un des déterminants. Une valeur de ß voisine de 0 signifie que la variable retenue n'a pas d'influence et qu'elle n'est donc pas pertinente. Nous procédons ci-dessous à un rappel intuitif de la méthode des moindres carrés. Par la suite, nous discutons de la qualité de l'estimation économétrique.

5.3.1.   La méthode des moindres carrés

Observons la situation représentée au graphique 5.1. Nous avons une série de valeurs prises par Y et X. Posons que les valeurs prises par X déterminent celles prises par Y. Nous voulons quantifier ce lien. Nous faisons l'hypothèse que la fonction liant Y à X est linéaire, $Y = a + bX$. Nous cherchons à ajuster cette droite au nuage de points observés et inférer les effets de changement dans X sur les valeurs prises par Y en nous référant aux paramètres de l'équation, a et b. À cette fin, il importe de bien ajuster notre droite, pour qu'elle reflète le plus fidèlement possible l'information contenue dans le nuage de points observés. La droite qui reflète le mieux cette information est celle qui est le plus près possible de chacune des observations. Nous cherchons alors à ajuster la droite de sorte que la distance entre les points observés et la droite soit minimisée, pour les différentes valeurs observées de X. Puisque nous observons plusieurs valeurs de X, nous cherchons à minimiser la somme des distances. Ces distances prennent toutefois des valeurs algébriques, positives et négatives. Une simple sommation peut alors tout à fait fausser la perception de distance entre les points observés et la droite, les écarts positifs et négatifs s'annulant. Afin d'éviter cette situation, nous cherchons à minimiser la somme des écarts au carré entre les points observés et la droite, pour les différentes valeurs de X observées, d'où le terme « moindres carrés ».

La technique de la régression linéaire calcule les coefficients a et b qui minimisent la somme des distances au carré. Nous obtenons ainsi des estimés $\hat{a}$ et $\hat{b}$ qui permettent de localiser la droite passant par le nuage de points. Nous avons alors une relation de la forme

$$Y = \hat{a} + \hat{b}X + e,$$

où $\hat{a}$ et $\hat{b}$ sont les coefficients estimés et e l'erreur résiduelle d'estimation.

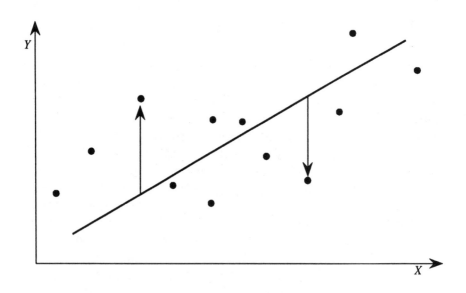

Graphique 5.1 – *Nuage de points observés et droite des moindres carrés*

Exemple

Soit les combinaisons suivantes de prix et de quantité vendue.

Q	P
192	100
188	110
186	120
209	90
215	80
217	70

Nous croyons qu'il peut exister entre ces deux variables une relation de la forme $Q = a + bP$. En faisant appel à un logiciel de régression, où nous précisons la variable dépendante (Q) et ses valeurs, ainsi que la variable indépendante (P) et ses valeurs, nous obtenons

$$Q = 269 - 0,72\ P.$$

Ceci nous permet de calculer la valeur de l'élasticité-prix, $dQ/dP \times P/Q$. Par exemple, pour $P = 100$, nous calculons $Q = 197$. Puisque $dQ/dP = -0,72$, nous avons une élasticité-prix égale à $-0,36$.

La méthode est ici illustrée dans le cas simple où il n'y a qu'une variable indépendante. Elle est toutefois valable quel que soit le nombre de variables explicatives retenues. Ainsi, pour l'équation $Q = \beta_0 + \beta_1 P + \beta_2 P_s + \beta_3 Y + \beta_4 A$, nous indiquons simplement au logiciel de régression que nous posons 4 variables explicatives et nous introduisons les données correspondantes.

Le cas d'une équation non linéaire

La méthode des moindres carrés est une méthode de régression applicable aux équations linéaires seulement. Or, il est fort possible que la forme fonctionnelle soit multiplicative et non linéaire. Dans une telle situation, nous ne pouvons pas faire appel directement à la méthode des moindres carrés. Il nous faut linéariser la fonction. Soit une fonction de demande de la forme $Q = a_0\, P^{a_1}\, Y^{a_2}\, A^{a_3}$. Nous pouvons linéariser en passant par la forme logarithmique. Nous avons alors

$$\log Q = \text{constante} + a_1 \log P + a_2 \log Y + a_3 \log A.$$

Les coefficients estimés sont dans ce cas les valeurs des différentes élasticités[2].

5.3.2.   La qualité d'une régression

La technique des moindres carrés en soi ne fait que calculer des coefficients de régression. Son utilisation ne garantit en rien que les résultats obtenus auront une signification quelconque. Il convient donc d'être

---

2.
$$\frac{dQ}{dP} = a_1 a_0\, P^{a_1 - 1}\, Y^{a_2}\, A^{a_3}$$

$$\frac{dQ}{dP} \times \frac{P}{Q} = \frac{a_1 a_0\, P^{a_1 - 1}\, Y^{a_2}\, A^{a_3}\, P}{Q} = a_1.$$

prudent avant de s'en inspirer comme aide à la décision. Rappelons nos objectifs : nous cherchons à établir les déterminants du niveau de la demande et à mesurer leur influence spécifique. Une équation sera jugée bonne dans la mesure où elle permet de confirmer ou d'infirmer la pertinence d'une variable, et d'offrir un estimateur fiable de son influence spécifique. L'équation est jugée sur deux plans : le plan statistique et le plan théorique, c'est-à-dire celui de la spécification.

5.3.2.1. Les aspects statistiques

Afin de juger de la qualité d'une régression sur le plan statistique, il convient de jeter un coup d'œil sur quatre mesures, calculées par les différents logiciels de régression : le R^2, le « t » de Student, le Durbin-Watson (DW) et les coefficients de corrélation des différents déterminants. Le R^2 et le DW nous fournissent de l'information quant à la qualité de l'ensemble de l'estimation, alors que la statistique « t » et les coefficients de corrélation nous renseignent sur la fiabilité de chacun des coefficients calculés.

Le R^2 ou coefficient de détermination

Le R^2 indique la proportion de la variation dans la variable dépendante qui est expliquée par la variation dans la ou les variables indépendantes. En d'autres mots, c'est la proportion de la variation expliquée par la régression.

La valeur du R^2 se situe entre 0 et 1; plus le R^2 est élevé, meilleure est l'estimation. En effet, si $R^2 = 0,10$ cela signifie que la régression n'explique que 10 % de la variation de la variable dépendante. Au contraire, si $R^2 = 0,95$ alors la régression explique 95 % de cette même variation. Nous cherchons donc à avoir le R^2 le plus élevé possible.

Une mise en garde s'impose toutefois. Il ne faut pas céder à la tentation de vouloir augmenter le R^2, au risque d'obtenir une estimation qui n'a plus de signification. En effet, il existe toujours une corrélation statistique entre deux variables, ne serait-ce que par l'effet du hasard. Toute addition de variables dans une régression augmente le R^2. Il importe de souligner que l'addition de variables non pertinentes n'apporte pas toutefois d'informations additionnelles. Le choix des variables à inclure doit alors être déterminé par la spécification théorique et non par le R^2.

Le test du « t » de Student

Toute régression nous donne des estimations de coefficients. Il faut s'assurer que ces coefficients ont une signification à l'égard du problème à l'étude.

Le coefficient estimé, $\hat{\beta}$, est le meilleur estimateur du véritable coefficient β. Il n'est toutefois pas le seul estimateur possible. Il existe en effet un estimateur pour chaque observation. Notre estimateur $\hat{\beta}$ est l'espérance mathématique de ces estimateurs, dont l'écart type est σ_B. Les hypothèses sous-jacentes de la régression linéaire, que nous n'avons pas développées, nous permettent de dire que notre estimateur suit une distribution normale.

Il importe de voir à quel point nous pouvons nous fier à $\hat{\beta}$. Une première information, grossière, nous est fournie par son écart type, σ_B. Plus l'écart type est faible relativement à la valeur estimée $\hat{\beta}$, plus les valeurs possibles de β sont concentrées autour de $\hat{\beta}$, et plus nous pouvons nous fier à $\hat{\beta}$.

Cette démarche est correcte, mais manque de précision. Entre autres, elle ne fournit pas de valeurs seuils nous indiquant avec exactitude quelles sont les situations où nous ne pouvons pas avoir confiance dans notre estimateur $\hat{\beta}$. Il est possible de remédier à cette lacune par construction d'un intervalle de confiance. Lorsqu'une variable est normalement distribuée, il est possible d'inférer la probabilité selon laquelle les différentes valeurs possibles se trouvent entre deux bornes d'un intervalle donné. Dans le cas précis de la distribution normale, nous pouvons déduire que les différentes valeurs possibles se trouvent dans l'intervalle $\hat{\beta} \pm 1.63 \ \sigma_B$ avec une probabilité de 90 %, et dans l'intervalle $\hat{\beta} \pm 1,96 \ \sigma_B$ avec une probabilité de 95 % (graphique 5.2).

L'existence de tels intervalles de confiance nous permet de passer au test d'hypothèse concernant une valeur possible de β. Nous sommes particulièrement préoccupés par la valeur 0. En effet, nous voulons éviter de donner une signification à une variable indépendante alors qu'elle n'en aurait pas; nous voulons éviter d'imputer à une variable l'effet indiqué par le coefficient estimé β̂ alors que l'effet véritable est nul; nous voulons rejeter β̂ comme estimateur lorsque 0 est une valeur possible de β.

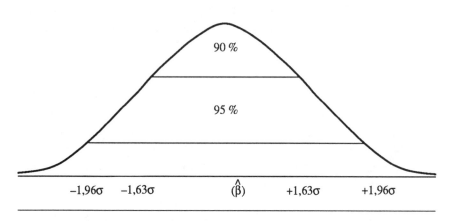

Graphique 5.2 – Intervalle de confiance et coefficients estimés

Supposons que β̂ soit positif. La valeur 0 se situe donc à gauche de β̂ dans le graphique 5.2. Si 0 est dans l'intervalle de confiance à 95 %, c'est que nous avons $\hat{\beta} - 1{,}96\,\sigma_B < 0$, ou $\hat{\beta}/\sigma_B < 1{,}96$. Si 0 est à l'extérieur de l'intervalle de confiance à 95 %, c'est que nous avons $\hat{\beta} - 1{,}96\,\sigma_B > 0$, ou $\hat{\beta}/\sigma_B > 1{,}96$.

Supposons maintenant que β̂ soit négatif. La valeur 0 se trouve à droite de β̂, dans le graphique 5.2. Si 0 est dans l'intervalle de confiance, nous avons $\hat{\beta} + 1{,}96\sigma_B > 0$, ou $\hat{\beta}/\sigma_B > -1{,}96$. Si 0 est à l'extérieur de l'intervalle de confiance à 95 %, c'est que nous avons $\hat{\beta} + 1{,}96\sigma_B < 0$, ou $\hat{\beta}/\sigma_B < -1{,}96$.

La règle pour déterminer si un coefficient est significatif est alors la suivante :

- si $|\hat{\beta}/\sigma| > 1{,}96$, 0 n'est pas dans l'intervalle de confiance; nous rejetons l'hypothèse selon laquelle 0 est une valeur possible du coefficient et nous acceptons le coefficient $\hat{\beta}$;

- si $|\hat{\beta}/\sigma| < 1{,}96$, 0 est dans l'intervalle de confiance; nous ne pouvons pas rejeter l'hypothèse selon laquelle 0 est une valeur possible du coefficient $\hat{\beta}$ et nous ne retenons pas la valeur du coefficient comme significative.

En pratique, nous devons modifier légèrement la formulation du test d'hypothèse. En effet, nous ne pouvons pas obtenir σ_B, l'écart type de $\hat{\beta}$, mais plutôt une estimation $\hat{\sigma}_B$. La variable utilisée pour faire le test est alors $\hat{\beta}/\hat{\sigma}_B$. Sa distribution ne suit pas une loi normale mais une loi dite de Student. Dans ce cas, la valeur seuil est de 2 pour un intervalle de confiance à 95 %. Nous comparons donc un « t » calculé, égal à $\hat{\beta}/\hat{\sigma}_B$, à la valeur seuil. Lorsque « $|t|$ » > 2, nous écartons l'hypothèse selon laquelle 0 est une valeur possible du coefficient.

Les logiciels de régression nous fournissent soit la valeur du « t » pour chaque coefficient, soit l'écart type associé à chaque coefficient.

Le Durbin-Watson (DW)

Les hypothèses de base de la méthode des moindres carrés posent que les erreurs résiduelles d'estimation sont indépendantes les unes des autres, c'est-à-dire qu'il n'y a aucun lien entre elles. Lorsque nous faisons appel à des séries temporelles, il arrive que cette condition ne soit pas vérifiée. Nous disons alors qu'il y a autocorrélation des erreurs résiduelles. La fiabilité des résultats obtenus est alors mise en doute. En effet, l'écart type des coefficients est alors sous-estimé, ce qui gonfle les valeurs des « t » calculés, nous induisant alors à considérer les coefficients comme significatifs, peut-être à tort. C'est pourquoi les logiciels de régression calculent la statistique dite de Durbin-Watson, (DW) à partir des erreurs d'estimations associées à chaque observation. Grossièrement, lorsque le DW est voisin de 2, nous écartons l'hypothèse d'autocorrélation des erreurs résiduelles. Lorsque le DW est significativement différent de 2, nous admettons la présence d'autocorrélation. De façon plus précise, nous pouvons comparer le DW calculé à des valeurs seuils d_u et d_l, obtenues à partir de tables, et tirer les conclusions illustrées au tableau 5.1[3]. Si le test conclut qu'il y a autocorrélation, la première question à se poser concerne l'oubli d'une variable explicative pertinente. En effet, la présence d'autocorrélation est avant tout un problème de spécification, sujet traité à la section 5.3.2.2. Si l'addition d'une telle variable n'est pas possible, il y a alors lieu de faire appel à des méthodes statistiques de correction offertes par les logiciels de régression.

Tableau 5.1

0	d_l	d_u	2	4-d_u	4-d_l	4
Auto-corrélation	Test non concluant	Absence d'auto-corrélation		Test non concluant	Auto-corrélation	

Les coefficients de corrélation

Selon les hypothèses de base de la régression, les différentes variables explicatives sont indépendantes les unes des autres. Or, tel n'est souvent pas le cas, surtout lorsque nous faisons appel à des séries temporelles. En effet, il n'est pas rare de voir des variables explicatives suivre une même tendance à la hausse dans le temps. Nous disons alors qu'il y a multicolinéarité.

La présence de multicolinéarité a pour résultat que la régression peut difficilement isoler les effets spécifiques de chacune des variables colinéaires. L'effet global de ces variables est bien mesuré, mais le rôle de chacune d'elles n'est pas reflété par la valeur des coefficients calculés. En effet, la colinéarité accroît l'écart type des coefficients et rend le test de Student moins fiable. La présence de colinéarité est révélée par l'examen des coefficients de corrélation des différentes variables explicatives retenues. Il n'y a toutefois pas de valeur seuil permettant d'identifier clairement la présence du problème de multicolinéarité. Plus la valeur est élevée, plus les variables explicatives sont colinéaires et moins fiable est l'estimation.

---

3.   Les valeurs de d_u et d_l sont déterminées par le nombre d'observations et le nombre de variables explicatives.

Il n'y a pas véritablement moyen de modifier notre approche pour tenir compte de la multicolinéarité. Nous pouvons toujours éliminer une des variables colinéaires. Par contre, ce faisant, nous risquons de créer un problème de spécification, sujet abordé dans la section suivante.

5.3.2.2. *Le plan théorique : le bien-fondé de l'équation*

Une régression peut présenter de bons résultats statistiques, à la lumière du R^2 et des « t » de Student, mais quand même ne pas être utile à la tâche d'analyse à laquelle nous nous livrons. L'équation estimée peut simplement manquer de fondement, en raison d'une mauvaise spécification.

Nous traitons maintenant de trois problèmes de spécification, soit la présence dans l'équation de variables non pertinentes, l'absence de variables pertinentes et finalement le choix de la forme fonctionnelle.

La présence de variables non pertinentes

Nous avons déjà signalé que l'addition de variables explicatives augmente le R^2. Il est donc tentant d'ajouter des variables. Par contre, cette façon de procéder ne nous apporte aucune information additionnelle. Si la variable ajoutée n'est pas significative, il est fort possible que le test de Student nous indique de l'ignorer, mais nous ne pouvons pas en avoir la certitude. Nous devons donc nous rabattre sur la théorie et l'analyse qualitative pour déterminer si nous devons inclure telle ou telle variable explicative dans la régression.

L'absence de variables pertinentes

L'absence de variables pertinentes est particulièrement grave : nous obtenons alors des estimateurs biaisés, c'est-à-dire dont la valeur estimée ne tend pas vers la vraie valeur du coefficient.

Cette situation de mauvaise spécification suscitant un biais dans la valeur du coefficient estimé correspond au « toutes choses étant égales par ailleurs » déjà commenté au chapitre 2. Nous avions alors montré l'importance de nous assurer que les autres variables influant sur le niveau de la demande soient maintenues constantes lorsque nous tentions d'établir l'influence particulière d'un déterminant sur la quantité demandée. L'inclusion de toutes les variables pertinentes dans la régression a justement pour but de tenir compte de « tout ce qui peut varier par ailleurs ». La situation est illustrée au graphique 5.3, où différentes combinaisons prix-quantité sont représentées. Nous cherchons à l'aide de ces observations à mesurer l'effet des variations de prix sur la demande. Soit une première spécification de la forme

$$Q = b_0 + b_1 P.$$

Les résultats correspondant à cette régression sont :

$$Q = 269 - 0,72\, P \qquad R^2 = 0,92$$
$$(6,9)$$

où la valeur entre parenthèses est celle du « t » associé à l'estimateur du coefficient de la variable P.

Le coefficient b_1 est significativement différent de 0. Le rôle des prix dans la détermination de la demande n'est pas négligeable.

Soit maintenant une seconde spécification de la forme

$$Q = a_0 + a_1 P + a_2 A,$$ où A représente les dépenses de publicité.

Les résultats de la régression correspondante sont

$$Q = 154 - 0,35\, P + 0,07\, A \qquad R^2 = 0,99$$
$$(5,8) \qquad (7,06)$$

Le coefficient a_1 est significativement différent de 0, mais le rôle des prix dans la détermination de la demande est moins important que dans la régression précédente. Le coefficient a_2 est significativement différent de 0 et révèle que les dépenses de publicité ont un rôle majeur dans la détermination des quantités vendues. Ce rôle était tout à fait exclu dans la première spécification. Dans le cas où la seconde spécification est celle qui est correcte, mais où nous aurions recours à la première, nous aurions

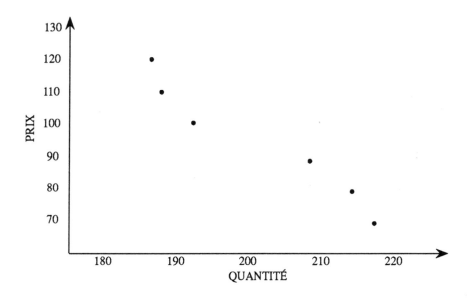

Graphique 5.3 – *Combinaisons prix-quantité observées*

un coefficient b_1 biaisé à la hausse : il attribue au prix un rôle plus important qu'il n'a en réalité. Graphiquement, nos deux spécifications correspondent aux graphiques 5.4 et 5.5. En 5.4, la droite d'estimation ($Q = b_0 + b_1P$) indique une forte sensibilité de la demande au prix. En 5.5, l'équation d'estimation est $Q = a_0 + a_1P + a_2A$. La demande D_0 est associée à un montant de publicité A_0 et la demande D_1 est associée à un montant A_1. Le déplacement de la courbe de demande à la suite d'une variation des dépenses de publicité explique la plus grande partie de la variation dans la quantité, et la demande est relativement inélastique au prix[4].

_____

4.   La question des déplacements de courbe est traitée à l'annexe 1.1 et à la section 2.2.

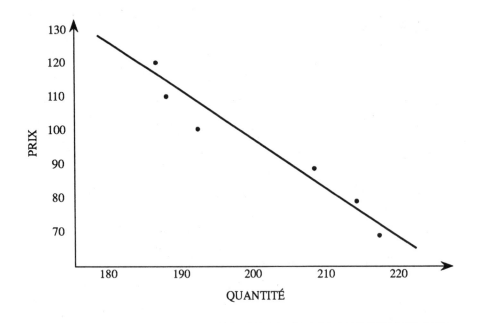

Graphique 5.4 – *Droite de régression prix-quantité*

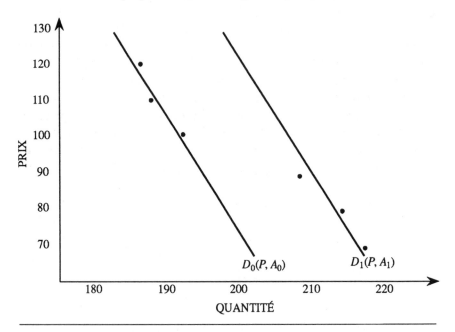

Graphique 5.5 – *Rôles du prix et de la publicité*

La forme fonctionnelle

Le problème de spécification survient aussi lorsque nous ne choisissons pas la bonne forme fonctionnelle. C'est le cas, par exemple, lors du choix d'une estimation linéaire de demande, alors que la vraie forme fonctionnelle est multiplicative. C'est à l'étape de l'analyse qualitative de départ que l'on devrait discuter de la forme fonctionnelle. Malheureusement, la théorie ne nous est pas d'un grand secours sur ce point. Nous sommes donc souvent obligés de décider de la forme fonctionnelle uniquement à partir des résultats statistiques.

5.4.   LE CHOIX D'UNE MÉTHODE

Les méthodes présentées ci-dessus diffèrent beaucoup les unes des autres et comportent chacune des avantages et des inconvénients. Le choix de la méthode dépend du problème à analyser et de la disponibilité des données.

5.4.1.   Les questionnaires

Les questionnaires acheminés par la poste et les entrevues téléphoniques sont surtout utilisés pour faire de la collecte de données simples qui pourront servir à analyser la demande. Ils ne représentent pas en eux-mêmes des méthodes qui permettent de quantifier certains phénomènes : les risques liés à la compréhension du questionnaire, au problème d'information et au biais sont trop grands. Ils ne peuvent non plus permettre de saisir des attitudes.

Il faut cependant souligner que la combinaison questionnaire et méthodes indirectes est souvent pertinente. Les données à analyser par différentes techniques statistiques peuvent ne pas exister dans le domaine public et la seule façon de les obtenir est de mener une enquête.

5.4.2.   Les entrevues structurées et les études de cas

Les entrevues structurées sont particulièrement utiles pour saisir des éléments difficilement quantifiables comme des attitudes ou encore pour étudier une situation où le risque de biais ou de difficultés d'informations est
à prévoir, comme dans le cas des aides gouvernementales discutées en
5.2. Par ailleurs, les études de cas sont très coûteuses et ne sont utilisées
presque exclusivement que dans le cadre de recherches universitaires et
non comme support à la gestion de la firme.

5.4.3.   Les expériences de marché

Elles sont particulièrement indiquées pour étudier l'effet de variables nouvelles et difficilement quantifiables, telles l'accueil fait à un nouveau produit, à un nouvel emballage ou à un nouveau format. Les données
permettant d'étudier le problème autrement n'existent pas et les enquêtes
de type questionnaire ne permettent pas de saisir la variable à l'étude.

5.4.4.   Les méthodes indirectes

Ces méthodes semblent pour le moment être le parent pauvre des différentes techniques d'analyse de la demande. Cette situation s'explique,
mais elle est destinée à évoluer. Premièrement, les variables a priori pertinentes à l'étude de la demande dans un contexte de concurrence sont
difficiles à saisir. Deuxièmement, les méthodes indirectes ne peuvent permettre de saisir l'effet de variables non quantifiables comme des attitudes
ou des caractéristiques de produit ou de campagne de promotion, ce qui
limite leur champ d'application. Par ailleurs, les données pertinentes font
souvent défaut.

On devrait vraisemblablement y avoir recours plus souvent dans
l'avenir grâce aux progrès en micro-informatique. En effet, ces progrès
permettent à la firme d'emmagasiner et de traiter des données à des coûts
beaucoup moindres que par le passé. En conséquence, les systèmes
d'information de la firme se développent et permettent maintenant au
gestionnaire d'avoir accès à plus d'informations qu'auparavant. Il convient

d'analyser ces données, et c'est ici qu'entrent en jeu les différentes techniques statistiques. Le traitement des données s'est d'ailleurs grandement simplifié. D'une part, les équipements appropriés sont maintenant très répandus dans les entreprises et d'autre part, les logiciels de traitement sont devenus beaucoup plus faciles à utiliser : un apprentissage préalable de quelques heures suffit dans la plupart des cas. Finalement, la connaissance de l'existence de banques de données comme celles de Statistique Canada est de plus en plus répandue et plus facilement accessible qu'auparavant.

5.5.   POINTS IMPORTANTS ET IMPLICATIONS

Dans ce chapitre, nous tentons de quantifier le rôle des différents déterminants de la demande afin de rendre applicables les notions développées au chapitre 2. Comme toutes les méthodes comportent des lacunes, il importe d'utiliser les résultats avec circonspection.

Les méthodes directes et indirectes ont toutes deux leur place et le choix de l'une ou l'autre de ces méthodes dépend du problème à l'étude.

En ce qui a trait aux méthodes indirectes, et à la lumière de nos propos sur les caractéristiques d'une bonne estimation d'analyse, nous ne saurions trop insister sur l'importance de mener une bonne étude qualitative, préalable à tout effort de quantification. Nous avons observé que la performance statistique à elle seule ne permet pas d'inférer quoi que ce soit en l'absence d'une spécification appropriée. Il en va de même pour les différentes méthodes directes qui nécessitent une définition précise de l'objet de l'enquête.

TERMES IMPORTANTS

Situation hypothétique
Biais
Moindres carrés
Intervalle de confiance
Spécification

BIBLIOGRAPHIE

COHEN, D. et J.P. LE GOFF, « Regional Development Incentives : A Critical Assessment », *Revue Canadienne de Sciences Régionales*, vol. X, n° 2, novembre 1987.

DAVIS, J.R. et S. CHANG, « *Principles of Managerial Economics* », Englewood Cliffs, N. J., Prentice-Hall, 1986, chapitres 4 et 5.

DOUGLAS, E.J., « *Managerial Economics* », 3e édition, Englewood Cliffs, N. J., Prentice-Hall, 1987, chapitre 5.

QUESTIONS ET EXERCICES

5.1   Après avoir mené une enquête, l'Association des centres de ski des Laurentides et de Lanaudière a en main les données suivantes pour l'année 1990, pour chaque semaine pendant 4 mois, et en ce qui concerne 15 centres de ski alpin : nombre de skieurs/jours, grille des tarifs, distance de Montréal, nombre de remontées, capacité des remontées, capacité d'accueil du stationnement et de la cafétéria, neige artificielle, ski en soirée.

  5.1.1 Pouvez-vous tirer de ces données des renseignements quant au rôle, dans la détermination des revenus des centres de ski, de l'emplacement, de la dénivellation, de la grille de prix, du montant dépensé en publicité, de l'image du centre (jeune, famille, compétition, disco, mode...), de l'effet de la publicité télévisée, de campagnes de promotion mettant l'accent sur des forfaits-vacances ? Devez-vous faire appel à d'autres enquêtes ? Si oui, lesquelles ? Justifiez.

  5.1.2 Un consultant remet l'estimation suivante :

$$Nb = 105 - 0,1\ P + 8,9\ TS + 0,5\ ELEV - 0,03\ DMTL + 0,001\ Y_d + 0,01 ATT$$

$$(1,3)^* \quad (2,2) \quad (3,1) \quad\quad (2,4) \quad\quad\quad (0,3) \quad\quad (1,4)$$

$$R^2 \quad = 0,61$$

où Nb = nombre de skieurs pendant la semaine

P = prix du billet

TS = nombre de remontées mécaniques

$ELEV$ = élévation

$DMTL$ = distance de Montréal

Y_d = indice du revenu disponible

ATT = attente moyenne

Commentez cette estimation de la demande sur le plan de la spécification ainsi que des résultats statistiques.

Note : Les données entre parenthèses représentent les « t » de Student.

5.2   On a estimé, pour les années 1949-1966, la demande canadienne pour les automobiles de fabrication nord-américaine par l'équation suivante :

$$\log Q_t = \alpha_0 + \alpha_1 \log P + \alpha_2 \log A + \alpha_3 \log Y$$

Les résultats obtenus sont les suivants :

$$\log Q_t = 3{,}1 - 0{,}3 \log P + 0{,}04 \log A + 0{,}9 \log Y$$

$$\qquad\qquad\quad (1{,}1) \qquad\quad (1{,}9) \qquad\quad (3{,}2)$$

$$R^2 = 0{,}82$$

où Q = nombre de voitures P = prix des voitures

Y = indice du revenu disponible A = montant de publicité
                                         des fabricants
                                         de voitures

On vous demande de commenter l'équation, en supposant que vous êtes :

a) en 1967

b) en 1988

Suggérez des modifications possibles. Justifiez.

5.3   La quantité demandée de services téléphoniques au Canada a été estimée pour les années 1952 à 1980. Les résultats suivants ont été obtenus :

$$\log Q_t = -1{,}57 + 0{,}6 \log Q_{t-1} + 0{,}46 \log Rev_t$$

$$\qquad\quad * \qquad\qquad (4{,}8) \qquad\qquad (0{,}8)$$

$$+ 0{,}48 \log Men_t - 0{,}10 \log P_t$$

$$\qquad (2{,}01) \qquad\qquad (-3{,}25)$$

$$R^2 = 0{,}99$$

---

*   Les données entre parenthèses sous les coefficients indiquent le test « t » de Student

où   log = logarithme en base 10

Q_t = quantité de lignes téléphoniques louées (en millions) au Canada à la période t.

Rev_t = Revenu réel per capita au Canada à la période t (en milliers de $)

$$\overline{Rev_t} = 12$$

Men_t = Nombre de ménages (en milliers) au Canada à la période t.

$$\overline{Men_t} = 5000$$

P_t = prix réel des services téléphoniques à la période t.

$$\overline{P_t} = 12$$

De plus, $Q_{t-1} = 25$

5.3.1 Calculez l'élasticité-prix et l'élasticité-revenu de la demande en vous servant, au besoin, des valeurs numériques indiquées. Commentez les résultats.

5.3.2 Évaluez le bien-fondé de cette régression visant à analyser la demande des services téléphoniques.

5.3.3 Comment pourrait-on améliorer cette équation pour permettre une meilleure analyse de la demande ?

5.4   On veut estimer la demande canadienne de café colombien par la
        relation suivante :

$$\ln Q = \beta_0 + \beta_1 \ln PC + \beta_2 \ln PA + \beta_3 \ln PB + \beta_4 \ln PI + \beta_5 \ln RP$$

où

Q = consommation annuelle canadienne per capita
        de café colombien

PC = prix du café colombien au kilo

PA = prix du café d'Arabie au kilo

PB = prix du café brésilien au kilo

PI = prix du thé indien au kilo

RP = revenu personnel disponible per capita

L'estimation faite par les moindres carrés ordinaires a donné les
résultats suivants :

$$\ln Q = 2{,}837 - 1{,}481 \ln PC + 1{,}181 \ln PA + 1{,}342 \ln PB + 0{,}186 \ln PI + 0{,}257 \ln RP$$

*   (0,987)   (3,690)   (4,54)   (4,134)   (2,370)

$R^2 = 0{,}85$

5.4.1   Calculez l'élasticité-prix et les élasticités croisées et com-
        mentez les résultats.

5.4.2   On vous demande de commenter cette estimation de la de-
        mande sur le plan de la spécification ainsi que des résultats
        statistiques.

5.5   Vous êtes président de l'Association des électriciens du Québec.
        Les services que vos membres produisent sont taxables sous le
        nouveau régime de TPS. Ces derniers s'inquiètent des effets de la
        nouvelle taxe sur leurs revenus d'affaires.

        Que vous indique une analyse qualitative de la demande sur les
        inquiétudes des électriciens ?

---

*   Les chiffres entre parenthèses représentent les valeurs du « t » de Student.

Quelles méthodes d'enquête et d'analyse pouvez-vous suggérer pour obtenir plus d'informations ? Justifiez. Indiquez pourquoi vous mettez de côté certaines méthodes. Pourriez-vous vous contenter de l'analyse qualitative ?

5.6   Vous êtes vice-président responsable de la mise en marché pour une importante compagnie de location de voitures. Vos emplacements sont considérés comme étant supérieurs à ceux de vos concurrents. Vous vous interrogez sur le bien-fondé d'une réduction de prix, afin d'augmenter vos revenus. Pour ce faire, vous administrez un court questionnaire aux différents clients. Durant la semaine, ceux-ci sont majoritairement des représentants de différentes entreprises qui font appel à vos services pour raisons d'affaires. Durant la fin de semaine, les clients sont surtout des individus qui utilisent les véhicules pour leur loisir.

Que vous indique une analyse qualitative de la demande de véhicules de location quant à l'opportunité d'une réduction de prix ?

Dans quelle mesure les réponses données par vos différents clients peuvent-elles être utiles ?

5.7   Vous venez d'obtenir auprès d'un important hôtel des Laurentides la concession de location de planches à voile pour la saison estivale. Vous êtes présentement en début de saison et devez établir une grille de tarifs et vous assurer que vous avez sur place un nombre suffisant de planches pour répondre à la demande. À cette fin, vous interrogez les clients de l'hôtel sur leur location de planches, en fonction du tarif horaire.

Dans quelle mesure les réponses données peuvent-elles vous être utiles ? Pouvez-vous procéder autrement ? Que vous indiquerait une analyse qualitative ?

6

Méthodes de prévision
de la demande

Les dirigeants d'une firme cherchent non seulement à comprendre la demande, mais aussi à la prédire. L'ajustement des opérations aux fluctuations de la demande n'est pas instantané. Dans certains cas, la planification doit être établie trois ans à l'avance pour la mise en place de nouveaux équipements, un an à l'avance pour les commandes de matières premières et trois mois à l'avance pour les stocks de produits finis. Il est donc important pour une firme de connaître ce que l'avenir lui réserve en ce qui a trait à la demande.

Plusieurs techniques de prévision s'offrent à elle, certaines très simples, d'autres plus complexes. Nous examinons dans un premier temps l'analyse simple de séries temporelles, pour ensuite aborder une technique quantitative légèrement plus sophistiquée, l'équation de prévision.

6.1. ANALYSE DE SÉRIES TEMPORELLES

Il s'agit ici d'examiner l'évolution, durant les périodes passées, d'une variable exprimant soit le niveau de la demande, soit le niveau d'une variable fortement corrélée à cette dernière. Ainsi, une entreprise produc-trice de machinerie suit l'évolution des investissements bruts au niveau agrégé, ceux-ci déterminant les tendances de son marché particulier. Les fabricants de mobilier de bureau, quant à eux, suivent l'évolution des permis de construction commerciale.

Cette technique de prédiction est dite naïve. Nous cherchons à con-naître le niveau d'une certaine variable, par exemple, le revenu disponi-ble, à partir de ses valeurs passées, sans toutefois en considérer les facteurs déterminants. Néanmoins, elle livre de précieux renseignements, si l'ana-lyse des valeurs passées est effectuée correctement.

Nous présentons dans cette section les principaux éléments qui nous permettent de faire cette analyse de séries temporelles. Nous en isolons les composantes et examinons les techniques de projection courantes. Nous traitons ensuite de certains indicateurs dont la connaissance peut pallier certaines faiblesses inhérentes aux méthodes naïves.

6.1.1.   Les composantes

Quatre phénomènes sont susceptibles de se manifester dans les séries tem-porelles : les tendances, les variations cycliques, les variations saisonniè-res et finalement les variations dues à des phénomènes occasionnels non prévisibles (graphique 6.1).

Les tendances s'observent sur une longue période et sont la mani-festation d'un élément permanent et stable de l'économie. Le progrès tech-nologique, les goûts, l'augmentation du nombre d'années consacrées aux études, l'accroissement de la population, l'évolution de la pyramide des âges et la prospérité en hausse continue depuis 40 ans marquent l'évolu-tion de séries temporelles. Ainsi, la série temporelle du revenu disponible sera marquée par les hausses de productivité liées au progrès technique et à l'augmentation du nombres d'années d'études, par la consommation d'aliments due à l'accroissement de la population, et par les mises en chantier de logements dues à l'évolution de la pyramide d'âges.

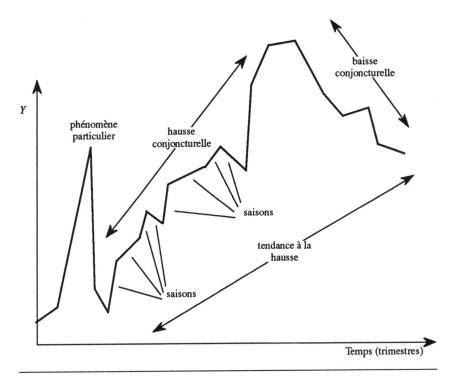

Graphique 6.1 – Composantes d'une série temporelle

Les variations cycliques se manifestent sur une courte période de temps, généralement entre un an et quatre ans. Ces variations ne sont ni régulières, ni facilement prévisibles. Elles sont liées à la performance générale au niveau agrégé, performance qui fait l'objet d'études et de modèles macroéconomiques.

Les **variations saisonnières** se ressemblent fortement d'une année à l'autre et sont causées principalement par les changements climatiques. Par exemple, les ventes d'équipements de ski sont, d'année en année, plus fortes en hiver que durant les autres saisons et il en est de même pour les ventes de voiliers durant l'été. La demande de main-d'œuvre dans l'industrie de la construction subit une baisse durant les mois d'hiver. Tout effort de projection, à l'intérieur d'une même année, devra donc bien déterminer l'influence des variations saisonnières, afin d'éviter une surévaluation ou une sous-évaluation systématique.

Finalement, les valeurs observées dans une série temporelle peuvent être influencées par un **événement particulier** non prévisible par l'analyse économique. Tel serait le cas si nous connaissions un hiver particulièrement rigoureux, ou si les gouvernements entreprenaient un immense projet tel que celui des Jeux olympiques ou de l'Expo 67. L'analyse économique ne permet pas de prévoir de tels phénomènes; par contre, ils ont une influence sur l'activité économique et se manifestent à l'intérieur des différentes séries temporelles. Il importe donc d'isoler l'effet de ce phénomène particulier lors de toute projection à partir de ces séries.

6.1.2.   La décomposition d'une série temporelle

Nous avons jusqu'à maintenant fait appel à l'observation graphique pour déterminer et évaluer les composantes d'une série temporelle. Il est aussi possible d'avoir recours à une méthode statistique de décomposition, qui permet de quantifier le rôle des différentes composantes. **Toute série temporelle peut être représentée comme étant une valeur de tendance, multipliée par divers coefficients qui représentent les effets conjoncturels, les effets saisonniers et les chocs occasionnels.** Nous avons

$$Y = T \times C \times S \times R$$

où

Y = la variable étudiée

T = la valeur de la tendance

C = l'indice conjoncturel

S = l'indice saisonnier

R = l'indice de l'effet occasionnel.

Nous cherchons à quantifier le rôle de chacune des composantes dans l'évolution passée de la série chronologique. Dans une première étape, nous séparons $[T \times C]$ de $[S \times R]$, c'est-à-dire que nous isolons $[S \times R]$, les effets des saisons et des chocs occasionnels. Dans une seconde étape, nous examinons $[T \times C]$ pour déterminer la tendance T, et dégager les valeurs de l'indice conjoncturel, C. Dans une troisième étape, nous examinons $[S \times R]$ afin de calculer les valeurs de l'indice saisonnier, S.

Étape 1

Nous cherchons à isoler les effets saisonniers qui, par définition, se manifestent au cours des quatre trimestres d'une année[1]. Pour l'ensemble d'une période continue de quatre trimestres, il n'y a pas d'effets saisonniers. Nous examinons alors l'année construite à partir de notre période d'observation, et nous calculons ensuite une moyenne trimestrielle. Puisqu'il y a possibilité de construire plusieurs années autour du trimestre observé, nous procédons au calcul d'une moyenne mobile centrée. Supposons que la période à l'étude est $t = 10$. Quatre années peuvent être construites, soit : $[t_7, t_8, t_9 \text{ et } t_{10}]$, $[t_8, t_9, t_{10} \text{ et } t_{11}]$, $[t_9, t_{10}, t_{11} \text{ et } t_{12}]$ ainsi que $[t_{10}, t_{11}, t_{12} \text{ et } t_{13}]$. Nous calculons les moyennes annuelles de Y_t pour ces quatre années construites, et en établissons la moyenne. En pratique, deux années construites suffisent. Nous avons alors :

$$\frac{\left[\dfrac{Y_8 + Y_9 + Y_{10} + Y_{11}}{4}\right] + \left[\dfrac{Y_9 + Y_{10} + Y_{11} + Y_{12}}{4}\right]}{2} = \widehat{[T \times C]}_{10}$$

Le processus est répété pour chaque période observée.

Nous pouvons maintenant isoler les effets saisonniers et erratiques simplement en divisant Y_t par $\widehat{[T \times C]}_t$. Pour $t = 10$, nous avons $Y_{10} = T_{10} \times C_{10} \times S_{10} \times R_{10}$. Ci-dessus nous avons obtenu $\widehat{[T \times C]}_{10}$. Nous avons alors $\widehat{[S \times R]}_{10} = \dfrac{Y_{10}}{\widehat{[T \times C]}_{10}}$.

---

1. La manifestation d'un effet saisonnier sur les quatre trimestres de l'année est la plus générale. Nous pouvons aussi observer des manifestations au regard des semaines ou des mois de l'année.

Étape 2

Nous examinons la valeur $\overbrace{[T \times C]}_t$ calculée à l'étape 1 et en dégageons la valeur de la tendance. Nous posons généralement que la tendance est linéaire et nous faisons appel à la technique des moindres carrés pour estimer les paramètres de la droite de tendance sur l'ensemble des observations. Nous posons

$$[T \times C]_t = \alpha_0 + \alpha_1 t.$$

Les résultats de régressions nous donnent

$[T \times C]_t = \hat{\alpha}_0 + \hat{\alpha}_1 t + \varepsilon$, où $\overbrace{[T \times C]}_t$ est la valeur calculée à l'étape précédente.

Nous pouvons alors calculer $\hat{T}_t$, la valeur estimée de la tendance; celle-ci s'exprime ainsi : $\hat{T}_t = \hat{\alpha}_0 + \hat{\alpha}_1 t$.

Nous obtenons ensuite la valeur de l'indice conjoncturel (C_t) en divisant $\overbrace{[T \times C]}_t$ par $\hat{T}_t$, c'est-à-dire $\hat{C}_t = \dfrac{[T \times C]_t}{\hat{T}_t}$.

Étape 3

Nous nous penchons maintenant sur le second résultat de nos calculs de l'étape 1, soit $\overbrace{[S \times R]}_t$ et calculons les valeurs de l'indice saisonnier, S_t.

Sur l'ensemble des périodes, le coefficient R_t tend vers 1, les chocs ne suivant pas un profil déterminé. Par ailleurs, sur une période de 4 trimestres, la somme des indices saisonniers doit être égale à 4, puisque l'effet saisonnier est une distribution sur quatre trimestres de l'activité annuelle. De l'étape 1, nous retenons les valeurs $\overbrace{[S \times R]}_t$ pour chaque période observée.

Pour chaque trimestre, nous faisons la moyenne des valeurs $[S \times R]_t$. Par exemple, pour quatre années d'observations, pour le premier trimestre, nous avons $\dfrac{[S \times R]_1 + [S \times R]_5 + [S \times R]_9 + [S \times R]_{13}}{4}$, et ainsi de suite. Appelons $\hat{S}_1, \hat{S}_2, \hat{S}_3$, et $\hat{S}_4$ les valeurs ainsi obtenues pour les quatre trimestres de l'année.

Nous en faisons la somme $\hat{S}_1 + \hat{S}_2 + \hat{S}_3 + \hat{S}_4 = \hat{S}_A$. Le résultat est légèrement différent de 4, et ce en raison des chocs occasionnels. Nous corrigeons alors $\hat{S}_1, \hat{S}_2, \hat{S}_3, \hat{S}_4$ de telle sorte que leur somme soit égale à 4, en les multipliant chacune par $\dfrac{4}{\hat{S}_A}$.

Si nous avons $\hat{S}_1 + \hat{S}_2 + \hat{S}_3 + \hat{S}_4 = \hat{S}_A$,

nous obtenons

$$\hat{S}_1 \times \frac{4}{\hat{S}_A} + \hat{S}_2 \, \frac{4}{\hat{S}_A} + \hat{S}_3 \, \frac{4}{\hat{S}_A} + \hat{S}_4 \, \frac{4}{\hat{S}_A} = \hat{S}_A \times \frac{4}{\hat{S}_A} = S_1 + S_2 + S_3 + S_4 = 4.$$

Le ratio $\overset{\frown}{S \times R} / S = \hat{R}$ est l'indice des variations occasionnelles.

Nous avons alors au bout de ce processus, pour l'ensemble des périodes observées, une valeur de tendance que nous ajustons à la hausse ou à la baisse en raison des « forces » conjoncturelles, saisonnières et accidentelles propres à chaque période.

6.1.3.   Une illustration de techniques de projection

Il existe une variété de techniques de projection, allant de la simple projection de la valeur présente à l'utilisation des résultats de la décomposition, en passant par des calculs de taux de croissance moyens. Nous illustrons ici certaines d'entre elles, sans prétendre indiquer une méthode à suivre, en invitant le lecteur à rechercher leurs différentes faiblesses.

6.1.3.1. *Deux exemples*

Considérons, au tableau 6.1, la moyenne trimestrielle des mises en chantier de logements et le volume trimestriel moyen de production de papier journal. Notons la présence de variations saisonnières, surtout dans le cas des mises en chantier où il y a généralement un ralentissement de l'activité (en raison du climat) au premier et au quatrième trimestre de chaque année.

Considérons une prédiction des mises en chantier et de la production de papier journal pour le 1er trimestre de 1982 (1982-1) faite à la fin de 1981.

Une simple extension des valeurs du trimestre précédent donne des erreurs de prévision de 21,47 %[2] pour les mises en chantier et de 2,87 % pour le papier journal. L'erreur est considérable, en particulier pour les mises en chantier à cause du phénomène saisonnier.

Nous pourrons réduire cette erreur en prenant le trimestre correspondant de l'année précédente comme point de départ. Ainsi, pour prévoir 1982-1, nous prenons 1981-1 comme point de départ et non 1981-4 comme nous l'avons fait précédemment. Un tel procédé, pour les mises en chantier, nous donne une erreur de prévision de −14,19 % au lieu de 21,47 %.

Il est aussi possible d'établir une prédiction des valeurs de 1982-1 à partir d'un calcul des taux de croissance moyens sur la période 1979-1 jusqu'à 1981-4. Calculons le taux de croissance d'un trimestre à l'autre, additionnons-les et divisons ensuite cette somme par 11, puisque nous avons onze taux de croissance calculés. Le taux de croissance moyen pour les mises en chantier, durant cette période, est de 9,76 % et pour la production de papier journal de 0,83 %. Si l'on veut établir une prévision pour 1982-1, on obtient 11 673 pour les mises en chantier (10 635 × 1,0976) d'où une erreur de prévision de 33,33 % et 781,43 pour le papier journal (775 × 1,0083) d'où une erreur de 3,63 %. L'erreur est toujours considérable dans le cas du papier journal et elle a passablement augmenté dans le cas des mises en chantier, ce qui est encore une fois provoqué par le phénomène saisonnier.

2.
$$\frac{10\,635 - 8\,755}{8\,755}$$

Tableau 6.1

	Mises en chantier	Production de papier journal
1975-1	6 122	728
-2	15 475	705
-3	18 392	529
-4	20 624	360
1976-1	12 266	524
-2	20 771	735
-3	18 589	725
-4	18 294	710
1977-1	10 080	649
-2	18 992	679
-3	19 117	670
-4	18 543	718
1978-1	13 500	727
-2	15 090	751
-3	15 783	732
-4	15 185	727
1979-1	8 723	726
-2	13 715	718
-3	13 511	713
-4	14 622	745
1980-1	7 695	765
-2	10 219	750
-3	11 311	648
-4	12 445	711
1981-1	7 512	739
-2	16 103	763
-3	13 229	703
-4	10 635	775
1982-1	8 755	754
-2	8 879	696
-3	7 027	604

Source : Statistique Canada, Cansim mini-base.

Nous pouvons éliminer l'influence des variations saisonnières en calculant un taux de croissance moyen à partir des valeurs des trimestres correspondants des années précédentes. Ainsi, de 1979-4 à 1980-1, les mises en chantier ont chuté de 47,37 % et de 1980-4 à 1981-1 de 39,63 %, d'où une chute moyenne de 43,5 %. À l'aide de ce dernier pourcentage, il nous est possible d'établir une prévision de 6 008 mises en chantier pour 1982-1 (10 635 × 0,565) d'où, par rapport à 8 755, une erreur de prévision de –31 %.

Ainsi, il est possible par simple observation et « manipulation » des données, d'établir une prévision indiquant au décideur l'évolution probable des variables qui l'intéressent.

Il existe également d'autres méthodes un peu plus sophistiquées.

Nous pouvons effectuer une estimation d'une droite de tendance en utilisant la méthode des moindres carrés ordinaires (régression d'une variable par rapport au temps).

Pour la période 1975-1 à 1981-4, on obtient le résultat suivant :

Mises en chantier : $Y = 17\,401,8 - 208,98t$

Production de papier journal : $Y = 611,46 + 5,33t$

Si nous effectuons une prévision pour le premier trimestre de 1982 et que nous comparons cette prévision au taux de croissance observé, nous obtenons un écart de 29,54 % pour les mises en chantier et de 11,7 % pour la production de papier journal[3]. La qualité de la prédiction s'améliore, particulièrement dans le cas des mises en chantier, mais l'erreur est toujours considérable.

Nous pouvons faire appel à la technique plus sophistiquée de décomposition décrite précédemment. Les résultats obtenus sont les suivants :

Papier journal	**Mises en chantier**
$T = 598,775 + 6,823t$	$T = 18948,866 - 338,402t$
$S_1 = 0,998$	$S_1 = 0,643$
$S_2 = 1,059$	$S_2 = 1,003$
$S_3 = 0,987$	$S_3 = 1,039$
$S_4 = 0,957$	$S_4 = 1,314$

3.
$$\frac{[17\,401,8 - (209,98 \times 29)] - 8\,755}{8\,755} = 29,54\%$$

Pour le premier trimestre de 1982, nous obtenons pour le papier journal une prédiction égale à ($T_{27} \times S_1$), c'est-à-dire 782,996 × 0,998 = 781,430[4]; pour les mises en chantier, nous obtenons 9 811,850 × 0,643 = 6 309,020. Nous avons alors des erreurs respectivement de 3,6 % et –27,9 %.

6.1.3.2. *Un problème : les cycles conjoncturels*

Les méthodes illustrées ci-dessus présentent plusieurs points faibles. Seul l'appel à la décomposition isole explicitement la tendance et les effets saisonniers. Une faiblesse majeure, commune à toutes les méthodes illustrées, même à celle qui fait appel à la décomposition, est l'impossibilité de tenir compte de l'effet des cycles conjoncturels. Ceux-ci ne laissent pas voir la régularité des phénomènes saisonniers et l'information tirée du passé n'est pas nécessairement pertinente pour les périodes futures. Tout exercice de projection doit donc s'accompagner d'une réflexion additionnelle sur le cycle conjoncturel.

6.1.4. Les indicateurs

Le complément nécessaire aux techniques illustrées ci-dessus est l'étude d'autres séries, les indicateurs, qui nous permettent de déceler, quoique imparfaitement, les points tournants des variations cycliques et, par conséquent, d'éviter de grossières erreurs de sens de variation de la variable à l'étude (prévision d'une variation positive alors qu'elle est négative).

Il n'y a pas d'information dans la série historique sur les retournements de la conjoncture. Il faut regarder ailleurs pour obtenir cette information. La méthode la plus simple de prédire les points tournants d'une série temporelle peut être qualifiée de « barométrique ». De la même façon qu'un baromètre enregistre des changements dans la pression atmosphérique qui permettent de prédire les conditions météorologiques, certaines séries peuvent donner des renseignements sur les points tournants à venir d'une autre série. Ces séries constituent ce que nous appelons des « indicateurs ».

---

4.   Deux observations sont perdues après avoir effectué le calcul de la moyenne mobile.

Il existe plusieurs indicateurs pertinents pour relever des points tournants du niveau d'activité économique agrégé. Ces séries présentent un
comportement cyclique semblable à celui du PIB, sauf que les points tournants ne coïncident pas. Certaines séries constituent des indices précurseurs, alors que d'autres sont coïncidents ou retardataires.

Un indice précurseur est représenté au graphique 6.2. En ordonnée,
nous retrouvons un indice du niveau des différentes variables observées,
et en abscisse nous indiquons simplement le temps. L'indice précurseur
(P) laisse voir un sommet (creux) en avance sur le sommet (creux) du
niveau d'activité économique d'ensemble, (PIB). Un indice retardataire
(R) affiche un sommet (creux) en retard sur le sommet (creux) du niveau
économique d'ensemble. Soit t_4 la date du sommet du PIB, et t_6 la date
d'un creux. La série P forme un indice précurseur dans la mesure où son
sommet se manifeste en t_3 ($t_3 < t_4$) régulièrement, c'est-à-dire dans toutes
les fluctuations cycliques. Ainsi, un examen de la série P, révélant un
sommet en $t < _3$, nous permet de prédire qu'il y a un sommet du niveau du
PIB en t_4. Cette même analyse présente un creux en t_5 nous permettant de
prédire qu'il y a un creux dans la série du PIB en t_6.

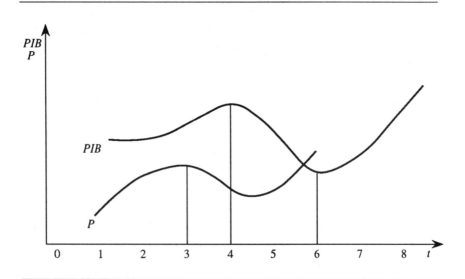

Graphique 6.2 – *Les indicateurs*

Les principaux indices précurseurs sont les suivants :

— durée hebdomadaire du travail;

— indice de construction résidentielle;

— indice avancé composite;

— offre de monnaie;

— nouvelles commandes (industries de biens durables);

— commerce de détail (meubles et articles ménagers);

— vente de véhicules automobiles neufs;

— ratio des livraisons du stock;

— indice du cours des actions;

— variation en % de prix par coût unitaire de main-d'œuvre des industries manufacturières.

Ces indices ne sont cependant pas infaillibles. Le comportement des différentes séries n'est pas toujours régulier relativement à celui du PIB et les délais entre les sommets et les creux de différentes séries peuvent varier. La qualité de notre prédiction de la date du point tournant est alors fortement réduite. Par ailleurs, cette méthode donne des renseignements plus fiables sur les dates des points tournants que sur l'ampleur des variations.

Puisque les différents indices précurseurs peuvent donner des informations contradictoires, il est intéressant de former un indice composite, qui consiste en une pondération de différents indices précurseurs. L'indice avancé composite de Statistique Canada et l'Éco-indicateur de la Banque Royale sont des indices de ce type.

6.2.   UNE ÉQUATION DE PRÉVISION

Nous pouvons facilement aller plus loin dans le raffinement de notre effort de prévision, sans qu'il soit nécessaire de faire appel à des méthodes complexes et coûteuses. Il s'agit ici de formuler une équation simple, dans laquelle apparaissent **des déterminants** de l'évolution de la demande.

6.2.1.   La technique

Une telle équation pourrait prendre la forme générale suivante :

$$Q_t = \alpha_0 + \alpha_1 Y_t + \alpha_2 Y_{t-1}$$

où Y_t est le revenu en période t.

Dans un premier temps, nous faisons appel à la technique de régression des moindres carrés, exposée au chapitre 5. Dans un second temps, nous introduisons les valeurs des variables indépendantes correspondant à la période à laquelle se rapporte la prévision. Au moyen des valeurs estimées des coefficients $\alpha_0, \alpha_1,...,\alpha_n$, nous calculons la valeur prédite de Q_t.

6.2.2.   Caractéristiques d'une bonne équation de prévision

Le seul fait de faire appel à la technique des moindres carrés n'assure pas une bonne prévision. L'équation utilisée doit être évaluée sur le plan statistique comme sur le plan de la spécification. Afin de mieux saisir les éléments prioritaires dans l'évaluation, rappelons les objectifs d'une équation d'analyse relativement à une équation de prévision. L'analyse cherche avant tout à établir les déterminants et à quantifier l'influence de chacun d'entre eux. L'accent est alors mis sur le pouvoir explicatif. En prévision de la demande, la priorité est donnée à la précision du calcul plutôt qu'au pouvoir explicatif. Nous nous intéressons au résultat d'ensemble de la régression plutôt qu'à l'effet spécifique des différents déterminants.

6.2.2.1.   Les aspects statistiques

Alors que dans l'analyse la spécification de l'équation est primordiale, quelle que soit la qualité sur le plan statistique, en prévision, les éléments clés se trouvent dans la dimension statistique. Puisqu'il ne s'agit pas d'expliquer mais de calculer une valeur à partir d'une série de valeurs observées, l'ajustement de l'équation sera capital. Le R^2 sera le critère de base et le degré de signification de chaque coefficient, la présence de multicolinéarité ou d'autocorrélation auront moins d'importance.

6.2.2.2.   La spécification

L'exigence première sur le plan de la spécification est que l'équation réponde aux besoins de l'entreprise. Si la prévision doit servir à la gestion des approvisionnements, elle doit se faire sur une période de temps plus courte que celle que nécessiterait un exercice de planification stratégique. Toutefois, une seule équation ne répondra pas nécessairement à tous les besoins.

Une spécification faisant appel à des données récentes observées plutôt qu'estimées est un avantage. Nous tirons du passé de l'information qui nous permet de prédire des valeurs de périodes à venir. Puisqu'a priori, le passé récent est porteur d'informations significatives, nous voudrions avoir une spécification faisant intervenir des données récentes. Cela n'est cependant pas toujours possible. En effet, dans l'équation ci-dessus, à la section 6.2.1., Y_t n'est peut-être pas disponible. Dans ce cas, pour utiliser cette équation, nous devons faire appel à une prévision de Y_t. Et ce faisant, nous sommes assurés d'introduire une erreur dans notre prévision. C'est pourquoi, nous pourrions alors opter plutôt pour une équation de la forme suivante :

$$Q_t = \alpha_0 + \alpha_1 Y_{t-1} + \alpha_2 Y_{t-2}...$$

Les données sont moins récentes, mais elles sont toutes observées.

Les exigences sur le plan des variables à inclure sont très faibles. Il s'agit uniquement de s'assurer de la plausibilité de la relation, afin d'obtenir une relation stable dans le temps. En outre, il n'est pas nécessaire que tous les déterminants pertinents sur le plan de l'analyse apparaissent dans l'équation de prévision.

6.3.   UN CAS DE PRÉVISION[5]

L'objectif de cette mise en situation est de démontrer que la prévision s'effectue par une combinaison d'études qualitative et quantitative ainsi que par une référence constante à la conjoncture macroéconomique et aux

---

5.   Nous remercions la compagnie UAP pour sa collaboration.

stratégies auxquelles les entreprises ont eu recours dans le passé. Il serait vain d'espérer y voir une méthode unique et optimale répondant aux besoins des différentes entreprises.

6.3.1.   La situation

Vous êtes un consultant qui a pour mandat de fournir à l'entreprise UAP un dossier sur la prévision des revenus (ventes) concernant un magasin-type de distribution de pièces. Ce dossier devra permettre à l'entreprise :

- de faire le point sur les forces et faiblesses des différentes techniques;

- de faire le calcul de la prévision;

- de continuer l'exercice de prévision pour les périodes à venir.

La compagnie UAP

L'activité de la Compagnie UAP s'exerce principalement dans le secteur de la distribution de pièces automobiles; elle n'en fabrique pas. Elle possède environ quatre cents points de vente à travers le Canada, la majeure partie se retrouvant au Québec. Sa part de marché ne peut être calculée précisément, mais cette entreprise est une des principales du secteur, depuis longtemps et elle est reconnue comme étant bien gérée.

L'effort de prévision porte sur l'un des quatre cents magasins de UAP, situé dans la région de Montréal.

Actuellement, cet effort de prévision comporte deux dimensions : un suivi de la conjoncture et du parc automobile ainsi qu'une analyse statistique basée sur les parts des différents trimestres durant les années, celles-ci affichant une étonnante régularité.

Les données, dont dispose le consultant pour effectuer ce travail, apparaissent au tableau 6.2. Elles s'échelonnent du premier trimestre de 1976 au deuxième trimestre de 1984. Au tableau 6.3, nous retrouvons certaines valeurs numériques et au graphique 6.3 des représentations graphiques qui permettront de situer UAP par rapport au secteur et à la conjoncture macroéconomique. Les sections suivantes fournissent des éléments devant permettre au consultant de remplir son mandat, sans constituer toutefois son rapport.

Tableau 6.2 – Données disponibles

Ventes du magasin-type de UAP ($)
Ventes canadiennes totales de pièces automobiles ($)
Ventes totales des garages au Canada ($)
Ventes canadiennes d'autos neuves (unités)
Stock de voitures au Canada (parc automobile)
Stock de voitures en tenant compte de leur âge
Ventes d'autos neuves retardées d'une période
Ventes d'autos usagées retardées d'une période
PIB nominal canadien ($ courants)
Indice implicite du PIB (PIB sous forme d'indice)
PIB réel ($ constants)
Production industrielle
Indice composite avancé canadien (indice de prévision du PIB)
Indice de prix des pièces automobiles
Indice de prix des automobiles
Indice de prix de l'énergie
Taux de chômage au Canada
Taux d'intérêt

Note : Les variables énumérées ci-dessus peuvent s'avérer pertinentes pour prévoir la demande de pièces automobiles. Elles ne doivent cependant pas nécessairement toutes figurer dans les travaux du consultant.

Tableau 6.3 – *Données relatives au cas UAP*

Trimestre	Ventes magasin ($000)	Ventes industrie ($000)	PIB nominal ($000 000)
1976-1	191,9	188 999	41 095
-2	231,5	333 874	46 325
-3	217,3	288 408	52 092
-4	246,4	329 945	49 232
1977-1	176,8	201 833	46 985
-2	226,1	341 556	49 970
-3	192,5	301 878	56 607
-4	205,3	345 986	54 352
1978-1	166,0	208 938	51 840
-2	206,0	391 080	56 193
-3	205,0	358 649	62 698
-4	253,2	410 869	59 208
1979-1	203,7	265 820	58 105
-2	258,0	451 542	63 652
-3	235,8	398 365	70 621
-4	301,1	455 125	68 512
1980-1	219,9	285 025	65 965
-2	297,7	500 256	69 867
-3	306,0	440 790	78 088
-4	345,3	514 754	76 506
1981-1	273,7	340 158	74 869
-2	311,8	569 332	79 896
-3	303,4	517 756	90 735
-4	296,2	564 175	87 218
1982-1	247,6	355 532	82 947
-2	303,9	621 565	86 548
-3	279,3	551 770	97 072
-4	281,5	646 134	90 033
1983-1	213,8	409 892	88 266
-2	349,7	687 343	93 995
-3	319,0	650 091	105 985
-4	397,2	745 575	100 440
1984-1	307,9	455 935	97 182
-2	414,2	739 386	102 810

Graphique 6.3

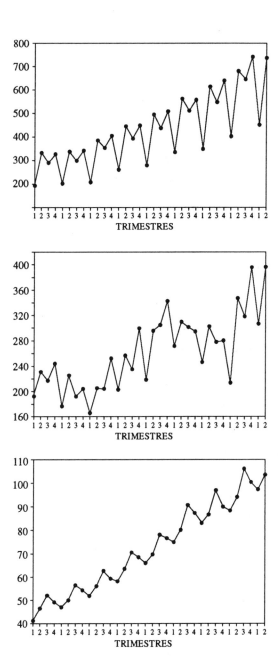

6.3.2.   Les éléments à traiter

Analyse qualitative

Il s'agit, dans cette première étape, d'établir les déterminants de la demande de pièces automobiles aux magasins UAP. De la brève description précédente, il apparaît que :

- La demande de pièces est une demande reliée à l'entretien de véhicules. Celle-ci fluctuera en fonction du nombre et de l'âge des véhicules qui font partie du stock.

- La demande comprend des composantes industrielles et de consommation courante. L'ampleur de l'élasticité-revenu n'est pas évidente : en période de baisse de revenu, le propriétaire d'un véhicule le conserve plus longtemps, d'où une augmentation de la demande de pièces automobiles en raison du vieillissement. Par contre, en période de baisse de revenu, l'entretien peut être reporté ou négligé et la distance parcourue peut être réduite, ce qui diminue la demande de pièces automobiles.

- La compagnie UAP est une des principales compagnies canadiennes de distribution de pièces automobiles, surtout dans l'est du pays. Elle s'est avérée rentable durant toute son existence. Il serait donc étonnant qu'à court terme sa part du marché subisse de fortes fluctuations. Dans la mesure où cette situation se maintient pour chacun des magasins, leur part de marché a des chances d'être relativement stable à court terme.

- Les différents magasins UAP sont situés dans des régions aux caractéristiques économiques très différentes. Certaines régions ont une économie diversifiée alors que d'autres dépendent de quelques industries seulement. La sensibilité aux variations conjoncturelles ainsi qu'aux événements *ad hoc* (grève, par exemple) sera alors différente selon les magasins. L'économie de la région de Montréal est fortement diversifiée.

- Le prix des pièces aura peu de répercussions sur les ventes, au niveau de l'industrie (faible élasticité-prix). Il faut en effet entretenir les véhicules pour pouvoir les utiliser.

Examinons maintenant l'évolution de la conjoncture et les ventes de notre magasin-type. Il y a une relation positive entre le PIB et les ventes de pièces. Le magasin UAP aurait pu profiter de la baisse du PIB réel du deuxième trimestre de 1981 au quatrième trimestre de 1982 en raison du vieillissement du stock automobile, mais on constate que ses ventes ont suivi la même évolution que le PIB. Nous pouvons croire que la récession fut tellement sévère que les consommateurs ont négligé l'entretien et/ou moins utilisé leur(s) véhicule(s) et, par conséquent, ont moins eu besoin de pièces et accessoires de rechange.

Il faut être conscient du caractère fortement saisonnier des ventes du magasin-type. On remarque que la part des ventes, échouant au premier trimestre est systématiquement la plus faible alors que celle du quatrième trimestre est la plus « généreuse ».

On constate également une chute marquée dans le taux de croissance des ventes pour la période 1981-1983, c'est-à-dire une période de crise conjoncturelle.

Les techniques naïves

Le tableau 6.4 résume les attributs des méthodes naïves simples, c'est-à-dire leur capacité de tenir compte des différentes composantes d'une série temporelle. La méthode 1 consiste simplement à supposer que le trimestre actuel sera identique au précédent; elle ne fait aucunement référence aux différentes composantes d'une série temporelle.

La méthode 2 consiste à supposer que le trimestre actuel sera identique au même trimestre de l'année précédente; les aspects saisonniers sont ainsi reflétés dans la prévision.

La méthode 3 est basée sur l'hypothèse selon laquelle la part des trimestres dans l'année est constante. Connaissant les valeurs des ventes des trois trimestres précédents ainsi que leur part dans le total annuel, il est possible de calculer une prévision pour l'année ainsi que les montants des ventes du dernier trimestre, par simple application de la règle de 3.

Cette méthode tient explicitement compte du phénomène saisonnier. Elle considère aussi la tendance séculaire, en se référant aux ventes de l'année, et l'évolution conjoncturelle, dans la mesure où les trimestres précédents se trouvent dans la même phase conjoncturelle que celui faisant l'objet d'une prévision.

La méthode 4 calcule simplement un taux de croissance moyen à partir des données des mêmes trimestres des années précédentes. La méthode 5 calcule une droite de tendance (*time trend*) à partir des mêmes données. Ces deux méthodes tiennent compte de la tendance séculaire ainsi que du phénomène saisonnier; on y néglige cependant les aspects conjoncturels.

Tableau 6.4 – Attributs des méthodes naïves

	Chocs Particuliers	Tendances	Conjoncture	Saisons
1 – Répétition de la période précédente	N	N	N	N
2 – Répétition du même trimestre, année précédente	N	N	N	O
3 – Part des trimestres dans l'année	N	O	O	O
4 – Taux de croissance des mêmes trimestres	N	O	N	O
5 – Droite de tendance des mêmes trimestres	N	O	N	O
6 – Droite de tendance, toutes les observations	N	O	N	N

La méthode 6 est aussi un calcul de droite de tendance à partir, cependant, de toutes les observations. Nous perdons ainsi la prise en compte du phénomène saisonnier.

Afin de déterminer laquelle de ces méthodes donne les meilleurs résultats, nous effectuons une prévision pour l'ensemble des trimestres de la période d'observation et calculons l'erreur moyenne de prévision.

Nous avons effectué ce travail, pour les méthodes précédemment mentionnées, pour les ventes du magasin-type. Les résultats sont les suivants :

Erreur moyenne de prévision selon cinq techniques naïves[6]
(en pourcentage)

1-	Répétition de la période précédente	7,65
2-	Répétition du même trimestre de l'année précédente	13,14
3-	Part du trimestre dans l'année	10,27
5-,6-	Droites de tendances	12,44
	sur toutes les observations	12,93
	sur les observations du premier trimestre	9,38
	sur les observations du second trimestre	6,81
	sur les observations du troisième trimestre	8,26
	sur les observations du quatrième trimestre	11,11

Selon ces résultats, il semblerait que la méthode de droite de tendance par trimestre donne les meilleurs résultats.

Si le gestionnaire retenait cette méthode naïve, et voulait faire une prévision pour le deuxième trimestre de 1984, il utiliserait l'équation suivante :

$$Ventes_t = \alpha_0 + \alpha_1 t$$
$$= 176 + 22,52t$$

et obtiendrait :

RÉALISÉ	PRÉVU	ERREUR
414,2	378,5	8,62 %

Il lui appartient ensuite de modifier les prévisions établies en fonction d'informations qu'il possède, mais qui ne sont pas prises en compte par les observations passées, par exemple, l'entrée de nouveaux concurrents ou l'apparition d'une nouvelle gamme de services. Il pourra aussi modifier la période d'observation afin de la rendre plus conforme aux caractéristiques de la période de prévision.

---

6. La méthode des taux de croissance (4) se rapproche de celle de la droite de tendance, mais avec moins de flexibilité. Nous la mettons donc de côté.

Les méthodes statistiques

Il est possible d'obtenir des informations supplémentaires sur les ventes à venir par une équation moins naïve. L'analyse qualitative ainsi que la représentation graphique du PIB et des ventes de l'industrie mettent au jour le lien qui existe entre ces variables. Nous procédons alors à la prévision des ventes de l'industrie. Nous ne cherchons pas immédiatement à établir un lien entre les ventes de UAP et les variables macroéconomiques. La raison en est que ce lien est moins évident que celui avec les ventes du secteur. Les ventes de la firme sont fonction d'éléments que le consultant ne connaît pas et qui peuvent être difficiles à introduire dans une équation. Le gestionnaire est par contre bien placé pour les évaluer. Il semble donc qu'il y ait un gain d'information à procéder en deux étapes : une estimation statistique établissant un lien entre les conditions macroéconomiques et les ventes du secteur et, par la suite, un effort de réflexion et de prévision portant sur la part de marché de l'entreprise.

L'analyse qualitative nous porte à conclure que les ventes de pièces au Canada devraient être essentiellement fonction de l'activité économique (PIB). De plus, l'activité économique plus ou moins intense des trimestres précédents devrait avoir des répercussions sur les ventes actuelles. Les coefficients de corrélation semblent le confirmer :

Corrélation des ventes canadiennes de pièces avec

PIB_t :   0,853

PIB_{t-1} : 0,787

PIB_{t-2} : 0,699

PIB_{t-3} : 0,811

De plus, en examinant l'évolution des ventes, il apparaît clairement qu'un facteur saisonnier les affecte : on constate en effet qu'elles sont systématiquement plus faibles au premier trimestre et dans une moindre mesure, au troisième trimestre. Afin de tenir compte de ce facteur saisonnier, nous introduisons dans notre spécification une variable binaire pour les premier et troisième trimestres.

Notre spécification devient alors :

$VMAGPIEC_t = a_0 + b_0 PIB_t + b_1 PIB_{t-1} + b_2 PIB_{t-2} + b_3 PIB_{t-3} + a_1 Q_1 + a_2 Q_3 + e_t$

où Q_1 et Q_3 sont des variables binaires (0 ou 1) qui prennent la valeur 1 pour les premier et troisième trimestres respectivement.

L'estimation de cette spécification est la suivante :

$$VMAGPIEC_t = 4300 + 3{,}74 PIB_t + 6{,}09 PIB_{t-1} - 12{,}30 PIB_{t-2} +$$
$$(1{,}42) \quad (2{,}78) \quad (-3{,}93)$$

$$9{,}37 PIB_{t-3} - 95632 Q_1 - 105188 Q_3$$
$$(4{,}24) \quad (3{,}79) \quad (-4{,}50)$$

$R^2 = 98\%$

Afin d'obtenir une prévision des ventes pour le magasin, il faut maintenant passer à la prévision de la part du marché au moyen des différentes techniques de prévision présentées. Nous pourrions, par exemple, nous référer à la part du marché de la période précédente, à une moyenne des parts de marché observées, à une droite de tendance des parts de marché... Notons que le rôle du gestionnaire est toutefois maintenant plus important. En effet, lui seul possède des informations sur son entreprise et ses concurrents, informations qui permettent d'ajuster la part de marché obtenue par les différentes techniques.

6.4. POINTS IMPORTANTS ET IMPLICATIONS

La prévision se distingue de l'analyse, en cela que le rôle précis de chacun de ses déterminants est moins important, ce qui impose moins de contraintes lors de la spécification de l'équation (voir le chapitre 1 sur l'utilisation de modèles); la spécification utilisée dépendra du problème à l'étude.

La prévision de la demande n'est pas une tâche exacte et ponctuelle s'appuyant sur une technique particulière. Au contraire, elle s'appuie sur une variété de techniques, allant des plus simples aux plus complexes[7]. La

---

7. Notre présentation ne donne, en effet, qu'un bref aperçu des techniques de prévision.

qualité des résultats dépend généralement de la constance des efforts et de la participation du gestionnaire qui apporte des informations que les techniques seules ne peuvent prendre en compte.

TERMES IMPORTANTS

Analyse et prévision
Tendance
Cycles
Effets saisonniers
Indicateurs

BIBLIOGRAPHIE

MAKRIDAKIS, S., S. WHEELWRIGHT et V. McGEE, *Forecasting : Methods and Applications*, New York, Wiley, 1984, chapitres 1, 3, 4 et 5.

QUESTIONS ET EXERCICES

6.1   Le cycle conjoncturel (cycle économique) présente des difficultés de prévision parce que chaque cycle est différent des précédents. Trouvez trois (3) indices précurseurs. Expliquez pourquoi ils sont précurseurs et en quoi ils sont utiles pour prévoir le cycle conjoncturel.

6.2   Voici les résultats partiels de la décomposition d'une série chronologique selon la méthode classique, où

$Y = T \times C \times S \times R$, et où

T = tendance (ou tendance séculaire)
C = effet cyclique
S = effet saisonnier
R = effet aléatoire (ou erratique)

Quelles informations cette décomposition fournit-elle pour fins de prévision ?

Calculez les valeurs de A, B et D.

t	Y	$\hat{T}$	$(T \times C)$	$\hat{C}$	$(S \times R)$
1	55,5	50			
2	60,2	53			
3	62,3	56	A	B	D
4	65,0	59			
5	68,5	62			
6	70,0	65			
7	75,5	68			

6.3   L'estimation de la demande et la prévision de la demande diffè-
       rent sur plusieurs points. Pour chacun des aspects suivants, dites
       en quoi consistent les différences entre l'estimation et la prévi-
       sion de la demande :

       – l'objectif de l'estimation de la demande versus celui de la pré-
         vision de la demande;

       – l'importance de la théorie au niveau du modèle;

       – la façon d'interpréter les résultats;

       – l'amélioration de la spécification de l'équation.

6.4   Définissez ce qu'est une droite de tendance et précisez comment
       elle est utilisée dans la méthode classique de décomposition d'une
       série chronologique.

6.5   Une décomposition de la série chronologique des niveaux de
       vente d'un importateur de café a révélé que les effets cycliques et
       saisonniers y sont peu présents. À partir des données ci-dessous,
       on vous demande de faire une prévision des ventes en 1989-II.
       Justifiez votre approche.

1986-1	827
-2	832
-3	854
-4	880
1987-1	891
-2	891
-3	910
-4	929
1988-1	934
-2	927
-3	937
-4	952
1989-1	980

CHAPITRE
7

Coûts et prise de décision

Dans ce chapitre, nous traitons des coûts, dans une optique différente toutefois de celle du chapitre 3, où nous cherchions les fondements de l'offre du marché. Nous voulons maintenant voir l'éclairage qu'apporte la microéconomie sur les coûts d'une entreprise en particulier. À ce titre, nous présentons les différentes facettes de l'analyse économique des coûts. En premier lieu, nous reprendrons les fonctions de coûts du chapitre 3 afin de les rendre plus pertinentes au choix des quantités à produire, de la taille des installations et du nombre de produits d'une entreprise en particulier. Nous passons ensuite à la notion de coûts d'opportunité et à sa contribution à la prise de décision. En dernier lieu, nous abordons les coûts sous un autre angle que celui de la production. Dans un monde d'information imparfaite, les transactions de l'entreprise impliquent des coûts non négligeables. Nous consacrons quelques pages à « l'analyse transactionnelle ».

Ce chapitre est un des plus importants du livre. À ce titre, nous aurions souhaité pouvoir lui assurer une présentation intégrée où un fil conducteur clairement articulé aurait pu être retracé. Les sujets à l'étude ne permettent pas cette intégration, bien qu'ils aient en commun une pertinence pour le gestionnaire.

7.1. LA FONCTION DE COÛTS À COURT TERME

L'appareil développé aux chapitres 3 et 4 devrait contribuer à résoudre un problème qui revient continuellement dans une entreprise, celui de la quantité à produire. Toutefois, la forme de la fonction de coûts développée résulte de l'hypothèse des rendements marginaux décroissants selon laquelle toute augmentation de la production entraîne des coûts marginaux croissants. Cette conclusion surprend, à juste titre, plusieurs praticiens qui sont alors portés à mettre de côté, à tort, tout l'appareil, plutôt que de l'adapter à leurs besoins spécifiques.

Nous examinons ici quelques facteurs qui modifient la fonction de coûts, au point qu'elle révèle des coûts marginaux constants ou décroissants, et qui la rendent plus pertinente à la décision concernant les quantités à produire dans une firme en particulier.

7.1.1. La fonction de coûts à court terme : le rôle implicite du temps

Reportons-nous à nouveau à la fonction de coût marginal et précisons la variable repérée sur l'axe horizontal. Il s'agit bien entendu de quantités. Par contre, et ceci était implicite dans les chapitres précédents, il s'agit de quantités **par unité de temps**[1]. Selon la loi des rendements marginaux décroissants, si nous voulons augmenter la production en ajoutant des unités de facteurs variables à un facteur fixe, au cours d'une période de temps, les coûts marginaux de production vont augmenter, à partir d'un certain point. Par contre, les coûts marginaux n'augmentent pas de la même façon lorsque le temps n'est plus une contrainte à l'activité de production. L'augmentation des coûts unitaires vient de la rareté du capital : à un moment donné, la combinaison de facteurs variables en nombre croissant à un facteur fixe engendre une réduction dans la productivité du facteur variable. Supposons que l'unité de temps au graphique 7.1 soit une semaine. Imaginons maintenant une production courante de 200 unités et une nouvelle commande de 400 unités à livrer dans un mois. La firme peut

---

1. Ce point est expliqué dans H.R. VARIAN, « *Intermediate Microeconomics* », 2ᵉ édition, New York, Norton, 1990, chapitre 20.

augmenter sa production de 200 à 600 unités pendant la première semaine, et augmenter sensiblement son coût marginal de production, ou encore augmenter de 100 unités par semaine, pendant 4 semaines. Dans ce dernier cas, le coût marginal de production n'augmente que faiblement car l'entreprise réussit à éviter en partie les rendements marginaux décroissants.

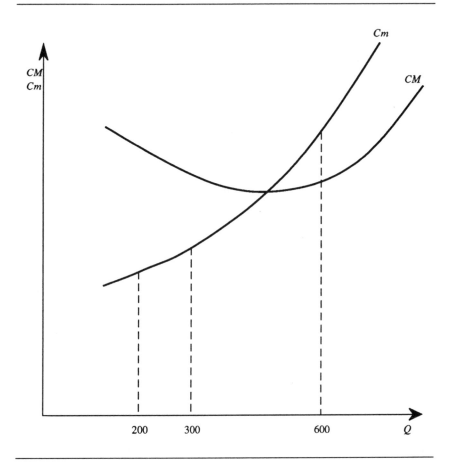

Graphique 7.1 – *Répartition de la production dans le temps*

Cette présentation de la fonction de coût montre que les coûts sont non seulement déterminés par la technologie et les prix des facteurs, mais aussi par le laps de temps à la disposition de l'entreprise pour produire une quantité donnée, c'est-à-dire la rapidité d'exécution des commandes.

7.1.2.   Excédent de capacité de production

La fonction de production vue au chapitre 3 révèle des rendements marginaux croissants, puis décroissants. Les rendements marginaux croissants
s'expliquent par la nécessité d'avoir un certain nombre d'unités de facteurs variables pour utiliser le facteur fixe. On peut penser à l'opération
de machines nécessitant plus d'une unité de main-d'œuvre. Les rendements décroissants sont entraînés par la rareté : les facteurs variables affichent une productivité décroissante parce que l'accès aux facteurs fixes
est plus restreint.

Considérons la nature des rendements si l'entreprise possède un
excédent de capacité de production ou, en d'autres termes, une sous-
utilisation du facteur fixe. Lorsqu'il y a sous-utilisation du facteur fixe,
les facteurs variables ne se heurtent pas à un accès plus difficile. De telles
situations se rencontrent lorsque la capacité de production (maximale) est
liée au volume ou à la surface de l'équipement fixe, par exemple, lorsque
la production requiert des broyeurs, des chaudières ou des cuves.

Lorsqu'il y a sous-utilisation de ces facteurs, la productivité marginale des facteurs variables demeure constante, ce qui implique des coûts
marginaux constants. Considérons à titre d'exemple un procédé de fabrication d'aliments, caractérisé par l'utilisation d'une chaudière où les matières premières sont chauffées et transformées. La chaudière demande un
seul opérateur. S'il y a sous-utilisation de la chaudière, nous pouvons
augmenter la production simplement en faisant appel à une plus grande
quantité de matières premières et à plus d'énergie; les rendements marginaux des facteurs matières premières et énergie sont constants.

Les excédents de capacité, ou sous-utilisation d'un facteur fixe, sont
fortement présents sur les marchés. Il est alors vraisemblable que les coûts
moyens variables et les coûts marginaux soient constants sur un large
intervalle de production (voir le graphique 7.2 ci-contre). Nous retrouvons au chapitre 8 un exemple de fonction de coûts avec un excédent de
capacité de production (section 8.2.).

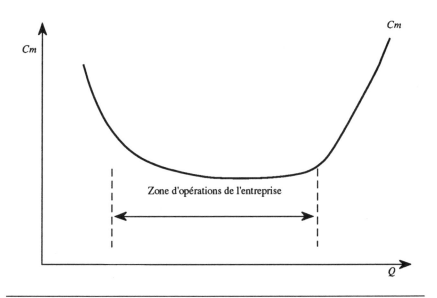

Graphique 7.2 – Coût marginal et excédent de capacité de production

7.1.3.   L'apprentissage

La prise en considération du temps ajoute une autre perspective à l'évolution des coûts de production, soit celle de l'apprentissage. La fonction de production présentée au chapitre 3 considère implicitement que l'information est parfaite et que tous les facteurs de production sont utilisés de façon efficace. Cette hypothèse est forte. Il existe cependant plusieurs situations où le phénomène d'apprentissage intervient et fait diminuer le coût moyen (graphique 7.3). Au fur et à mesure que les travailleurs prennent de l'expérience, ils deviennent plus habiles à effectuer leurs tâches; le coût moyen de la production cumulée est donc décroissant. Ainsi, à un moment donné dans le temps, pour un niveau de production donné par période de temps, les coûts moyens et marginaux de production sont fonction du volume de production cumulé des périodes passées. L'effet sur les courbes de coûts marginaux et moyens est illustré au graphique 7.4. Les coûts de production à la période t_0 sont indiqués par les courbes Cm_0 et CM_0. Les coûts de production pour la période t_1, période à laquelle les travailleurs ont une plus grande expérience, sont indiqués par les courbes Cm_1 et CM_1. Pour un même niveau de production par période de temps, par exemple $\overline{Q}$, les coûts sont inférieurs en t_1.

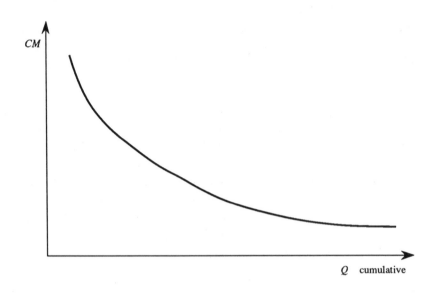

Graphique 7.3 – *L'apprentissage*

À mesure que le temps passe, l'entreprise fait face à des fonctions de coûts de plus en plus faibles. La façon conventionnelle de mesurer l'apprentissage est d'indiquer le taux de réduction de l'utilisation de main-d'œuvre associé à une augmentation des quantités produites de 100 %. Ainsi, dans le secteur de la fabrication, on invoque un facteur d'apprentissage de 0,8 : à chaque fois que les quantités produites doublent, les coûts de main-d'œuvre unitaires sont égaux à 80 % de ce qu'ils étaient au départ. L'effet est important lorsque le produit ou le procédé est nouveau pour l'entreprise et devient marginal lorsqu'il s'agit d'une production courante[2]. L'apprentissage déborde l'activité de production strictement définie et s'applique à l'ensemble des fonctions de l'entreprise. Les coûts liés à la distribution, à la mise en marché, au service après vente ainsi que les frais généraux sont tous sujets à diminuer avec le temps.

2. K.J. Arrow, «The Economic Implications of Learning by Doing», *Review of Economic Studies*, juin 1962, pp. 154-174.

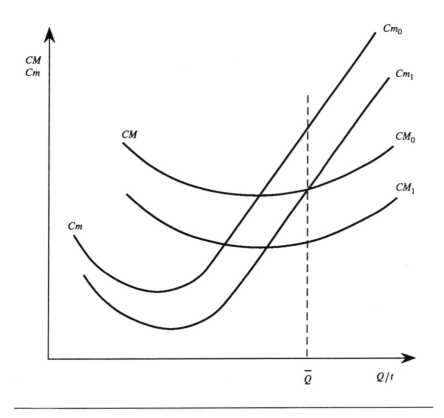

Graphique 7.4 – *Apprentissage, rendements croissants et constants*
et forme des fonctions de coûts

7.1.4.   L'analyse du point mort

Dans une situation d'information imparfaite, l'entreprise ne connaît pas précisément sa fonction de demande. Elle cherche alors à déterminer la quantité minimale à produire et à vendre pour couvrir ses coûts. Afin d'évaluer l'opportunité de produire et de vendre, elle cherche à connaître la quantité qui lui permet d'éviter des pertes : elle cherche à situer son point mort. Toutes choses étant égales par ailleurs, plus le point mort est élevé, plus l'entreprise hésite à se lancer dans les opérations de production.

Supposons une fonction de revenu total de la forme

$$RT = P \times Q$$

et une fonction de coût total représentée par

$$CT = CF + CMV \times Q.$$

Le point mort est atteint lorsque $RT = CT$, c'est-à-dire lorsque

$$RT - CT = 0$$

$$P \times Q - (CF + CMV \times Q) = 0$$

$$CF = (P - CMV)Q$$

$$Q_{PM} = CF/(P - CMV).$$

Q_{PM} est le point mort, c'est-à-dire la quantité minimale qui permet de couvrir les coûts. La situation est reproduite au graphique 7.5, en termes de coûts moyens et de coûts totaux.

L'analyse du point mort peut aussi contribuer au choix d'équipements, dans une perspective de long terme. La situation est représentée au graphique 7.6, où nous avons

Q_1 = point mort, procédé 1.

Q_2 = point mort, procédé 2.

Q_3 = quantité à partir de laquelle le procédé 2 engendre des profits plus élevés.

Une entreprise peut préférer, dans un monde d'information imparfaite, un processus de production qui entraîne des coûts fixes plus faibles et de là un point mort plus faible (Q_1), à un processus impliquant des coûts fixes plus élevés, de même qu'un point mort plus élevé (Q_2), bien que, à partir d'un certain volume de production (Q_3), ce dernier engendre des profits plus élevés.

Il faut remarquer que le point mort résulte d'un simple calcul, à partir d'un prix donné par le marché ou présumé par l'entreprise. Il ne s'agit pas d'une analyse de la demande qui assure que cette quantité sera vendue. À ce titre, il n'est qu'un des éléments à considérer dans une prise de décision.

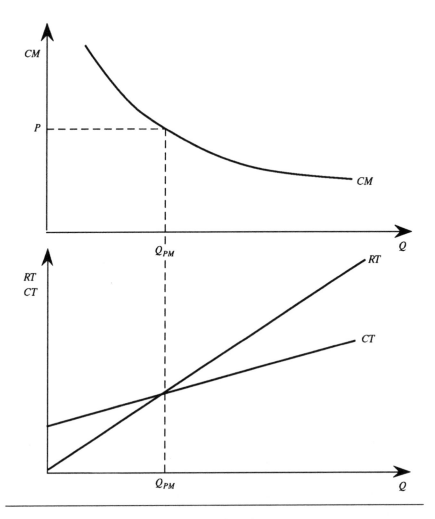

Graphique 7.5 – Le point mort

7.2.   LA FONCTION DE COÛTS À LONG TERME

L'appareil développé aux chapitres 3 et 4 pose d'importantes restrictions
en ce qui concerne la forme des coûts à long terme et le nombre de produits considérés. Nous modifions quelque peu le cadre d'analyse pour
jeter un éclairage sur le choix de la taille d'opération ainsi que le nombre
de produits offerts par une entreprise.

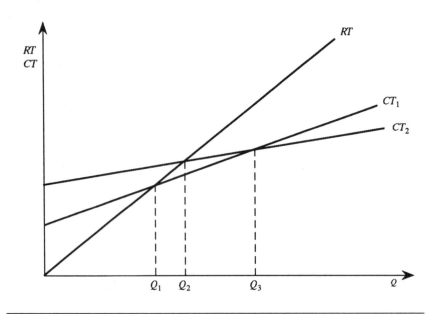

Graphique 7.6 – *Processus de production et point mort*

7.2.1.   La forme de la courbe de coût moyen à long terme et la taille minimale d'efficacité

Notre construction du chapitre 3 montre au graphique 3.5, une courbe de coût moyen à long terme en forme de U, pour laquelle il est possible de distinguer des zones d'économies et de déséconomies d'échelle ainsi qu'un point minimum. En pratique, la forme de la fonction de coût moyen à long terme est plutôt celle qui est illustrée au graphique 7.7[3]. Nous observons une zone d'économie d'échelle et ensuite une zone où la taille des installations ne modifie pas les coûts moyens de production. Par contre, nous n'observons pas de zone de déséconomies d'échelle[4]. Il n'y a donc pas une taille d'installation en particulier qui minimise les coûts. Plusieurs tailles coexistent sur les marchés. Il existe toutefois une taille

---

3.   J. JOHNSTON, *Statistical Cost Analysis*, New York, McGraw-Hill, 1960. L. WEIRS, « Optimal Plant Size and the Extent of Suboptimal Capacity », *in Essays on Industrial Organization in Honor of Joe S. Bain*, Cambridge, Mass., Masson et Qualls, Ballager, 1976.

4.   Ce qui n'est pas surprenant, les entreprises cherchant à éviter cette zone.

minimale sous laquelle une entreprise ne peut être concurrentielle en termes de coûts : il s'agit de la taille minimale d'efficacité *(TME)*.

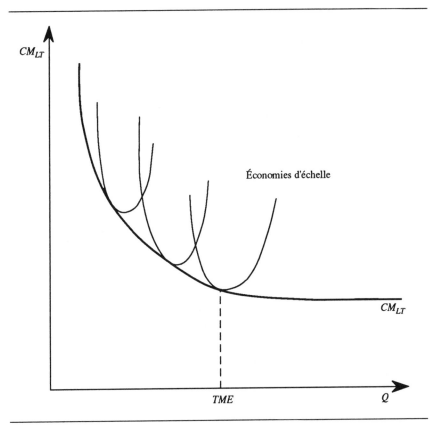

Graphique 7.7 – Économies d'échelle et taille minimale d'efficacité

Les implications sont les suivantes :

- En présence d'économies d'échelle, la taille devient une variable concurrentielle de première importance.

- L'entreprise ne doit pas nécessairement être de la même taille que les autres sur le marché afin d'être concurrentielle.

- Elle doit toutefois au moins atteindre la taille minimale d'efficacité.

- Elle doit s'assurer de pouvoir distribuer et vendre le volume de production correspondant à la *TME* sous peine de voir les coûts fixes plus élevés devenir un fardeau, comme le laisse voir notre discussion du point mort, à la section 7.1.4.[5].

7.2.2.   Les économies d'échelle et les effets de volume

Il importe de savoir distinguer deux phénomènes semblables dans leur manifestation, soit une réduction du coût moyen de production, mais différents par leur nature et leurs implications pour la firme : les économies d'échelle et les effets de volume. Les économies d'échelle sont un phénomène de long terme : il y a ici variation simultanée de la taille des unités de production et du volume à produire, c'est-à-dire de l'échelle de production, d'où le terme économies d'**échelle.** L'effet de volume est un phénomène de court terme : il s'agit d'une situation où une augmentation du volume de production entraîne une réduction des coûts moyens de production, sans que la quantité du facteur fixe ne varie, c'est-à-dire sans que l'échelle de production ne change. Nous avons une zone de production où les rendements décroissants ne s'appliquent pas, pour les raisons énoncées en 7.1., mais où nous observons plutôt des rendements marginaux croissants ou constants. Le coût moyen variable sur cet intervalle est constant; le coût moyen y est décroissant, puisque les frais fixes sont répartis sur un plus grand nombre d'unités. Quand il existe un effet de volume, il peut être rentable d'envisager une hausse du volume de production, même à un prix de vente légèrement réduit. Il n'est pas question ici de la taille optimale des installations de production.

7.2.3.   Les coûts de transport

Les sections précédentes font état du rôle de la technologie de production dans le choix de la taille des installations. D'autres éléments interviennent toutefois, comme les coûts de transport.

Les coûts de transport sont fonction des distances à parcourir pour un volume de production donné. Généralement, plus une entreprise produit, plus elle doit livrer sur de longues distances, dans des régions moins

---

5.   Les problèmes de distribution seront examinés de plus près au chapitre 11 qui porte sur les barrières à la mobilité.

densément peuplées. Nous avons alors un coût moyen de transport croissant, ce qui peut influer sur la taille des installations pour laquelle une
entreprise optera. La situation est représentée au graphique 7.8; nous y
représentons les coûts moyens de transport, les coûts moyens de production, ainsi que leur somme. La taille qui minimise le strict coût moyen de
production est Q_2, alors que la taille qui minimise la somme des coûts de
transport et de production est Q_1. Lorsque les coûts de transport sont
élevés, il vaut mieux alors avoir plusieurs usines de plus petite taille
qu'une très grande, même si les coûts de production au sens strict y sont
plus faibles[6].

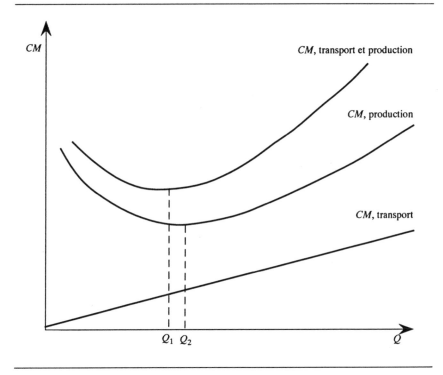

Graphique 7.8 – *Taille optimale et coûts de transport*

---

6.   Les coûts de transport sont un des éléments considérés au chapitre 9 portant sur la
     définition du marché.

7.3.   LES ÉCONOMIES DE PORTÉE

Nous avons jusqu'à maintenant examiné les coûts dans le contexte de la production d'un seul bien. Toutefois, il est plus fréquent de trouver des entreprises qui fabriquent plus d'un bien. Les coûts sont une des raisons possibles de ce choix[7]. Il peut exister des « économies de portée » qui incitent les entreprises à se diversifier. Formellement, il y a économie de portée lorsque

$$CT\,(Q_1,Q_2) < CT(Q_1,0) + CT(0,Q_2)$$

où $CT(Q_1, Q_2)$ reflète les coûts liés à une production conjointe, $CT(Q_1, 0)$ reflète le coût de produire Q_1 seulement, et $CT(0, Q_2)$ le coût de produire Q_2 seulement, pour un niveau donné de Q_1 et Q_2[8].

Ces économies de portée s'expliquent par la mise en commun de certains actifs fixes, de matières premières et de produits semi-finis ainsi que le recours à des processus de transformation semblables. Ainsi, l'industrie pétrolière fabrique plusieurs produits à partir d'une même matière première; l'industrie des bateaux de plaisance fabrique des embarcations de plusieurs dimensions à partir d'un même procédé; les magasins à rayons et les supermarchés offrent plusieurs produits à partir des mêmes locaux et d'un même système d'inventaire.

Notons que lorsqu'une entreprise fabrique plusieurs produits et qu'il y a mise en commun d'actifs et de matières premières, il devient impossible de définir une fonction de coût moyen pour les différents produits, puisque l'imputation des coûts communs ne peut être qu'arbitraire. Il est toutefois possible de définir une fonction de coût marginal, puisque nous pouvons varier le niveau de production d'un des produits tout en maintenant celui des autres constant.

---

7.   On peut consulter Roger CLARKE, « Conglomerats firms », dans *The Economics of the Firm*, de CLARKE et McGUINESS, chez Basil Blackwell, Oxford, 1987; on y traite des motifs qui poussent à la diversification.

8.   E.E. BAILEY et A.F. FRIEDLANDER, « Market Structure and Multi-product Industries », *Journal of Economic Literature*, september 1982, n° 20, pp. 1024-1048.

7.4. COÛTS ÉCONOMIQUES ET PRISE DE DÉCISION

Nous étendons maintenant la portée de l'analyse économique : nous allons au-delà des décisions touchant les quantités à produire pour rejoindre le domaine des choix en général. L'analyse économique est essentiellement une étude des choix des agents économiques en situation de rareté, caractérisée par l'analyse rigoureuse de chaque possibilité afin de déterminer la meilleure option. Le concept de coûts économiques est défini en conséquence et s'avère pertinent pour les gestionnaires dont une partie de la tâche consiste à décider, c'est-à-dire à faire des choix.

Nous définissons d'abord le coût économique et mettons en relief ce qui le distingue des coûts comptables. Nous passerons ensuite à quelques applications.

7.4.1. Définition des coûts économiques

7.4.1.1. Coûts économiques et coûts comptables

L'objet de la science économique est l'allocation des ressources rares. Puisqu'il y a rareté, toute utilisation de ressources à une fin donnée nous oblige à sacrifier le résultat de leur emploi à une autre fin. Le coût relié à l'utilisation de ressources à une fin correspond au sacrifice de leur utilisation ailleurs. Le coût économique est un coût d'opportunité. Il y a un coût économique lorsqu'il existe une autre option quant à l'utilisation d'une ressource. S'il n'y en a pas, il ne coûte rien d'utiliser cette ressource, puisque nous ne sacrifions rien. S'il y a un choix d'options, il y a un coût économique.

Cette définition des coûts est tout à fait appropriée au contexte de prise de décision d'un gestionnaire. En effet, la décision implique un choix, que cela soit implicite ou explicite. Pour effectuer ce choix, le gestionnaire évalue les bénéfices et les coûts associés à l'utilisation de ressources dans les différentes options à considérer. L'option qui entraîne le bénéfice net le plus élevé est choisie. Implicitement, le gestionnaire adopte donc la conception économique des coûts.

Toutefois, encore faut-il que les éléments considérés correspondent à l'utilisation de ressources impliquées par les différentes options. Le gestionnaire doit prendre soin d'isoler les coûts pertinents à une décision de ceux qui ne le sont pas, les coûts pertinents étant ceux qui sont associés à une ressource qui peut être utilisée ailleurs.

Déterminer les coûts pertinents peut être délicat, parce que le système d'information de l'entreprise, souvent axé sur les besoins des états financiers comptables, n'inclut pas toutes les informations pertinentes et contient, de plus, certains éléments non pertinents.

Les objectifs de la comptabilité sont différents de ceux de l'économie, ce qui entraîne des définitions de coûts différentes. Le modèle comptable menant aux états financiers a deux objectifs. Il cherche en premier lieu à assurer une diffusion véridique de la situation de la firme à tous les partis intéressés par sa performance, soit les actionnaires, les prêteurs et les gouvernements. En second lieu, il vise à permettre aux gestionnaires de contrôler les diverses activités de la firme. Puisque les partis intéressés à la santé financière de la firme ont des intérêts qui peuvent diverger, l'information qui leur est transmise doit être **objective** et **complète**, c'est-à-dire incontestable. Par ailleurs, le contrôle porte sur les activités passées. Les coûts du modèle comptable sont des coûts réalisés, inscrits sur la base du « coût historique » (ou encore « coût d'origine »).

Cette définition des coûts exclut donc explicitement une considération des autres possibilités d'utilisation puisqu'on n'y a pas eu recours. Elle peut aussi faire référence à des ressources qui n'ont pas d'utilisation autre que celle à laquelle elles sont affectées.

Puisque les définitions de coûts comptables et de coûts économiques sont différentes, il en est de même pour les définitions de profit. Le profit comptable est comptabilisé à partir des coûts comptables, alors que le profit économique l'est à partir des coûts économiques. Il s'ensuit qu'un profit économique nul qui tient compte des possibilités d'utilisation des ressources ne correspond pas généralement à un profit comptable nul. Il importe d'utiliser la notion de profit appropriée aux besoins. La question des profits économiques et des profits comptables correspondants est reprise dans les différentes applications qui suivent.

7.4.1.2. Coûts pertinents : coûts d'opportunité

Examinons maintenant différents termes utilisés pour qualifier les coûts et voyons dans quelle mesure ils sont pertinents dans le contexte d'une décision, c'est-à-dire à quel point ils reflètent la valeur d'une utilisation autre pour les différentes ressources auxquelles la firme fait appel.

Coûts fixes. Nous entendons par coûts fixes des coûts dont le montant ne varie pas lorsqu'une activité est entreprise ou se poursuit. Ainsi, au chapitre 4, le coût du capital immobilisé est considéré comme fixe, à court terme, relativement à l'activité de production. Les coûts fixes ont comme caractéristique de devoir être supportés, quel que soit le niveau de production. Il n'y a pas moyen, à court terme, d'utiliser la ressource capital physique à d'autres fins. À ce titre, son coût d'opportunité est nul; les coûts fixes sont donc non pertinents. Notons bien que ce que nous considérons ici est le coût associé au capital déjà immobilisé au moment où nous avons une décision à prendre. Si le projet nécessite de nouvelles immobilisations, ces montants représentent des coûts pertinents : en effet, les ressources financières consacrées à l'acquisition de cet équipement pourraient être utilisées à d'autres fins, au moment où la décision est prise. Le coût d'opportunité n'est pas nul; il s'agit alors d'un coût pertinent.

Coûts variables. Au chapitre 3, nous les avons définis comme les coûts variant en fonction de la production. Si leur montant varie, c'est que les ressources associées peuvent être dégagées de l'activité et utilisées ailleurs. Le coût d'opportunité n'est pas nul. Il s'agit alors d'un coût pertinent.

Coût marginal. Les coûts marginaux sont par définition variables et ils sont donc pertinents.

Coût incrémental. Il s'agit ici d'une extension de la notion de coût marginal. Nous passons de marginal à incrémental quand les variations sont discrètes plutôt que continues. Ainsi, nous considérons le coût incrémental lié à une nouvelle activité, mais le coût marginal d'une augmentation de la production. Il s'agit de coûts pertinents, puisqu'ils sont variables, c'est-à-dire associés à des ressources qui pourraient être utilisées ailleurs.

Coûts passés. Il s'agit ici de coûts encourus dans une période passée. Il n'est pas possible de réaffecter les ressources à une autre activité. Les ressources utilisées ont un coût d'opportunité nul, donc leurs coûts sont non pertinents.

Frais généraux. Nous entendons par frais généraux des coûts difficilement imputables à une activité ou à des quantités précises. Il s'agit, par exemple, des frais de secrétariat ou encore des salaires de la haute direction. Ces frais peuvent être variables ou fixes, relativement à une activité en particulier. Dans la mesure où ils varient, ils correspondent à des ressources qui peuvent être réaffectées ailleurs et sont alors pertinents. Par contre, s'ils sont fixes relativement à l'activité à l'étude, ils sont non pertinents.

Dépenses d'amortissement. Il s'agit ici de dépenses auxquelles ne correspond aucun déboursé. Ces dépenses servent à refléter dans le compte rendu des activités de la firme le fait que le capital physique utilisé s'use. Dans le cas où l'activité à l'étude augmente le taux d'usure d'équipements pouvant servir à d'autres fins, l'amortissement est un coût pertinent à considérer. En effet, sans l'activité en question, la vie utile du capital serait plus longue. Il y a donc un coût d'opportunité positif. Il faut prendre garde toutefois de ne considérer que l'usure spécifiquement associée à l'activité à l'étude.

7.4.2. Applications

7.4.2.1. *Fermeture ou poursuite des activités*

Considérons une entreprise qui subit des pertes, en termes comptables. Le prix du marché est inférieur au coût moyen de production. Il faut alors évaluer l'opportunité de poursuivre les activités. Pour notre propos, nous écartons toute possibilité d'une hausse de la demande dans un proche avenir, ce qui occasionnerait une augmentation de prix et possiblement une rentabilité des activités.

La firme doit cesser ses activités si elle subit moins de pertes en arrêtant sa production. S'il n'y a pas de coûts fixes, cela vaudrait mieux pour la firme de cesser ses activités. Par contre, s'il y a des coûts fixes, il faut comparer les pertes associées à la fermeture et celles qu'entraînerait la poursuite des activités. Dans le cas d'une fermeture, nous avons une perte égale aux coûts fixes, alors que dans le cas d'une poursuite des activités nous avons $CF + CV - RT$.

Si $CF + CV - RT > CF$, c'est-à-dire si $CV > RT$, ou encore $CMV > RM$, il convient de cesser les activités. En effet, dans ce cas, la firme n'arrive même pas à couvrir ses frais variables. Si $CV < RT$, la firme a avantage à maintenir ses activités. En effet, dans ce cas, elle couvre ses frais variables et dégage une marge qui sert à absorber une partie des frais fixes (voir le graphique 7.9). Si le prix du marché est à P_1, situé entre le CM et le CMV, la firme peut couvrir une partie de ses coûts fixes en maintenant ses opérations. Si le prix est supérieur à P_2, poursuivre les activités est rentable. Nous appelons ce prix, dans un contexte de marché de concurrence pure et parfaite, le seuil de rentabilité. Si le prix est infé-rieur à P_3, la firme a avantage à fermer ses portes et nous appelons alors ce prix le seuil de fermeture. Dans un contexte de court terme et dans le cas où une décision concernant la fermeture ou la poursuite des activités doit être prise, seuls les coûts variables sont pertinents, puisque les coûts fixes correspondent à des ressources qui ne peuvent être utilisées ailleurs.

Il faut toutefois distinguer le seuil de rentabilité du point mort, vu à la section précédente. Le point mort exprime la quantité à partir de la-quelle une entreprise fait des profits, pour un prix donné et des ventes présumées. Il y a autant de points morts qu'il y a de prix considérés. Le seuil de rentabilité est un prix unique : il s'agit du prix de vente à partir duquel une entreprise peut espérer faire un profit, et cela est impossible en deçà de ce prix. Il n'y a, par ailleurs, qu'un seul seuil de rentabilité.

7.4.2.2. *Achat ou location*

Considérons une situation où un ménage doit faire le choix entre habiter à loyer ou acheter. Dans les deux cas la qualité du logement est la même. Il n'y a pas à anticiper un gain de capital sur le logement acquis et les considérations fiscales sont non pertinentes. Le ménage possède une somme de 50 000 $ comme mise de comptant, et le montant du loyer à payer est de 1 500 $ par mois. Le prix de vente du logement s'élève à

200 000 $. Le taux d'intérêt hypothécaire est de 12 %. Le déboursé en fin de mois est de (150 000 $ × 12 %/12), c'est-à-dire 1 500 $. Sur le plan des déboursés, il apparaît alors équivalent de louer ou d'acheter. Examinons de plus près l'autre élément de l'alternative, soit l'achat. Il nécessite le paiement comptant de 50 000 $, capital pouvant être placé si le ménage opte pour la location. Il y a donc un coût d'opportunité rattaché à l'achat, qui est le rendement financier que pourrait procurer un placement de 50 000 $. Supposons que ce capital puisse être placé à 10 %. Il y a un sacrifice de revenus de 5 000 $. Le coût annuel pertinent relié à l'achat est alors de 18 000 $ + 5 000 $. Il coûte au ménage 5 000 $ de plus par année pour habiter dans un logement qui lui appartient.

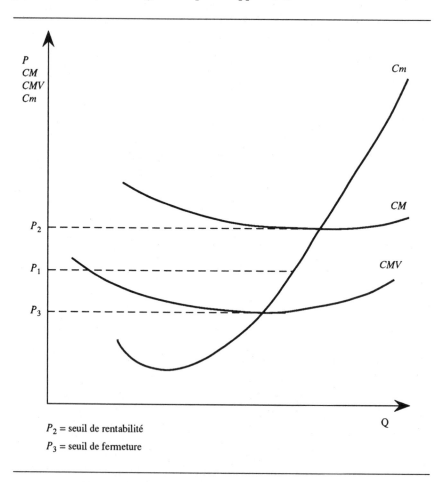

P_2 = seuil de rentabilité

P_3 = seuil de fermeture

Graphique 7.9 – Poursuite ou cessation des activités

7.4.2.3. *Entrée dans un secteur*

Prenons, par exemple, un individu qui songe à changer d'activité. Actuellement, il travaille comme vendeur pour une entreprise et a un revenu de 60 000 $ par année.

Il réfléchit à l'ouverture d'un petit commerce d'épicerie dans un endroit de villégiature. Les perspectives de gains sont les suivantes : les revenus prévus s'élèvent à 200 000 $, alors que les frais d'exploitation montent à 120 000 $, permettant de réaliser un profit comptable de 80 000 $. Le profit économique est toutefois différent. Il tient compte des autres utilisations possibles des ressources impliquées dans le projet : le capital humain et le capital financier. Le capital humain peut rapporter 60 000 $ par année, si l'option du commerce d'épicerie n'est pas retenue. De plus, l'achat du commerce exige une mise de capital de 200 000 $, qui autrement pourrait être placée à 10 %, d'où un coût d'opportunité de 80 000 $ par année. Le profit économique est donc nul, puisque notre individu réalise le même gain qu'il pourrait réaliser ailleurs.

Ces propos nous mènent à une meilleure compréhension du profit économique et des considérations touchant l'entrée dans un secteur donné dans un contexte où la mobilité est parfaite[9]. Dans la situation présentée ci-dessus, notre individu devrait être indifférent devant l'alternative de continuer sa carrière de vendeur ou d'acquérir un petit commerce. En effet, quel que soit son choix, son gain net est le même. Si le petit commerce avait pu lui rapporter 220 000 $ de revenus, le profit comptable aurait été de 100 000 $ et le profit économique de 20 000 $. Il ferait alors 20 000 $ de plus en choisissant de devenir « épicier ». Sous les hypothèses de rationalité et dans le cadre restreint de notre exemple, il devrait alors quitter son emploi et ouvrir le petit commerce. Lorsque le profit économique est positif, nous devrions observer une entrée dans le secteur, sous des conditions de mobilité et d'information parfaites. Le profit économique positif signifie que la situation y est plus intéressante qu'ailleurs et en contrepartie, un profit économique négatif signifie que la situation est moins intéressante qu'ailleurs, ce qui devrait entraîner une sortie. Un profit économique nul à son tour indique que la situation en termes de dollars réalisés est simplement la même qu'ailleurs[10].

---

9. L'entrée est traitée plus en profondeur au chapitre 11.

10. Nous pouvons nous référer à la situation de profit économique nul de l'équilibre à long terme de la concurrence pure et parfaite (chapitre 4) et de la concurrence monopolistique (chapitre 10).

À la notion de profit économique nul correspond la notion de profit normal : il s'agit simplement du montant de profit comptable qui fait qu'un individu donné trouve la situation dans un secteur aussi intéressante que l'autre choix devant lequel il était placé. Ce profit normal va varier d'un individu à l'autre. Certains individus qualifiés trouveront qu'il est « normal » de faire 125 000 $ par année, simplement parce que leurs talents sont tels que plusieurs possibilités permettant de réaliser un tel gain s'offrent à eux, alors que pour d'autres, moins qualifiés, le profit normal sera d'un ordre de grandeur inférieur.

7.4.2.4. Acceptation d'une nouvelle commande

Considérons le cas d'un bureau de services d'impôt, de quatre employés spécialisés, travaillant 5 jours par semaine, payés 25 $ de l'heure et rémunérés pour un minimum de 35 heures par semaine. Au-delà de 35 heures par semaine, le taux horaire est de 40 $. Le loyer du local s'élève à 1 000 $ par mois. Les frais généraux s'établissent à 2 $ par rapport d'impôt.

Actuellement, cette entreprise demande un prix de 35 $ par rapport d'impôt et la production s'élève à 480 rapports par mois (4 semaines). Il est possible de retarder la livraison de 4 semaines pour 80 de ces rapports; par contre, le prix baisse alors à 30 $ le rapport. Actuellement, chaque employé travaille effectivement 6 heures par jour.

On propose à la firme d'effectuer, ce mois-ci, un lot de 260 rapports d'impôts supplémentaires, pour un montant forfaitaire de 6 000 $.

Examinons si cette proposition est intéressante. À première vue, ce ne semble pas être le cas. En effet, chaque rapport demande une heure de travail de la part d'un employé (480 rapports produits par 4 employés pendant 4 semaines à raison de 6 heures par jour et 5 jours par semaine). Le taux de rémunération horaire est de 25 $ et la proposition accorde un prix à l'unité de 23 $. Si nous ajoutons les frais généraux de 2 $ par rapport, nous aurions donc une perte de 4 $ par rapport, et nous n'avons pas encore tenu compte de l'imputation du loyer de 1 000 $ ou de la nécessité de faire appel à des heures supplémentaires de travail.

Essayons maintenant de voir si ce raisonnement tient compte des éléments pertinents à la question posée. Le loyer de 1 000 $ par mois n'est absolument pas pertinent car il est tout à fait indépendant du nombre de rapports produits chaque mois. Il est possible que les frais généraux soient, dans une certaine mesure, pertinents; dans ce cas, il s'agira de frais qui vont varier si la proposition est acceptée. En l'absence d'informations nous permettant de dire s'ils sont variables, supposons qu'ils soient pertinents à la question posée.

Le raisonnement ci-dessus révèle que les frais de main-d'œuvre sont d'au moins 25 $ par rapport. Telle n'est pas la situation toutefois. Les employés sont actuellement rémunérés pour 7 heures de travail par jour, mais travaillent 6 heures. Chaque employé peut donc produire un rapport supplémentaire par jour, dans le cadre de sa rémunération de base, sans avoir à faire de temps supplémentaire; au total, pendant un mois, la firme peut produire 80 rapports de plus, sans avoir à augmenter les frais de main-d'œuvre. Elle peut aussi déplacer au mois prochain la production de 80 rapports, en subissant toutefois une perte de revenus de 5 $ par rapport. Il y a donc moyen de libérer ce mois-ci 80 heures, permettant de traiter 80 rapports de la nouvelle commande, à même la rémunération de base. Il reste alors 100 rapports à produire, pour lesquels la firme doit demander à ses employés de faire du temps supplémentaire; les frais de main-d'œuvre additionnels s'élèvent à (100 × 40 $), c'est-à-dire 4 000 $. Ajoutons 520 $ de frais généraux additionnels (360 $ ce mois-ci, 160 $ le mois prochain) ainsi qu'une perte de revenu de 400 $; les coûts associés à la nouvelle commande sont alors de 4 920 $.

La proposition est donc intéressante. Notons toutefois que nous avons supposé que nous pouvions déplacer la production de 80 rapports au mois suivant, sans demander pour autant aux employés de faire du temps supplémentaire. Si la firme devait avoir d'autres nouvelles commandes le mois prochain, notre calcul s'avérerait incorrect.

7.5. LES COÛTS DE TRANSACTION

7.5.1. Le concept et les hypothèses

Nous abordons maintenant un autre volet où nous nous penchons non pas sur l'activité de production d'une entreprise mais sur les nombreuses transactions que celle-ci doit réaliser. Ce volet n'était pas explicité jusqu'à maintenant, en raison de l'hypothèse de l'information parfaite que nous avons posée. Dans un monde d'information imparfaite toutefois, les transactions elles-mêmes entraînent des coûts : les parties concernées doivent chercher, produire et fournir des informations sur les prix et les caractéristiques des biens visés et subir les conséquences des mauvaises décisions.

La production et l'acquisition d'informations entraînent des coûts qui s'ajoutent aux coûts de production proprement dits. L'existence de coûts d'information fait que l'information est acquise et produite jusqu'au point où le revenu marginal de l'information est égal à son coût marginal. Il n'y a donc pas production et acquisition de toute l'information. Nous avons alors un monde où il existe un certain degré d'incertitude.

Les véritables implications de l'information imparfaite apparaissent lorsque nous modifions en plus nos hypothèses sur la nature des acheteurs et des producteurs. Jusqu'à maintenant, nous n'avons eu affaire qu'à des agents parfaitement rationnels : ils étaient capables de définir et de mettre à exécution des comportements permettant de répondre à leurs objectifs. À cette fin, ils repéraient et assimilaient toutes les informations pertinentes. L'hypothèse de l'être parfaitement rationnel est très forte. Examinons les conséquences d'une hypothèse quelque peu différente, soit celle de la rationalité limitée. Les agents économiques se veulent aussi rationnels que précédemment, sauf qu'ils n'ont pas la capacité de traiter toutes les informations pertinentes. Le degré d'incertitude présent relié au manque d'informations est donc amplifié par l'incapacité d'un acheteur ou d'un producteur de traiter toutes les informations, ou encore de repérer celles dont il a besoin. Posons de plus que les agents économiques deviennent des êtres opportunistes, c'est-à-dire prêts à profiter des situations d'asymétrie entre les agents en présence. Cette hypothèse a pour conséquence que, lors d'une transaction, un agent économique doit prévoir les comportements des autres agents économiques, advenant une situation imprévue. Il faut voir quels sont les intérêts et les comportements des autres agents lors, par exemple, d'une baisse conjoncturelle qui compromet la rentabilité d'un projet, d'une innovation technologique qui remet en question un procédé de fabrication existant, ou d'une découverte d'un nouveau gisement qui rend la source d'approvisionnement habituelle moins intéressante.

Définissons maintenant ce qu'est une transaction et examinons de plus près la nature des coûts de transaction. Nous dirons qu'il y a transaction à chaque fois que deux opérations sont technologiquement séparables. Il importe peu pour le moment qu'il y ait échange et paiement ou simple transmission à une autre étape de transformation. En situation d'information imparfaite, de rationalité limitée et d'opportunisme, les coûts de transaction se composent, d'une part, de coûts *ex ante*, c'est-à-dire de coûts encourus avant la réalisation de la transaction, essentiellement liés à la définition des termes de la transaction et, d'autre part, de coûts *ex post*, c'est-à-dire de coûts encourus après la réalisation de la transaction, essentiellement liés aux événements imprévus et aux comportements opportunistes des autres agents économiques. Les coûts *ex ante* se composent eux-mêmes des coûts d'acquisition des informations, de négociation avec les autres agents économiques, de rédaction des termes du contrat, de façon à assurer une protection *ex post*. Les coûts *ex post* quant à eux se composent des coûts d'ajustement aux situations imprévues, des coûts de gestion des termes du contrat et des frais de litige entre les différentes parties concernées par la transaction, entraînés par une situation imprévue, étant donné l'existence d'opportunisme.

L'objectif de maximisation des profits implique maintenant une minimisation de la somme des coûts de transaction et de production. Il suppose aussi que l'effort *ex ante* consacré à la précision des termes de la transaction soit fonction de l'importance des coûts *ex post*, particulièrement des frais d'ajustement et de litige qui sont liés à l'opportunisme.

7.5.2.   Les coûts de transaction et l'entreprise

L'intérêt de l'approche des coûts de transaction pour les décisions de l'entreprise concerne surtout la définition des termes de la transaction ou encore, de façon plus générale, le mode de régie (ou d'organisation) de la transaction. Les entreprises peuvent choisir entre, d'une part, une transaction « spot » où le contrat se résume à la spécification du prix, des caractéristiques du produit, et à une reconnaissance de paiement, et, d'autre part, une transaction régie par un contrat plus ou moins complexe comme des franchises, des projets conjoints, des restrictions verticales, des ententes à long terme, des alliances, etc., qui lie les parties pour une certaine période de temps et qui spécifie les règles de comportement advenant des situations imprévues et des litiges (comme la référence à un arbitre autre que les tribunaux). À la limite, le lien entre les deux parties peut devenir si serré et de si longue durée que l'entreprise choisit de s'intégrer pour assurer le bon déroulement de la transaction. L'approche des coûts de transaction permet une analyse économique de la nature des activités que la firme décide d'entreprendre elle-même, à l'interne, et de celles qu'elle décide de mener à terme au moyen de transactions sur les marchés, régies par des contrats plus ou moins complexes.

Le mode optimal de régie des transactions doit minimiser la somme des coûts de production et de transaction. Il est fonction, d'une part, des économies d'échelle et de portée réalisables par l'entreprise et, d'autre part, de l'information disponible à l'entreprise, des conséquences de mauvaises décisions et des comportements opportunistes. Plus les coûts liés aux comportements opportunistes sont élevés, plus les parties sont portées à choisir un mode de régie qui permet de contrôler les ajustements aux situations imprévues, c'est-à-dire un contrat complexe ou l'intégration au sein d'une entreprise. Les coûts liés aux comportements opportunistes sont d'autant plus élevés que le degré d'incertitude est considérable, que les transactions sont fréquentes et que les actifs liés aux transactions leur sont spécifiques.

Le degré d'incertitude

Dans la mesure où il y a information parfaite, il n'y a pas lieu de craindre des comportements opportunistes puisque toutes les éventualités peuvent être prévues. La rédaction d'un contrat est alors relativement simple. Plus l'information est imparfaite, plus les ajustements et les litiges liés aux situations imprévues sont importants, et plus les parties cherchent à spécifier dans leur contrat un mode de résolution des conflits. À la limite, la délégation d'autorité à un seul agent est le mode de régie choisi.

La fréquence des transactions

Plus les transactions d'une catégorie sont fréquentes, plus les coûts liés à l'opportunisme sont élevés et plus les agents économiques sont enclins à choisir un mode de régie qui leur donne un certain contrôle *ex post*.

La spécificité des actifs

La spécificité d'un actif est liée à son degré de mobilité; il peut s'agir d'un actif physique ou humain. Dans un monde de mobilité parfaite, les actifs de toute nature peuvent être utilisés à plusieurs fins, on dit alors qu'ils sont « fongibles ». Dans un monde de mobilité imparfaite, telle n'est pas la situation. Nous avons alors des actifs « spécifiques », c'est-à-dire qui ne peuvent être utilisés à d'autres fins sans entraîner des coûts importants. Il peut s'agir d'équipements très spécialisés, comme dans la pétrochimie, de l'aménagement de sites, d'une expertise particulière ou encore d'une image de marque. Lorsque les actifs ne sont pas spécifiques, une rupture de l'entente ne cause aucun inconvénient, puisqu'une autre utilisation est possible. Il n'y a pas alors à craindre un comportement opportuniste. Par contre, lorsque les actifs sont spécifiques, à des degrés divers, la firme est engagée et cherche à se protéger des inconvénients d'une rupture de l'entente. La mobilité imparfaite transforme une situation *ex ante* s'approchant d'une situation concurrentielle en une situation *ex post* de négociation dans laquelle les options d'au moins une des deux parties sont limitées[11]. Dans une telle situation, une entreprise peut choisir un mode de régie de la transaction qui précise plus clairement les attentes ainsi que le mode de règlement des différends et des imprévus, comme des contrats à long terme, des restrictions verticales, des associations ou encore une intégration au sein de la firme.

7.5.3.   Deux illustrations de l'approche « transactionnelle »

Considérons en premier lieu un fabricant d'automobiles qui doit produire ou acheter sur le marché des pièces électroniques. L'évolution technologique et la concurrence entre les fabricants font que ces pièces sont une composante importante de la voiture, sur le plan concurrentiel; le fabricant peut se tourner vers le marché pour se procurer les pièces. Certaines difficultés se présentent toutefois : les pièces et la machinerie pour les produire sont très spécifiques à la commande et exigent un fort investissement en capital humain et physique qui n'est pas transférable à d'autres

---

11.   La mobilité imparfaite est explicitement abordée au chapitre 11 qui traite des barrières à l'entrée. La spécificité et l'engagement sont considérés au chapitre 14 qui traite d'entrée et d'interdépendance.

fins. Le client ne trouve pas facilement de fournisseurs et réciproquement le fournisseur ne trouve pas facilement de clients. Une fois l'engagement en capital humain et physique réalisé, le client et le fournisseur se trouvent donc fort dépendants de la bonne volonté de l'autre partie. Des comportements opportunistes peuvent alors se manifester.

Devant cette situation, le client peut alors choisir de s'intégrer et produire lui-même ces pièces. Il doit toutefois supporter les coût reliés au développement de l'expertise nécessaire à la conception et à la production. Des modes de régie de la transaction autres que la transaction « spot » ou l'intégration peuvent alors être envisagés. Les agents en présence peuvent opter pour un contrat à long terme, spécifiant non seulement des prix et des quantités mais des échanges d'information entre les deux parties, un droit de regard sur les activités de l'une et l'autre et des restrictions quant aux autres clients/fournisseurs admissibles. Le client peut aussi investir dans les installations du fournisseur, ce qui vient réduire l'attrait d'un comportement opportuniste.

Considérons en second lieu l'industrie cinématographique et les liens entre les producteurs et les distributeurs. Le recours aux transactions « spot » présente plusieurs inconvénients. En effet, le succès commercial dépend en bonne partie de la campagne de promotion et du type de distribution; le producteur dépend donc du distributeur. Le distributeur a des difficultés à évaluer la qualité de la production, avant le test du marché; il dépend à son tour du producteur. Nous observons une intégration des activités de production et de distribution, ou encore des contrats à plus long terme, spécifiant non pas un prix ferme mais plutôt un partage des recettes, et plus d'une production.

7.6.   POINTS IMPORTANTS ET IMPLICATIONS

Ce chapitre est sans doute l'un des plus importants du livre. Nous y présentons une extension de l'analyse économique des coûts, la construction de départ s'adaptant pour répondre à de nouvelles préoccupations relevant du quotidien de la gestion.

Le message dominant des trois premières sections du chapitre est de bien connaître la fonction de coûts. Les implications de la construction du chapitre 3 et de celles de ce chapitre pour la détermination des quantités à produire et du choix d'usines et d'équipements sont tout à fait différentes. Ce chapitre-ci souligne plutôt le fait que la taille des opérations et le nombre de produits envisagés peuvent être des variables concurrentielles importantes. Cette question sera reprise dans les chapitres compris dans la troisième partie de ce livre.

La quatrième section du chapitre jette un éclairage particulier sur de nombreuses décisions en précisant les coûts jugés pertinents en fonction de ce qui est sacrifié, à la suite d'une décision.

La dernière fait état de l'apport de la microéconomie à l'analyse du mode optimal de régie des transactions de l'entreprise. Elle ouvre en fait la voie à une explication de leur degré d'intégration et de leurs frontières. Nous pouvons en conclure que la maximisation des profits est beaucoup plus qu'une décision prix-quantité.

TERMES IMPORTANTS

Rendements marginaux constants et décroissants
Temps
Excédent de capacité de production
Économie d'échelle et de portée
Coûts d'opportunité
Coûts pertinents
Approche transactionnelle
Opportunisme
Spécificité du capital
Information imparfaite
Asymétrie

BIBLIOGRAPHIE

CARLTON, D.W. et J.M. PERLOFF, *Modern Industrial Organisation*, Higher Education, Glenview, Ill., Scott, Foresman/Little, Brown, 1990, chapitres 3 et 16.

CLARKE, R., «Conglomerate Firms», dans CLARKE et McGUINESS, *The Economics of the Firm*, Oxford, Basil Blackwell, 1987.

DOUGLAS, E.J., *Managerial Economics*, 3e édition, Englewood Cliffs, N. J., Prentice-Hall, 1987, chapitre 7.

VARIAN, R.H., *Intermediate Microeconomics*, 2e édition, New York, Norton, 1990, chapitre 20.

QUESTIONS ET EXERCICES

7.1 Discutez les affirmations suivantes en illustrant graphiquement vos propos :

   a) À la suite d'une augmentation imprévue de la demande, notre entreprise se voit forcée d'augmenter son volume de production de 20 %. Nous avons ainsi bénéficié d'économies d'échelle substantielles, ce qui nous a permis de réduire nos coûts unitaires de production.

   b) Nous planifions une augmentation de 20 % de notre capacité de production. À la suite de la mise en place des nouvelles installations, nous anticipons une baisse de nos coûts unitaires de production.

   c) Cette année, notre entreprise a augmenté son volume de production de 20 %. Nous avons dû réviser notre liste de prix, à la suite d'une croissance dans nos coûts unitaires de production.

7.2 De nombreux économistes soulignent que les gains les plus substantiels que retireront les entreprises canadiennes de l'entente Canada–États-Unis sur le libre-échange sont liés à l'accès à un marché de 200 millions de consommateurs.

   Expliquez pourquoi.

7.3 Les journaux annoncent la fermeture d'une filiale québécoise, propriété d'une entreprise multinationale. Les travailleurs s'y opposent et démontrent que l'usine est rentable à l'aide des états financiers de la filiale.

   Est-il possible qu'une entreprise multinationale qui désire maximiser ses profits ferme une usine dont les activités sont rentables ? Sous quelles conditions cette décision sera-t-elle prise ? Expliquez.

7.4 Un diplômé gagne actuellement 60 000 $. Il s'interroge sur l'opportunité de se lancer dans le commerce de location de voitures. Dans ce cas, il doit se procurer dix (10) voitures qui coûtent 18 000 $ chacune et qui s'amortissent au taux de 20 % par année.

Il doit louer un garage dont le coût mensuel est de 1 500 $. Il doit embaucher un employé dont le salaire annuel serait de 25 000 $. Le taux d'intérêt d'un emprunt est de 10 %.

7.4.1 Quel est le coût de ce projet pour ce diplômé ?

7.4.2 Le coût de ce projet serait-il modifié si ce diplômé avait 50 000 $ d'économies actuellement placées à la banque à 8 % par an qu'il pourrait investir dans son commerce de location de voitures ?

7.5 La Société nationale de télédiffusion (SNT) fait présentement l'objet d'études de la part du ministère des Communications. Deux questions sont posées. En premier lieu, il faut déterminer si, durant la prochaine saison, la SNT doit produire plus d'émissions à l'interne ou faire un plus grand appel à des producteurs indépendants. En second lieu, il faut voir si la SNT devrait éventuellement se retirer complètement de la production d'émissions pour se consacrer entièrement à la diffusion.

Nous avons les informations suivantes.

Les travailleurs de la SNT sont syndiqués et leur contrat viendra à échéance dans deux ans. Jusqu'à cette date, aucune mise à pied n'est possible.

L'équipement de production (studios, caméras...) que possède la SNT peut suffire à la production de 30 émissions par année. Si la SNT désirait se procurer de l'équipement additionnel, elle devrait envisager une capacité additionnelle de 20 émissions. Une étude de l'utilisation des travailleurs de la SNT révèle que, dans l'ensemble, ils sont utilisés à 75 % de leur capacité. À la suite de cette enquête, la direction de la comptabilité a décidé d'augmenter les taux horaires des travailleurs de la SNT de 33 % afin d'imputer aux émissions produites la totalité des dépenses en main-d'œuvre. On passe ainsi de W $ par émission à W $ $(1 + 0,33)$.

La fonction de coûts (CT) de la production d'émissions chez SNT comprend les éléments suivants :

CE = coût de l'équipement;

CD = frais variables tels que les cachets des artistes;

CMO = coûts de la main-d'œuvre.

Par ailleurs, une étude des coûts de production révèle que la SNT peut se procurer des émissions au prix de E \$ par émission de producteurs indépendants.

7.5.1 Construisez un graphique où apparaissent les coûts totaux, les coûts fixes et les coûts variables de production chez SNT ainsi que les coûts d'acquisition d'émissions de producteurs indépendants; vous pouvez faire l'hypothèse que les fonctions sont linéaires.

7.5.2 Établissez quels sont les coûts pertinents à la décision d'acquérir, l'an prochain, des émissions de producteurs indépendants.

7.5.3 Établissez quels sont les coûts pertinents à la décision de la SNT de s'orienter, à long terme, vers l'acquisition d'émissions de producteurs indépendants plutôt que de produire à l'interne.

7.6   Les institutions financières cherchent maintenant à offrir un grand nombre de services financiers. Dans quelle mesure le concept des économies de portée permet-il d'expliquer pourquoi nous observons ce phénomène maintenant, alors qu'il était peu présent il y a 20 ans ?

7.7   Les nouvelles scieries produisent des planches de différentes catégories, comme les scieries mises en place il y a plusieurs années. Contrairement aux plus anciennes, elles sont de plus grande taille et offrent aussi des produits de type aggloméré. Commentez.

7.8   Les voyageurs semblent apprécier pouvoir se loger en différents points du globe à une même enseigne, d'où l'idée de chaînes hôtelières, généralement constituées de franchises. Discutez de ce qui caractérise les liens entre les différents établissements hôteliers et l'unité centrale, après avoir identifié l'existence d'un capital spécifique et fait ressortir la possibilité de comportements opportunistes.

7.9   En vous référant aux notions d'actif spécifique et de comporte-
        ment opportuniste, discutez en quoi la multiplication des franchi-
        ses dans une même localisation est mal perçue par les franchisés
        alors que la mise en place de nouvelles franchises dans de nou-
        velles localisations est bien vue. Montrez pourquoi une transac-
        tion « spot » n'est pas désirée par les franchisés ni par le
        franchiseur.

7.10   Une usine de fabrication d'éthylène ne peut être érigée en moins
        de 5 ans et coûte 800 millions de dollars à mettre en place. Les
        économies d'échelle sont substantielles. Le seul débouché pour
        l'éthylène est le producteur de polyéthylène. Même s'il n'y a
        qu'un petit nombre de producteurs de polyéthylène, ceux-ci sont
        en plus grand nombre que les producteurs d'éthylène. L'éthylène
        est absolument essentiel à la production de polyéthylène. Les con-
        trats liant ces deux parties sont à très long terme (10 ans), très
        détaillés et couvrent les quantités transigées ainsi que le prix. On
        a même observé la mise sur pied d'entreprises conjointes entre
        producteurs de polyéthylène et d'éthylène dans de nouvelles usi-
        nes d'éthylène. Pourquoi, à votre avis, observons-nous ces arran-
        gements particuliers ?

8

Estimation des coûts de production

Dans ce chapitre, nous nous penchons sur l'estimation des fonctions de coûts, afin de montrer à quel point il est possible de quantifier les propos tenus précédemment sur les rendements marginaux décroissants et les économies d'échelle. L'entreprise peut choisir entre deux approches[1] : l'analyse statistique de ses coûts passés ou l'analyse technique du processus de production, à laquelle s'ajoute une considération du coût des facteurs. Nous présentons chacune de ces approches, en soulignant leurs avantages et leurs inconvénients, et nous terminons en donnant un bref commentaire sur la prévision des coûts.

---

1. Nous nous limitons aux travaux portant sur les coûts d'une entreprise, et nous n'abordons pas les travaux touchant des estimations au niveau sectoriel.

8.1.   LA MÉTHODE DE L'ANALYSE STATISTIQUE

8.1.1.   La nature de l'exercice

L'analyse statistique des coûts cherche avant tout à établir la forme de la fonction liant les quantités produites aux coûts de production. Les données prennent la forme de séries temporelles, puisque la firme n'a pas assez d'unités de production pour générer des données en coupe transversale. La firme cherche à déterminer sa fonction de coûts en associant les niveaux de production passés aux coûts passés. La forme générale de la fonction est la suivante :

$$C = f(Q, PF, A)$$

où Q = quantités produites

PF = prix des différents facteurs de production

A = autres déterminants possibles, tels que le nombre de produits, leurs caractéristiques, etc.

Cette fonction peut être linéaire aussi bien que du deuxième ou du troisième degré. Nous illustrons au graphique 8.1 les formes de fonction de coûts moyen, marginal et total correspondant aux différentes spécifications. Le niveau de l'ordonnée à l'origine dépend de la constante et des autres déterminants.

Si l'on se base sur les éléments qui ont fait l'objet du chapitre 7, ces différentes spécifications sont toutes plausibles. Le gestionnaire devra déterminer laquelle est la plus appropriée pour l'intervalle de production envisagé. En effet, la tâche première de l'estimation est de discriminer entre les différentes spécifications possibles.

L'analyse statistique est pertinente pour les préoccupations de court terme de l'entreprise. Il n'y a pas de données correspondant aux changements de taille des installations pouvant permettre une analyse de long terme. L'entreprise ne peut donc faire appel à cette technique que pour combler ses besoins d'informations sur ses coûts à court terme.

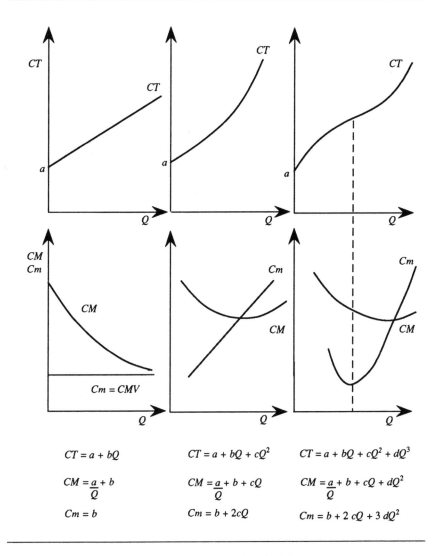

Graphique 8.1 – Les fonctions de coûts à court terme

8.1.2.   La difficulté : les données

L'analyse de la fonction de coûts ne présente pas de difficultés particulières sur le plan technique. Il s'agit de faire appel aux moindres carrés que
nous avons déjà commentés lors de l'analyse de la demande. Les préoccupations que nous avons eues alors touchant la spécification de la fonction,

la multicolinéarité et l'autocorrélation des valeurs résiduelles sont toujours pertinentes. La qualité d'une estimation est évaluée en ayant recours à des considérations de spécification ainsi que d'ajustements statistiques. Les qualités d'une bonne spécification à des fins d'analyses sont les mêmes, qu'il s'agisse de demande ou de coûts.

La difficulté principale réside dans les données utilisées pour effectuer l'estimation; celles-ci présentent souvent des lacunes considérables. L'objet de l'analyse étant la fonction de coûts à court terme, il faut pouvoir distinguer les coûts fixes des coûts variables et ne retenir que ces derniers, alors que les données ne permettent pas toujours de faire cette distinction. En premier lieu, il est de pratique courante d'imputer les coûts fixes et les frais généraux. Il faut donc modifier les données de base pour ne conserver que les éléments variables. Cette tâche est non seulement délicate sur le plan pratique, mais elle l'est aussi sur le plan conceptuel : certains coûts ne peuvent être catégorisés comme strictement variables ou strictement fixes. En effet, il est fréquent de constater des paliers dans l'évolution des coûts. De plus, la part des frais généraux qui peut être considérée comme variable doit ensuite être répartie selon les différents produits de la firme. Cette répartition peut être arbitraire.

En second lieu, il faut prendre garde de bien synchroniser les coûts et la production. Les coûts associés à une période peuvent provenir d'activités de la période précédente; nous pensons, par exemple, aux déboursés touchant la main-d'œuvre et les frais d'entretien. Le choix de la période d'observation est important. De façon générale, nous préférons avoir un grand nombre d'observations. En effet, dans un tel cas, nous avons plus de chance d'observer des variations dans la production et les coûts qui révèlent la forme de la fonction. Cela nécessite toutefois des périodes d'observations de courte durée, ce qui amplifie le problème de la synchronisation. Une période d'observation plus longue réduit le problème de la synchronisation mais fait apparaître le problème de fluctuations à l'intérieur de la période observée. Si les fluctuations sont fortes, les données de la période représentent une moyenne qui n'indique pas les coûts effectivement attribuables aux niveaux véritables d'opérations.

8.1.3. La clé d'une bonne connaissance des coûts de production : le système d'information de l'entreprise

L'entreprise sera en mesure de produire une bonne estimation statistique de sa fonction de coûts à condition qu'elle parvienne à régler le problème des données. Contrairement à la situation de la demande, ce problème est soluble puisqu'il s'agit de données dont la source est l'entreprise elle-même. Si le système d'information d'une entreprise est conçu pour faire apparaître les éléments fixes et variables plutôt que de les regrouper, pour discriminer entre les différents produits et pour repérer les liens temporels entre les déboursés et la production, les techniques d'estimation sont telles que la fonction de coûts à court terme pourra être aisément dégagée.

8.2.   LA MÉTHODE DE L'INGÉNIERIE

8.2.1.   La nature de l'exercice

Cette méthode d'analyse des coûts fait appel à la description du processus de production. Elle suit le cheminement adopté au chapitre 3 pour déduire la fonction de coûts : nous avons alors établi la fonction de production pour ensuite déduire la fonction de coûts en introduisant les prix des différents facteurs de production. Il s'agit, dans un premier temps, de déterminer comment un produit est fabriqué, étape par étape, depuis le début des opérations, jusqu'à ce que le processus de transformation soit complété. À chaque étape, les intrants requis pour produire différentes quantités sont relevés. Ce travail correspond en fait à la fonction de production illustrée au graphique 3.1 avec cette différence que le nombre de facteurs de production est plus grand, englobant l'ensemble des intrants, et non seulement le travail et le capital. Dans un second temps, il s'agit de multiplier la quantité des intrants requis pour divers niveaux de production par leur prix afin d'obtenir le coût de production, ce qui correspond à l'équivalent de l'opération effectuée au graphique 3.2.

Cette approche peut être utilisée dans une optique aussi bien de court que de long termes. À court terme, le travail est considérablement plus simple, puisque plusieurs intrants sont considérés comme des facteurs fixes. Par contre, à long terme, le travail est complexe et coûteux; il faut alors considérer diverses tailles d'usines et différentes combinaisons d'équipements, auxquelles s'ajoutent ensuite les autres intrants.

On préfère habituellement la méthode de l'ingénierie à la méthode statistique en raison, probablement, de l'accès facile à plusieurs sources de renseignements, dont les ressources internes de l'entreprise, les vendeurs d'équipements, les consultants et les constructeurs d'usines.

8.2.2.   Les limites de cette approche

Cette approche peut s'avérer coûteuse, car il s'agit d'une tâche qui exige un travail minutieux et détaillé. Elle n'est pas non plus sans faille : elle ne cerne que les coûts qui ont trait strictement au processus de production, et elle a tendance à privilégier, par construction, les fonctions linéaires. Les renseignements obtenus des vendeurs d'équipements se rapportent surtout aux niveaux d'opération «normaux». Il peut donc y avoir des lacunes relativement à la zone d'application des rendements marginaux décroissants.

La méthode est valable au regard de l'équipement et de l'usine, mais pas au regard de la firme. Elle s'avère pratiquement la seule source d'informations possible dans une optique de long terme.

8.2.3.   Une illustration simple de la méthode de l'ingénierie

Supposons un procédé de production où interviennent des réservoirs à l'intérieur desquels sont transformées des matières premières, sous l'action de la chaleur. De tels procédés se retrouvent dans les industries alimentaires, pétrolières et chimiques. Le niveau de production est déterminé par la capacité des réservoirs ainsi que par le nombre d'heures d'utilisation. Soit deux tailles d'installations, correspondant à des capacités de production de 30 et 40 tonnes métriques (TM) à l'heure. L'étude d'ingénierie nous donne les renseignements suivants :

	30 TM	40 TM
Unités de main-d'œuvre	7	8
Kw/heure	20 000	22 000
Matières premières	45 TM/heure	60 TM/heure
Pièces	1 (4 heures)	1,5 (4 heures)

Elle révèle aussi que la production peut s'effectuer au rythme de 6, 8, 12 ou 16 heures par jour, 52 semaines par année. Les contraintes techniques et syndicales font qu'une production de 6 heures nécessite autant de main-d'œuvre qu'une production de 8 heures. La semaine de travail est de 5 jours, et les périodes de travail sont de 8 heures.

De plus, il faut compter 8 heures d'entretien par jour, quel que soit l'équipement. Le plus gros équipement exige des remplacements de pièces plus fréquemment : 1 par période de 4 heures pour l'unité à 30 TM, 1,5 unités par 4 heures pour l'unité à 40 TM. L'équipement à 30 TM traite 45 TM de matières premières à l'heure, alors que l'équipement à 40 TM traite 60 TM à l'heure.

Nous avons en outre les renseignements suivants sur le prix des facteurs :

— Prix d'achat de l'unité à 30 TM : 7 500 000 $

— Prix d'achat de l'unité à 40 TM : 13 000 000 $

— Prix des matières premières : 50 $ /TM

— Taux de salaire :   1re période : 15 $ /heure
                       2e période : 20 $ /heure
                       3e période : 25 $ /heure
                       Entretien : 20 $ /heure

— Prix du kw d'énergie : 0,04 $

— Frais généraux :   400 $ par semaine

— Prix des pièces :   60 $ l'unité

La durée de vie utile des équipements est de 10 ans, et l'amortissement est calculé à 10 % par année, en ligne droite.

Tableau 8.1 – *Les coûts moyens de production*

Installation de 30 TM	6 heures	8 heures	12 heures	16 heures
Main-d'œuvre	4,67	3,50	3,89	4,08
Énergie	26,67	26,67	26,67	26,67
Pièces	0,50	0,50	0,50	0,50
	31,84	**30,67**	**31,06**	**31,25**
Entretien	0,89	0,67	0,44	0,33
Amortissement	16,03	12,02	8,01	6,01
Frais généraux	0,44	0,33	0,22	0,17
	17,36	**13,02**	**8,67**	**6,51**
Matières premières	**75,00**	**75,00**	**75,00**	**75,00**
Coûts moyens	**124,20**	**118,69**	**114,73**	**112,76**
Quantité par jour	180 TM	240 TM	360 TM	480 TM

Installation de 40 TM	6 heures	8 heures	12 heures	16 heures
Main-d'œuvre	4,00	3,00	3,33	3,50
Énergie	22,00	22,00	22,00	22,00
Pièces	0,56	0,56	0,56	0,56
	26,56	**25,56**	**25,89**	**26,06**
Entretien	0,67	0,50	0,33	0,25
Amortissement	20,83	15,63	10,42	7,83
Frais généraux	0,33	0,25	0,17	0,13
	21,83	**16,38**	**10,92**	**8,21**
Matières premières	75,00	75,00	75,00	75,00
Coûts moyens	**123,39**	**116,94**	**111,81**	**109,27**
Quantité par jour	240 TM	320 TM	480 TM	640 TM

Estimation des coûts

Les coûts variables sont composés des coûts de matières premières, de main-d'œuvre, du coût de l'énergie et des pièces de remplacement. Les coûts fixes comprennent, quant à eux, des frais de main-d'œuvre et d'entretien, l'amortissement des équipements et les frais généraux. Nous avons alors les coûts moyens de production illustrés au tableau 8.1, ce qui nous donne les courbes de coûts moyens à court et à long termes telles que représentées au graphique 8.2[2].

La technologie permet des économies d'échelle qui ne sont toutefois pas substantielles. À partir d'environ 400 TM/jour, il devient plus intéressant pour l'entreprise d'opter pour l'unité de plus grande taille[3]. Pour chacune des unités, nous observons des coûts moyens décroissants jusqu'à pleine utilisation de la capacité de production[4].

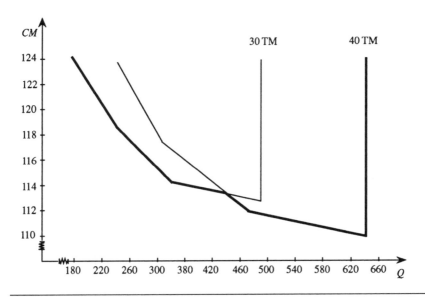

Graphique 8.2 – *Coûts moyens avec deux tailles d'usine*

8.3.   LA PRÉVISION DES COÛTS

Nous terminons ce chapitre en émettant quelques commentaires sur la prévision des coûts de production qui s'avère aussi importante pour la firme que la prévision de la demande. Toutefois, il est plus aisé d'y

---

2.   Les portions verticales des courbes de coûts à court terme signifient que la capacité maximale de production est atteinte.

3.   Voir la section 3.4.1. où l'on traite du choix de la taille des installations.

4.   Voir la section 7.1.2. où la question de l'excédent de capacité de production est traitée.

parvenir, car la prévision des coûts est essentiellement une question de calcul. Il s'agit de prendre une fonction de coûts estimée par l'une ou l'autre des méthodes décrites antérieurement, et de calculer le niveau prévu de coûts pour un volume de production donné. La principale difficulté réside dans la détermination de la quantité à produire, ce qui fait l'objet des travaux de prévision de la demande. L'entreprise doit cependant considérer deux facteurs de changement dans la fonction de coûts estimée et modifier ses calculs en conséquence. Le premier changement touche la fonction de production elle-même : la productivité du facteur travail peut changer en raison de l'apprentissage. Il faut donc évaluer cette hausse de productivité. Lorsque la technique de production n'est pas nouvelle, on peut obtenir cette information auprès des producteurs de l'équipement utilisé ou d'équipements semblables. La seconde modification concerne les prix des facteurs de production et des différentes matières premières. Ceux-ci sont appelés à varier, d'une part, de façon globale à cause de l'inflation et, d'autre part, de façon spécifique pour chacun d'eux. Les variations spécifiques sont attribuables à des modifications de marché dont certaines sont prévisibles. Nous pouvons ainsi prévoir que les coûts de certaines catégories de main-d'œuvre, par exemple, vont augmenter dans quatre ans à cause de certains grands projets déjà annoncés. Par ailleurs, le prix des différentes formes d'énergie fait constamment l'objet d'études.

8.4.   POINTS IMPORTANTS ET IMPLICATIONS

Ce chapitre sur les coûts constitue le pendant des chapitres 5 et 6 concernant la demande. Il traite plus particulièrement des techniques d'analyse et de prévision des coûts pour l'entreprise.

Deux techniques d'analyse relativement simples peuvent être utilisées : la méthode statistique et la méthode de l'ingénierie. La première ne peut toutefois s'appliquer qu'à des questions se rapportant au court terme. Le problème majeur d'application réside dans la disponibilité de données et non dans la spécification de la fonction, contrairement aux situations qui caractérisent l'analyse et la prévision de la demande. Notons que, dans une certaine mesure, l'entreprise peut se donner les informations nécessaires en réglant à cette fin son système d'information. Indirectement, nous percevons ici le rôle de l'analyse économique dans la définition des systèmes d'information que l'entreprise jugera opportun de se donner.

L'estimation statistique des fonctions de coûts n'est pas une pratique courante dans l'entreprise. Cependant, on tend de plus en plus à y avoir recours avec le développement des systèmes d'information. La méthode de l'ingénierie est toujours plus ou moins présente, malgré certaines lacunes.

TERMES IMPORTANTS

Méthode statistique
Système d'information
Méthode de l'ingénierie

BIBLIOGRAPHIE

LONGBREAK, W.A., « Statistical Cost Analysis », *Financial Management*, vol. 2, n° 1, printemps 1973, pp. 49-55, et dans *Readings Managerial Economics*, édité par Coyne, J.G., Piano, Texas, Business Publications, 1981.

QUESTIONS ET EXERCICES

8.1   Quelles sont les implications pour la firme du choix d'une spéci-
        fication linéaire pour la fonction de coût total variable alors que
        la réalité indique plutôt une spécification du second degré ? Du
        troisième degré ?

8.2   On vous demande de prévoir les coûts de production pour l'an
        prochain, à partir des coûts observés depuis le début des opéra-
        tions il y a trois ans. On vous indique que les quantités à produire
        sont soit de 10 % supérieures à celle de cette année, soit de 25 %
        supérieures. Discutez de la façon dont vous procéderiez en rele-
        vant les éléments qui peuvent poser problèmes.

8.3   L'estimation d'une fonction de coûts à des fins d'analyse est un
        travail plus facile et plus technique que l'estimation d'une fonc-
        tion de demande pour une entreprise. Discutez.

8.4   Les contraintes de données nous obligent à choisir une longue
        période pour chacune de nos observations dans le cadre d'une
        étude statistique des coûts. Nous savons par ailleurs que le niveau
        de production fluctue fortement à l'intérieur de la période d'ob-
        servation. Quels problèmes cette contrainte occasionne-t-elle ? La
        nature des rendements (constants ou décroissants) intervient-elle
        dans la discussion ?

8.5   Référez-vous à l'illustration de la méthode de l'ingénierie à la
        section 8.2.3.

        Établissez le tableau des coûts à partir des éléments d'informa-
        tions qui vous sont donnés.

        Le coût moyen variable est croissant. Pouvons-nous alors parler
        de rendements marginaux décroissants ?

        Supposons un prix de marché de 113 $ la tonne métrique. À l'aide
        du concept du point mort, discutez du choix de la taille d'installa-
        tion.

PARTIE III

Les modèles économiques
et la concurrence

CHAPITRE

9

La concurrence
et les formes de marché

Dans cet ouvrage, nous avons pour objectif de saisir ce qu'est la concurrence, c'est-à-dire les pressions que les entreprises exercent les unes sur les autres au moyen de variables diverses. Malgré les références au terme concurrence au chapitre 4, cet objectif n'est atteint que très partiellement. La spécification du modèle de concurrence pure et parfaite ne reconnaît que des pressions relatives aux prix, qui s'exercent de façon anonyme à travers la « main invisible ». Or, dans le vécu des entreprises, ce sont des pressions tout autres qui semblent se manifester.

Pour analyser ces pressions, il y a donc lieu de modifier notre démarche. À cette fin, nous examinons dans ce chapitre les caractéristiques de la concurrence contemporaine et les comparons à celles du modèle de concurrence pure et parfaite. Par la suite, nous indiquons les changements que nous apportons à notre construction de base afin de traiter des pressions caractérisant la concurrence contemporaine.

9.1. CONCURRENCE PURE ET PARFAITE ET CONCURRENCE CONTEMPORAINE

Notre modèle de départ, dont l'objet est le fonctionnement du marché et le rôle des prix, est défini de façon très restrictive. Le produit considéré est parfaitement homogène : le prix est la seule variable qui puisse inciter l'acheteur à s'approvisionner auprès d'une firme plutôt qu'une autre; l'information est parfaite, c'est-à-dire que tous les agents économiques connaissent le produit ainsi que les prix; la mobilité est parfaite également, à long terme, pour les acheteurs ainsi que pour les entreprises et les facteurs de production. Il est ainsi possible pour une firme d'entreprendre n'importe quelle activité; finalement, il y a un grand nombre de firmes sur le marché et aucune d'entre elles ne détient un avantage relié à sa taille. Dans une telle situation, l'entreprise qui cherche à maximiser ses profits n'est rien d'autre qu'une machine à calcul qui réagit de façon passive et anonyme à des signaux, les prix, provenant du marché.

La concurrence contemporaine est marquée par des considérations tout à fait différentes. En premier lieu, les entreprises prennent des décisions autres que celles se rapportant au prix. Elles cherchent à obtenir les faveurs des acheteurs en concevant un produit qui répond mieux à leurs besoins que celui des concurrents : elle fait des efforts de différenciation et d'innovation. En outre, elles allouent des montants importants pour la publicité. En second lieu, la concurrence semble personnalisée : il y a **rivalité**. Les entreprises ne réagissent pas seulement en fonction du prix du marché, comme dans le chapitre 4, mais aussi en fonction des gestes posés par d'autres entreprises, bien identifiées, dans des marchés où les enjeux semblent être déterminés par un nombre restreint de joueurs. Le sort de l'une dépend des initiatives de l'autre, et ce, de façon réciproque.

Dans la mesure où ces considérations de concurrence réelle sont d'intérêt pour nous, le modèle que nous avons mis sur pied aux chapitres 2 à 4 est manifestement inadéquat. En effet, il ne peut pas donner d'indications sur des comportements dont il ne reconnaît pas l'existence.

9.2.   NOTRE DÉMARCHE

Afin de jeter un éclairage sur le contexte concurrentiel réel, nous modifions les hypothèses du modèle de concurrence pure et parfaite. En fait, il nous suffit d'effectuer deux changements pour que l'appareil que nous avons mis sur pied devienne pertinent pour l'analyse de la concurrence réelle.

Tout d'abord, nous laissons tomber l'homogénéité des produits. Nous admettons maintenant que les produits sont différenciés : tout en répondant aux mêmes besoins, ils diffèrent en ce qui a trait à certaines caractéristiques autres que le prix, comme la qualité, la couleur, la dimension, etc. Cette possibilité va permettre de donner libre cours aux efforts de différenciation et d'innovation. Ensuite, nous faisons abstraction de la mobilité et de l'information parfaites, ce qui suscitera l'émergence de situations où se font concurrence un petit nombre d'entreprises, entre autres, par des efforts de publicité.

Ces diverses modifications font apparaître différents modèles de marché, catégorisés en fonction de nos hypothèses sur la mobilité et sur la nature du produit. Ainsi, l'existence de produits différenciés conduit à l'émergence d'un modèle de concurrence monopolistique. Par la suite, nous posons non seulement que les produits sont différenciés, mais que la mobilité de divers agents économiques est restreinte. Cela engendre des modèles où intervient un petit nombre de firmes, comme le monopole et l'oligopole, ainsi que des situations où coexistent des entreprises de tailles différentes (voir le tableau ci-dessous).

Tableau 9.1 – *Les différentes formes de marché*

| | | Mobilité | |
		Parfaite	**Imparfaite**
Produit	Homogène	Concurrence pure et parfaite	Oligopole/Monopole
	Différencié	Concurrence monopolistique	Oligopole

Il est déjà possible de caractériser la concurrence prévalant dans les différents modèles. En règle générale, plus la mobilité est grande, plus le nombre d'entreprises l'est également et plus la concurrence est anonyme. Dans les modèles de concurrence pure et parfaite et de concurrence monopolistique, il n'y a donc pas d'adversité entre les différentes entreprises. La situation sera tout autre dans les modèles d'oligopole. Par ailleurs, l'existence de produits différenciés permet à l'effort de différenciation d'intervenir comme variable concurrentielle.

Il importe également de souligner le rôle des conditions d'entrée. Plus la mobilité est grande, plus les pressions concurrentielles émanent aussi d'entreprises qui voudraient entrer sur le marché.

9.3.   LA NOTION DE MARCHÉ

Nous avons défini la concurrence comme le processus par lequel des firmes subissent des pressions de la part des autres firmes. Le marché d'une entreprise est l'espace où se manifestent les pressions concurrentielles qu'elle subit. Deux dimensions sont nécessaires pour définir cet espace : les produits et la dimension géographique.

Les produits.   L'espace pertinent est celui des produits suffisamment substituables à celui offert pour que des modifications de leurs prix et/ou de leurs caractéristiques influent sur la demande. Les entreprises fabriquant ces produits font partie du même marché que la firme à l'étude; toutes les entreprises sur ce marché font pression les unes sur les autres.

L'espace géographique.   Supposons des entreprises faisant partie du même espace produit. Dans un monde de mobilité imparfaite, les coûts de transport et de distribution vont limiter l'espace géographique sur lequel une entreprise désire exercer son activité et par conséquent celui sur lequel elle exerce des pressions sur d'autres entreprises.

Ce territoire est délimité par tous les sites où $P_M = Cm$, c'est-à-dire où le prix le plus élevé que le marché est prêt à payer est égal à la somme des coûts marginaux de production, de transport et de distribution. Une entreprise n'est pas intéressée, sous aucune condition, à prendre une part du marché dans une localité où $P_M < Cm$. Elle n'exerce donc pas de pression sur les firmes qui y sont établies. **Le marché d'une entreprise A se définit comme l'ensemble des sites où il existe une possibilité de profit pour elle, c'est-à-dire où $P_M > Cm_A$.** Les autres firmes qui font partie de ce marché sont celles qui envisagent également de réaliser des profits dans ces sites.

On peut illustrer la définition de la dimension géographique du marché à l'aide du graphique 9.1. Dans la partie supérieure, les frontières des marchés où les firmes A et B exercent leurs activités sont représentées. Sur ce territoire, le coût marginal (Cm) est croissant, à cause des frais de transport, du point central jusqu'à la frontière. À la limite du territoire ainsi défini, nous avons $P_M = Cm_{A,B}$. Dans cette situation, les deux firmes ne sont pas en concurrence. Si ces deux firmes sont localisées comme dans la partie inférieure du graphique, le territoire où elles se font concurrence apparaît comme la zone hachurée. Lorsqu'un territoire est ainsi couvert par deux entreprises, aussitôt que l'une de celles-ci, par exemple A, y demande un prix $P_A > Cm_B$, la possibilité existe pour que B demande $P_B = P_A - e \geq Cm_B$, où e représente une variation de prix infiniment petite, et réalise un bénéfice. Si les conditions de coût et de demande sont telles qu'une entreprise juge rentable d'offrir ses produits à de nouveaux clients sur un territoire, elle impose ainsi une limite au prix que peut demander l'autre entreprise sur ce territoire. Ces firmes exercent des pressions l'une sur l'autre : elles se font donc concurrence. Elles sont sur un même marché.

Avec une telle situation, dans un monde d'information et de mobilité parfaites, nous aurions en chaque point de la zone hachurée des pressions exercées par une entreprise sur les prix de l'autre, à tout instant. Par contre, là où il n'y a pas une situation d'information et de mobilité parfaites, il est fort possible qu'il n'y ait aucune pression exercée par une entreprise sur l'autre, pendant une période de temps donnée.

Cette pression peut toutefois varier fortement selon les différents points du territoire. Ainsi, plus un point est distant de la localisation de la firme A, plus faibles seront les pressions que celle-ci pourra exercer sur B, en raison des frais de transport plus élevés.

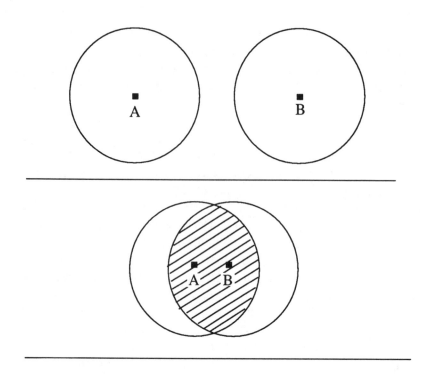

Graphique 9.1 – Le marché : espace géographique

Le terme « marché » est toutefois aussi utilisé dans d'autres contextes, par exemple, en marketing et en stratégie d'entreprise, où il prend alors un autre sens. En marketing, il peut signifier le nombre et les caractéristiques des acheteurs, alors qu'en stratégie il servira à désigner l'espace où une firme choisit de concentrer ses énergies. Ces définitions correspondent à des préoccupations différentes et sont plus restrictives. Toutefois, notre utilisation du terme « marché » se réfère toujours à la notion d'espace concurrentiel, à moins d'indications contraires.

Nous avons, dans les propos qui ont précédé, défini le marché d'une entreprise. Il faut toutefois prendre garde d'associer une entreprise exclusivement à un marché. Implicitement, nous avons considéré une situation où une entreprise produit un seul bien ou service. Or, telle n'est pas toujours la situation. Au contraire, nous avons souvent des entreprises « multi-produits » qui sont présentes simultanément sur plusieurs marchés.

9.4.　POINTS IMPORTANTS ET IMPLICATIONS

Ce chapitre introduit l'étude des différentes facettes de la concurrence contemporaine. La construction du chapitre 4, essentiellement axée sur le fractionnement du marché, simplifie tellement l'univers des entreprises qu'elle nie certaines caractéristiques des pressions concurrentielles qu'elles subissent. Elle ne peut donc apporter d'éclairage satisfaisant.

La démarche empruntée pour comprendre la concurrence, sans toutefois perdre la richesse analytique de la construction précédente, est de modifier successivement au cours des chapitres suivants les hypothèses restrictives que sont l'homogénéité du produit, la mobilité parfaite et l'information parfaite.

TERMES IMPORTANTS

Produits différenciés
Mobilité
Information
Adversité
Marché

BIBLIOGRAPHIE

LEROUX, F., *Introduction à l'économie de l'entreprise*, 2ᵉ édition, Montréal, Gaëtan Morin Éditeur, chapitre 11.

MORVAN, Y., *Économie de l'entreprise*, Paris, Presses universitaires de France, 1976, chapitre 2.

QUESTIONS ET EXERCICES

9.1   Considérez une entreprise de fabrication dans l'industrie de l'aéronautique. Quelles sont les différentes façons par lesquelles s'exercent les pressions concurrentielles ? Quelle est la dimension géographique du marché dans lequel elle exerce son activité ? Reprenez les mêmes discussions dans le cas d'une banque et d'un dépanneur.

9.2   Établissez une liste de dix secteurs et discutez du degré de personnalisation de la concurrence qui s'y manifeste.

CHAPITRE

10

Différenciation de produit et publicité

Étant donné le cadre restrictif des chapitres précédents, nous n'avons pas fait cas de deux aspects importants du comportement concurrentiel des entreprises contemporaines, soit la différenciation du produit et la publicité. En effet, l'hypothèse de produits homogènes fait abstraction de l'existence d'attributs propres à un produit qui le distingueraient des autres produits qui lui sont fortement substituables. Ces attributs déterminent les décisions d'achat d'un produit particulier et représentent le résultat de tous les efforts déployés par une entreprise pour se démarquer des autres afin d'obtenir la faveur des acheteurs. L'abandon de cette hypothèse nous conduit à des modèles très riches en enseignements concernant le pouvoir d'une firme sur les acheteurs, le degré de dépendance envers les concurrents et l'incitation à poursuivre des efforts de différenciation et d'innovation. Par ailleurs, l'hypothèse d'information parfaite fait complètement abstraction des efforts de publicité.

Nous présentons d'abord une définition de la différenciation de produit et ses principales sources. Nous en examinons l'effet sur la demande à la firme et sur l'équilibre de marché, et nous introduisons ensuite un contexte d'information imparfaite pour discuter de la publicité.

10.1. DÉFINITIONS DE LA DIFFÉRENCIATION DE PRODUIT

Il existe plusieurs définitions de la différenciation de produit. En premier lieu, il y a une définition strictement physique : des produits sont différenciés lorsqu'ils sont conçus pour une même fin, par exemple, le transport automobile, mais comportent des caractéristiques distinctes. Nous pouvons ensuite voir la différenciation comme les attributs d'un produit qui entraînent un attachement de la part de l'usager et permettent au vendeur d'augmenter ses prix sans courir le risque de perdre des clients. Cette dernière définition va cependant plus loin que la première et fait état des effets de la différenciation. Examinons-la de plus près afin d'illustrer ce que la différenciation apporte à l'entreprise qui subit des pressions concurrentielles.

Modifions le cadre d'analyse des choix du consommateur que nous avons développé au chapitre 2. Le choix doit maintenant s'effectuer non pas entre des produits conçus pour des fins différentes, comme le logement et le divertissement, mais entre des produits conçus pour une même fin, quoique possédant des attributs différents[1]. L'utilité tirée de la consommation est maintenant fonction des différents attributs et non de la définition générique. Ainsi, l'utilité tirée de la consommation du bien automobile, est déterminée par sa couleur, sa puissance et son confort, plutôt que par la caractéristique « moyen de transport ».

Considérons deux attributs possibles du bien automobile, le confort (C) et la durabilité (D). La fonction d'utilité s'exprime comme étant $U = f(C, D)$. Il est possible de faire varier ces attributs, c'est-à-dire de produire des véhicules présentant toutes les combinaisons envisageables de confort et de durabilité. Le consommateur apprécie ces deux attributs,

---

1. L'approche des attributs semble être imputable à K. LANCASTER, « A New Approach to Consumer Theory », *Journal of Political Economy*, avril 1966, pp. 132-157. Notre présentation s'inspire de celle de G.H. BURGESS, *Industrial Organization*, Englewood Cliffs, N. J., Prentice-Hall, 1988, chapitre 10.

et de là peut être indifférent envers certains véhicules, les uns mettant l'accent sur le confort, et les autres sur la durabilité (voir le graphique 10.1). Toutes les combinaisons situées sur une même courbe procurent le même niveau de satisfaction. Toutefois, la combinaison E procure plus de satisfaction que A ou B et se situe sur une courbe d'indifférence plus élevée.

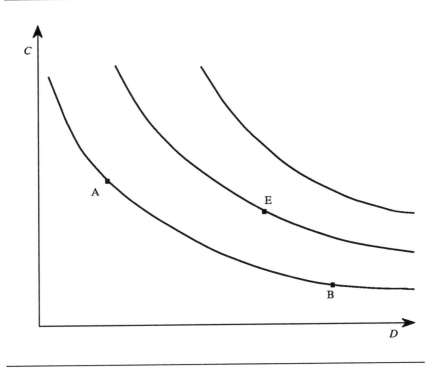

Graphique 10.1 – Attributs et courbes d'indifférence

10.2. SOURCES DE DIFFÉRENCIATION DE PRODUIT

Nous distinguons la différenciation découlant des attributs réels, de l'image et de la localisation[2].

---

2.   Dans un contexte d'information imparfaite, la diffusion de l'information peut être une source de différenciation. Le sujet est traité en 10.6. avec la question de la publicité.

10.2.1.   Les attributs réels

Il s'agit ici de la différenciation la plus conventionnelle, déjà illustrée dans notre définition. Notons simplement que cette catégorie couvre un très grand nombre d'attributs aussi divers que l'apparence, la qualité, le service après vente, l'humeur du vendeur... Force nous est de constater qu'il n'existe à peu près pas de produits ou services non différenciés.

10.2.2.   La différenciation par l'image

Relativement au choix d'un acheteur, il existe une différenciation lorsqu'un attribut est **perçu** comme différent d'un bien à l'autre. La perception n'est pas nécessairement ancrée dans le physique. Elle peut être liée à une image de qualité, de durabilité ou de raffinement, par exemple. Cette image peut provenir de l'historique de l'entreprise ou encore d'efforts publicitaires. Une entreprise qui existe depuis longtemps peut bénéficier d'une image favorable : sa survie est interprétée comme garante de produits de qualité. La publicité peut inciter les consommateurs à établir une association entre les produits et certaines valeurs ou moments privilégiés, comme par exemple la force, l'exclusivité, la féminité ou les moments de plaisir et de détente. Nous reprenons ce point à la section 10.6.

10.2.3.   La localisation

Une dernière source de différenciation de produit réside, pour certains biens ou services, dans la localisation des différentes firmes relativement à l'acheteur. Considérons au graphique 10.2 une extension de la carte des préférences précédente, et situons l'acheteur en un lieu physique A. Les courbes d'indifférence correspondent ici à des courbes d'équidistance à partir de la localisation de l'acheteur. Pour l'acheteur, il lui est indifférent de se procurer le bien auprès des entreprises B ou C, puisqu'elles sont à égales distances du point A, toutes choses étant égales par ailleurs. Il préfère toutefois faire affaire avec la firme D, puisqu'elle est située plus près. La firme D peut vendre son produit plus cher que les firmes B et C, puisque son produit est préféré, à cause de la localisation. À la limite, la différence de prix peut atteindre la valeur monétaire du déplacement supplémentaire pour aller en B ou C plutôt qu'en D.

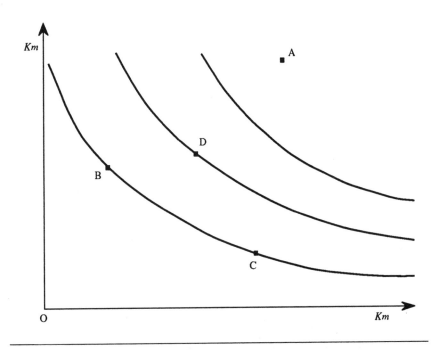

Graphique 10.2 – Différenciation par la localisation

10.3. DIFFÉRENCIATION DE PRODUIT ET POLITIQUE DE PRIX

La notion de distance entre les produits et l'acheteur peut être généralisée aux différentes caractéristiques des biens et services. Posons que le maximum de satisfaction (utilité) du consommateur correspond à la combinaison d'attributs du point A, au graphique 10.3. Cela revient à « situer » le consommateur au point A, dans un espace défini par les attributs. La distance entre deux biens est alors déterminée par la distance entre les deux courbes d'indifférence sur lesquelles ils sont situés. De la même façon que nous associons une valeur monétaire à la distance physique entre deux localisations, nous pouvons associer une valeur monétaire à la distance psychologique entre deux courbes d'indifférence.

Reprenons le premier exemple des véhicules automobiles caractérisés par les attributs confort (*C*) et durabilité (*D*). Le véhicule « idéal » pour le consommateur a les attributs correspondant à la combinaison A. Les véhicules offerts à l'achat ont les combinaisons B, E et F.

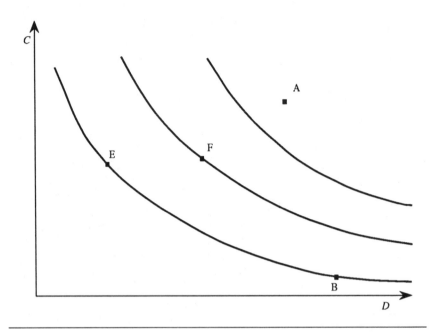

Graphique 10.3 – Différenciation de produit et politique de prix

Supposons que les véhicules E et B se vendent au même prix. Il est donc indifférent au consommateur de se procurer E ou B. Supposons maintenant que $P_E > P_B$. Son choix portera alors sur B, puisqu'il procure la même satisfaction pour un prix inférieur. Supposons que les véhicules F et E affichent le même prix. Dans ce cas, le choix de l'acheteur porte sur le véhicule F, puisqu'il offre une combinaison d'attributs plus intéressante pour le même prix. Supposons maintenant que le prix de F soit en hausse. Le choix de l'acheteur ne portera pas nécessairement sur E, puisqu'il préfère F. En effet, l'entreprise peut augmenter le prix d'un produit qui présente une combinaison favorable d'attributs sans nécessairement perdre la faveur des acheteurs.

Le produit le moins distant par rapport au consommateur, c'est-à-dire celui situé sur la courbe d'indifférence la plus élevée, peut se vendre plus cher que celui qui est plus éloigné, c'est-à-dire situé sur une courbe d'indifférence inférieure. Une entreprise peut compenser une combinaison inférieure d'attributs en réduisant le prix d'un montant au moins égal à la valeur monétaire de la distance entre les deux courbes d'indifférence. Certaines entreprises choisissent de mettre sur le marché un produit aux attributs supérieurs à un prix plus élevé, alors que d'autres optent pour un produit aux attributs inférieurs à un prix plus faible. Il n'y a qu'à songer aux véhicules automobiles, aux outils, aux aliments préparés, aux services d'entretien et aux vêtements qui tous sont des articles de consommation offerts dans diverses gammes de prix et de qualité.

Nous ne pouvons pas dissocier les décisions se rapportant aux prix et aux caractéristiques du produit, même en faisant abstraction des coûts de production.

10.4. SEGMENTATION DE MARCHÉ

La différenciation de produit donne lieu à un comportement souvent observé dans l'entreprise, celui de la segmentation de marché. Supposons deux groupes de consommateurs, dont les préférences pour les attributs confort et durabilité des véhicules automobiles sont représentées au graphique 10.4. Pour le groupe 1, le critère confort est primordial alors que pour le groupe 2, c'est la durabilité qui importe. Considérons trois véhicules, E, F et G caractérisés par des combinaisons différentes des attributs confort *(C)* et durabilité *(D)*. Le groupe 1 est prêt à payer plus cher pour le produit E que pour le produit F. Le groupe 2 est prêt à payer plus cher pour le produit G que pour le produit F. Dans la mesure où l'offre de deux produits plutôt qu'un seul n'a pas de conséquence majeure sur les coûts de production, les entreprises ont avantage à offrir deux produits, E et G, destinés respectivement aux clientèles des groupes 1 et 2, plutôt qu'un seul produit F, destiné à l'ensemble du marché[3].

10.5. CONCURRENCE, DIFFÉRENCIATION DE PRODUIT ET ÉCONOMIES D'ÉCHELLE

Dans la section 10.3, nous concluions en mentionnant le lien qui existe entre la différenciation de produit et les prix de vente. Cette conclusion, combinée à l'existence d'économies d'échelle, permet de souligner le choix qu'ont à faire les entreprises dans le remous de la concurrence contemporaine.

---

3. Dans le chapitre 7, nous traitons de la question des économies de portée.

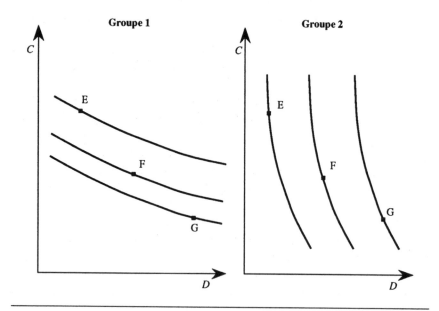

Graphique 10.4 – *Segmentation de marché*

Supposons qu'un produit se trouve sur une courbe d'indifférence inférieure, comme le produit B au graphique 10.3. Il doit se vendre à un prix inférieur à F pour attirer la clientèle. Pour pouvoir offrir ce produit à un prix plus faible, l'entreprise doit s'assurer de réaliser toutes les économies d'échelle. Si elle est dans l'impossibilité de réaliser des économies d'échelle, elle doit alors persuader l'acheteur de payer un prix plus élevé[4]. Il lui faut donc différencier son produit pour se situer sur une courbe d'indifférence supérieure. Il peut s'agir d'améliorations générales du produit ou d'ajout de caractéristiques visant un groupe particulier, c'est-à-dire une segmentation de marché.

---

4.   Nous traitons de ce sujet dans le chapitre sur les barrières à l'entrée, à la section 11.9.

10.6. EFFET SUR LA COURBE DE DEMANDE À LA FIRME ET SUR L'ÉQUILIBRE DE MARCHÉ[5]

Reprenons maintenant les considérations précédentes en nous référant à la courbe de demande à la firme et aux prix et quantités d'équilibre de marché. Nous mettons ainsi en relief l'autonomie relative d'une firme qui différencie son produit et l'effet sur les prix payés par les acheteurs et les profits des firmes sur le marché.

10.6.1. La courbe de demande à la firme

Reprenons la situation où les produits sont homogènes. Une légère variation de prix entraîne le déplacement de tous les acheteurs vers l'entreprise qui affiche un prix inférieur pour un produit donné. Nous avons alors la courbe de demande à la firme horizontale illustrée à la partie gauche du graphique 10.5. Introduisons maintenant une différenciation qui fait que des acheteurs ont, à divers degrés, une préférence pour un de ces produits, A, par exemple. Supposons maintenant une hausse du prix de A, le prix des autres produits demeurant le même. Pour certains acheteurs, la hausse de prix sera plus grande que la valeur monétaire correspondante à la préférence qu'ils accordaient à A. Ceux-ci vont donc substituer les autres biens à A. Par contre, certains acheteurs vont considérer que la hausse de prix est inférieure à la valeur monétaire de cette préférence pour A. Ceux-ci vont continuer à acheter le produit A, malgré la hausse de prix. Il en résulte pour la firme qui différencie son produit une **courbe de demande à pente négative** : une hausse de prix n'entraîne pas la désaffection de tous les acheteurs. Cette courbe de demande est illustrée à la partie du graphique 10.5.

Relativement à la situation d'une firme de concurrence pure et parfaite, dont le produit est homogène, la firme dont le produit est différencié jouit d'une plus grande autonomie, c'est-à-dire d'une certaine marge de jeu pour ce qui est du prix de vente[6]. Une hausse de prix ne lui fait pas perdre tous les acheteurs, de même qu'une baisse de prix ne les attire pas

---

5. Les premières réflexions sur le sujet proviennent de E.H. CHAMBERLIN, *The Theory of Monopolistic Competition*, Cambridge, Mass., Harvard University Press, 1953.

6. Les anglophones disent alors que cette entreprise est un « *price maker* ».

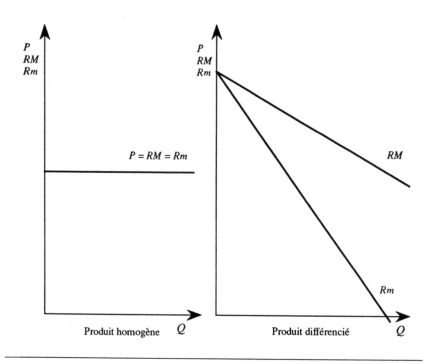

Graphique 10.5 – *Différenciation de produit et courbe de demande à la firme*

tous non plus, puisque certains accordent une préférence aux produits des autres firmes en raison de leurs caractéristiques distinctives. Inversement, une augmentation des quantités produites ne s'écoule pas sans l'introduction d'une baisse de prix, puisque les acheteurs ne sont pas indifférents entre les divers produits offerts. Il faut donc les inciter à substituer.

Le revenu marginal correspondant à une telle courbe de demande est une fonction décroissante, correspondant au cas général présenté au chapitre 2, plus précisément au graphique 2.6.

La pente de la fonction de demande est fonction du degré de différenciation de produit. Plus le degré de différenciation est élevé, plus la pente est forte. En ce qui concerne l'élasticité-prix, la différenciation cause une réduction du coefficient (en valeur absolue). Plus le produit est différencié, c'est-à-dire plus il présente des caractéristiques particulières valorisées par les acheteurs, plus la substitution est difficile, et plus l'élasticité-prix est faible.

10.6.2. L'équilibre de marché : le modèle de concurrence monopolistique

Examinons maintenant l'effet de la différenciation de produit sur les prix payés, les quantités produites et les profits. Le modèle de marché auquel nous nous référons est appelé concurrence monopolistique : monopolistique en raison de la différenciation de produit qui accorde un certain pouvoir à chacune des firmes, et concurrence parce que le grand nombre de firmes et les conditions d'entrée de la concurrence pure et parfaite sont maintenus[7].

10.6.2.1. La situation à court terme

Le prix de vente et la quantité mise sur le marché sont décidés conformément au principe de maximisation de profit.

Nous avons $\pi = RT - CT$. Nous obtenons le profit maximum lorsque

$$\frac{d\pi}{dQ} = 0 \text{ c'est-à-dire } \frac{dRT}{dQ} = \frac{dCT}{dQ}$$

ou encore $Rm = Cm$.

La situation est illustrée au graphique 10.6. Le prix de maximisation de profit est P^*, et la quantité vendue Q^*. Contrairement à une firme de concurrence pure et parfaite qui ne choisit que la quantité à produire pour un prix donné, la firme qui offre un produit différencié choisit un couple prix-quantité de maximisation de profit. Le prix choisi est supérieur au coût marginal de production, et la firme restreint la quantité produite, relativement à un comportement de concurrence pure et parfaite.

---

7. Le terme « monopolistique » vient du fait que c'est en situation de monopole qu'une firme jouit du plus grand pouvoir de marché. Il n'y a alors aucun substitut à son produit. Cette situation est examinée au chapitre 12.

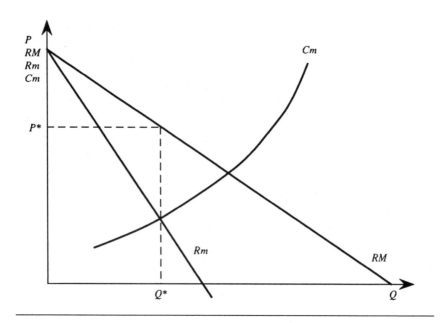

Graphique 10.6 – Équilibre de court terme

Selon le degré de différenciation, les prix demandés par les différentes firmes varient. Nous ne retrouvons donc pas un prix d'équilibre unique dans cette forme de marché. Nous pouvons avoir une firme qui met l'accent sur l'exclusivité, alors que d'autres offrent un produit plus courant. Les entreprises attirent des acheteurs dont les préférences divergent, et vendent à des prix différents. Toutefois, elles ont toutes une courbe de demande à pente négative.

Cette situation démontre l'autonomie dont peuvent jouir certaines entreprises sur un marché de concurrence monopolistique. Les firmes ont la possibilité d'adopter des politiques de prix différentes; elles sont relativement à l'abri des variations de prix des autres. En effet, les acheteurs qui tiennent à l'exclusivité ne vont pas délaisser le produit à la suite d'une légère variation de prix à la baisse des substituts. Cette autonomie est totalement absente du modèle de concurrence pure et parfaite.

10.6.2.2. La situation à long terme

À long terme, il nous faut considérer l'entrée de nouvelles firmes, puisque le capital devient mobile. Il y a entrée à la suite d'une situation à court terme où nous observons des profits. Cette entrée augmente le nombre de firmes sur le marché dont la taille ne varie pas. La demande à la firme diminue, et la courbe de demande se déplace vers la gauche. La situation est illustrée au graphique 10.7. Il y a entrée tant qu'il y a des profits économiques positifs. La courbe de demande à la firme se déplace donc vers la gauche jusqu'à ce qu'elle soit tangente à la courbe de coût moyen à long terme. Remarquons que cette tangence n'apparaît au minimum du coût moyen, mais bien à un niveau supérieur, contrairement à la situation de concurrence pure et parfaite.

L'effet de la différenciation est un prix plus élevé qu'en concurrence pure et parfaite, à cause de la pente négative de la courbe de demande. Le profit économique des firmes a toutefois disparu, comme en concurrence pure et parfaite. À court terme, la différenciation donne à la firme un certain pouvoir de fixation de prix et lui accorde une certaine protection face aux variations de prix des autres firmes. À long terme, l'entrée vient

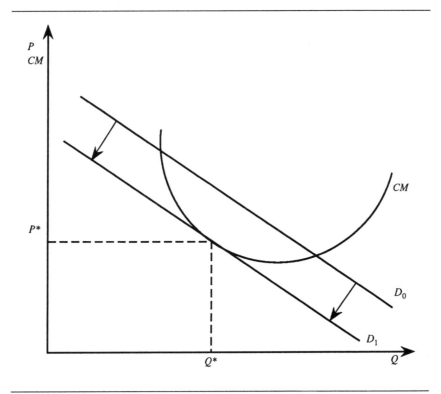

Graphique 10.7 – *Équilibre de long terme*

toutefois éliminer tout profit économique positif. Nous voyons encore une fois le rôle crucial des conditions de mobilité comme déterminant de la rentabilité à long terme des entreprises (voir le chapitre 11).

Au graphique 10.7, nous avons posé que le déplacement de la courbe de demande à la firme se fait de façon parallèle. Nous pouvons toutefois concevoir qu'il n'en soit pas ainsi et qu'il y ait plutôt une réduction de la pente (voir le graphique 10.8). Il est tout à fait plausible que les nouvelles firmes offrent des produits qui augmentent le degré de substitution entre les produits disponibles sur le marché. Dans le cas du produit exclusif et du produit courant, nous pouvons concevoir que l'entreprise qui entre sur le marché choisisse un produit intermédiaire, offrant une certaine exclusivité. Une variation de prix de sa part attire des clients qui optent habituellement pour le produit courant, et d'autres qui optent pour le produit exclusif. La pente des courbes de demande aux firmes résidantes se modifie donc à la baisse.

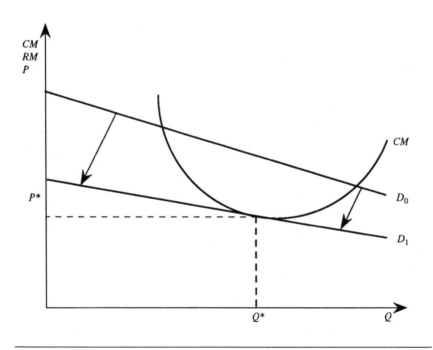

Graphique 10.8 – *Équilibre de long terme*
Augmentation de la substitution

10.7. LA DIFFÉRENCIATION DE PRODUIT COMME GESTE CONCURRENTIEL

Nous avons jusqu'à maintenant considéré la différenciation de produit comme une situation donnée et avons examiné son impact sur la demande à la firme. Nous avons conclu que la différenciation de produit occasionnait une réduction de l'élasticité-prix de la demande à la firme et isolait ainsi, dans une certaine mesure, une firme des gestes posés par les concurrentes. Il est donc avantageux pour une firme d'offrir un produit différencié.

Toutefois, la différenciation de produit n'est pas uniquement inhérente à la nature du produit. Certes, il existe des produits qui, intrinsèquement, sont plus ou moins homogènes, et d'autres qui sont, à priori, fortement différenciés. Par contre, la firme peut elle-même contrôler le degré de différenciation de ses produits. Ainsi, une firme peut modifier la qualité du produit offert, sa dimension, sa couleur, le service après-vente, etc. Une firme qui différencie son produit, par exemple, en augmentant sa qualité, déplace sa courbe de demande vers la droite, en plus de la rendre moins élastique au prix. Elle va chercher des acheteurs qui autrement s'adresseraient à d'autres firmes. Puisqu'il est avantageux pour une firme d'offrir un produit différencié, et qu'elle peut en affecter le degré de différenciation, elle est incitée à faire des efforts de différenciation. Nous pouvons alors nous attendre à ce que les firmes cherchent à donner à leur produit des caractéristiques particulières valorisées par les acheteurs, d'où les efforts du côté de la qualité, du service après-vente, de l'exclusivité. **Ainsi, la concurrence ne se fait pas seulement par les prix, mais aussi par la différenciation de produit**. Les efforts de différenciation sont des gestes concurrentiels explicites.

Nos propos ci-dessus s'appliquent également à l'innovation. Conceptuellement, la différenciation de produit et l'innovation se confondent. De fait, nous considérons l'innovation comme un cas extrême de différenciation d'où émergent des caractéristiques nouvelles[8]. L'innovation fait donc partie des gestes concurrentiels des entreprises. D'ailleurs, la concurrence contemporaine y accorde une grande importance. Certains la voient même comme la pierre angulaire du succès des entreprises exerçant leurs activités dans un marché mondial[9].

8. Nous ne traitons pas ici de l'innovation relative aux procédés de production.

9. M.E. PORTER, « The Competitive Advantage of Nations », *Harvard Business Review*, mars-avril 1990.

10.8. LA PUBLICITÉ

Ce sujet est tellement lié aux considérations précédentes qu'il est quasi impossible de l'en dissocier. Nous présentons le contexte dans lequel une firme juge rentable de faire de la publicité et de là, nous voyons le lien entre différenciation et publicité.

10.8.1. L'information imparfaite et le coût de l'information

Pour comprendre l'existence de la publicité, il faut assouplir une autre des conditions du modèle du chapitre 4 : l'information parfaite. Nous posons maintenant que l'information n'est pas parfaite : les divers agents économiques ne sont pas nécessairement au courant des différents prix et des produits disponibles sur le marché, ni des occasions de gain à réaliser.

Étant donné que l'information n'existe pas en soi, comme une condition de la nature, il faut la produire. Comme tout autre bien ou service, la production, la diffusion et l'acquisition d'information entraînent des coûts. Il y a donc un montant optimal à payer pour produire, diffuser, rechercher et acquérir de l'information[10]. La firme fait des efforts, limités, pour dispenser de l'information et les acheteurs font des efforts, limités également, pour en acquérir.

Une façon de diffuser de l'information est de faire de la publicité.

10.8.2. La publicité et la différenciation de produit

Dans un monde d'information imparfaite, la publicité en soi assure une différenciation de produit. Reprenons la situation d'un acheteur qui choisit entre deux biens A et B. Les deux biens diffèrent selon les attributs 1 et 2. Référons-nous au graphique 10.9. Leurs attributs sont tels que dans un monde d'information parfaite, les deux biens se trouvent sur la même courbe d'indifférence. Pour l'acheteur, à prix égal, ces deux biens lui sont donc indifférents. Supposons maintenant que l'information ne soit pas

---

10.   G. STIGLER, « The Economics of Information », *Journal of Political Economy*, juin
       1961, pp. 213-225.

parfaite, pour le bien A. L'acheteur ne peut pas véritablement évaluer les attributs. Le bien A peut ainsi paraître à ses yeux comme étant (possiblement) C, ce qui lui apporte un niveau de satisfaction 1. Il choisit alors le bien B qui lui procure avec certitude un niveau de satisfaction 2. Une firme a ainsi avantage à faire de la publicité parce que, ce faisant, elle différencie le bien relativement aux autres biens pour lesquels moins d'information est disponible. À prix égal, l'acheteur peut préférer le bien sur lequel il a de l'information. Selon notre schéma, il est même prêt à payer plus cher pour ce bien. La firme qui produit B jouit alors d'un avantage sur celle qui produit C, égal au montant de la valeur de l'information pour l'acheteur. Toutefois, dans la mesure où toutes les firmes diffusent de l'information, il n'y a plus de différenciation de produit à partir de l'information véhiculée par la publicité.

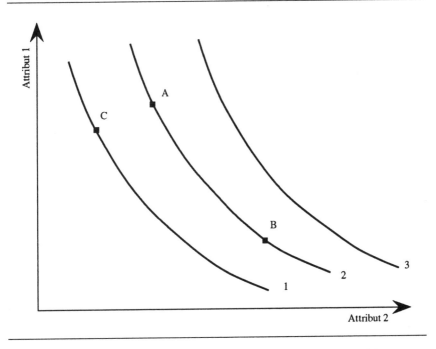

Graphique 10.9 – Publicité, information et différenciation de produit

Par ailleurs, la publicité contribue à la différenciation autrement que par l'information factuelle qu'elle livre. La différenciation ne réside pas exclusivement dans les attributs physiques du produit, mais aussi dans l'image véhiculée, car la publicité détermine dans une grande mesure l'image associée à un produit. Ainsi, pour des produits dont les caractéristiques physiques sont données et situent l'acheteur sur la même courbe de satisfaction, il est possible de modifier l'attribut image et de permettre à l'un de procurer une plus grande satisfaction que l'autre.

Finalement, la publicité contribue à différencier les produits en créant un attachement à la marque. Rappelons que nous sommes dans un contexte d'information imparfaite où l'acheteur cherche de l'information. Une publicité continue peut contribuer à associer une marque à des caractéristiques valorisées. Ainsi, il pourra arriver qu'un nouveau produit de la même marque soit présumé être doté des mêmes caractéristiques.

10.9.   LE NIVEAU DE PUBLICITÉ OPTIMAL

La production et la diffusion d'information entraînent des coûts, nous l'avons déjà mentionné. L'effort de publicité optimal ne correspond pas à l'effort maximal, et il est possible d'en cerner les déterminants en faisant appel aux revenus et aux coûts associés à un effort publicitaire.

10.9.1.   Les rendements décroissants de la publicité

La publicité augmente la demande à la firme, en augmentant l'information sur le produit et en lui conférant certaines caractéristiques. Les efforts de publicité sont toutefois sujets aux rendements décroissants. Ainsi dans une fonction $Q = f(A)$, nous avons $dQ/dA > 0$, mais décroissant. La situation est représentée au graphique 10.10 avec, dans la partie supérieure, la fonction liant l'effort de publicité aux quantités vendues, et dans la partie inférieure, les déplacements de la courbe de demande à la suite des accroissements successifs de publicité de même valeur. Les déplacements sont de moins en moins importants.

10.9.2.   Une situation de prix donné

Considérons en premier lieu une situation où le prix de vente est donné et ne peut être modifié.

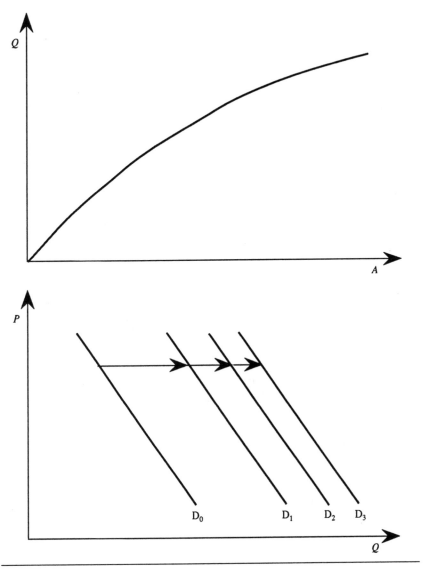

Graphique 10.10 – Rendements décroissants de la publicité

Nous avons

$$\pi_N = RT - CT - A \qquad = \text{profit net}$$

$$\pi_B = RT - CT \qquad = \text{profit brut}$$

où A représente le montant des dépenses de publicité.

Nous faisons l'hypothèse que $Cm = CMV$.

Soit MP la marge de profit unitaire, $d\pi_B/dQ = P - CMV$.

L'entreprise veut maximiser π_N.

Nous cherchons un niveau de publicité tel que

$$\frac{d\pi_N}{dA} = 0$$

c'est-à-dire
$$\frac{d\pi_N}{dA} = \frac{d(RT - CT)}{dA} - \frac{dA}{dA} = 0$$

$$\frac{d\pi_B}{dA} - \frac{dA}{dA} = 0$$

$$\frac{d\pi_B}{dA} = 1$$

L'effort optimal de publicité est celui pour lequel les coûts addition-nels de la publicité sont égaux aux profits bruts additionnels engendrés par l'effort de publicité additionnel. L'effort optimal ne coïncide pas avec le niveau maximal.

Ce résultat s'exprime aussi par la formule suivante :

$$\frac{d\pi_B}{dA} = \frac{d\pi_B}{dQ} \times \frac{dQ}{dA} = MP \times \frac{dQ}{dA} = 1 \quad \text{où} \quad MP = \frac{d\pi_B}{dQ}$$

et finalement $\dfrac{dQ}{dA} = \dfrac{1}{MP}$.

L'effort de publicité optimal est donc atteint lorsque la productivité marginale de l'effort publicitaire est égale à l'inverse de la marge de pro-fit brut. Il est donc fonction de l'évolution de dQ/dA et de la marge de profit réalisée, MP. Il est d'autant plus grand que dQ/dA est élevé et que la marge de profit est forte. Le premier argument est relativement facile à comprendre : plus la productivité marginale de la publicité en ce qui a trait aux quantités vendues est élevée, plus nous faisons de publicité. Le second argument concerne les frais occasionnés par l'accroissement de la publicité; ceux-ci sont couverts par la marge de profit ($d\pi_B/dQ$) réalisée sur les quantités additionnelles vendues. Plus la marge de profit est élevée, plus faibles sont les quantités additionnelles requises pour couvrir les dépenses de publicité.

Ces propos sont illustrés au graphique 10.11. La publicité optimale est celle pour laquelle la pente dQ/dA de la fonction $Q = f(A)$ est égale à l'inverse de la marge de profit ($1/MP$). À la partie supérieure, nous constatons que, pour une marge de profit donnée, le niveau optimal de publicité est plus élevé pour la fonction 2, dont la pente décroît moins rapidement. À la partie inférieure, pour une fonction $Q = f(A)$ donnée, le niveau de publicité optimal est d'autant plus grand (A_2) que la marge de profit (MP) est élevée, c'est-à-dire que ($1/MP$) est faible.

10.9.3.   Une situation à prix variable

10.9.3.1. Prix et publicité

Considérons maintenant une situation plus générale, où la firme choisit elle-même son prix; ceci nous permet de mettre en évidence le lien entre les décisions de prix et de publicité. Observons au graphique 10.12 une firme qui initialement fait face à une demande D_0, elle-même associée à un niveau de publicité A_0. Pour simplifier l'exposé, supposons que les coûts de production variables sont nuls.

Avec une telle demande, le prix optimal est P_0 et la quantité mise sur le marché, Q_0[11].

Augmentons maintenant le niveau de publicité à A_1. L'effort accru de publicité se traduit par un déplacement vers la droite de la courbe de demande (D_1); le prix qui maximise les profits augmente à P_1 et les quantités mises sur le marché à Q_1.

---

11.   La maximisation des profits implique $Rm = Cm$. Puisque $Cm = 0$ dans le cas présent, nous maximisons les profits lorsque $Rm = 0$.

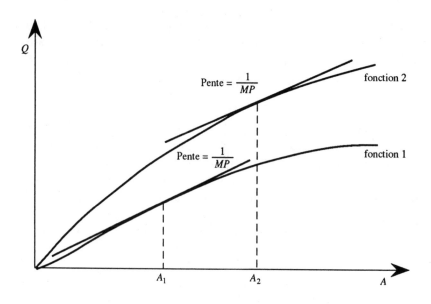

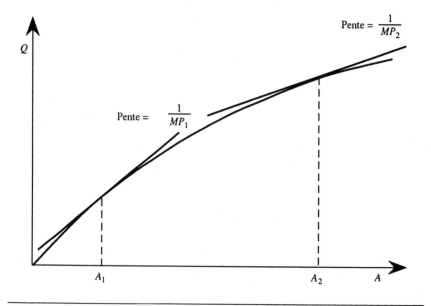

Graphique 10.11 – *Productivité de la publicité, marge de profit et publicité optimale*

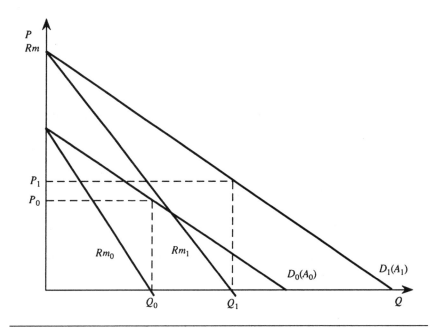

Graphique 10.12 – Prix optimal et publicité

Comme le prix de maximisation des profits varie en fonction du niveau de publicité, il est impossible de dissocier la décision de prix de celle de l'effort de publicité.

Cette conclusion vaut également pour les efforts d'innovation et de différenciation de produit. Dans tous les cas, nous avons des déplacements de la courbe de demande.

10.9.3.2. *Le niveau optimal de publicité*

L'optimisation est plus complexe que dans la situation à prix donné, puisque l'entreprise doit maintenant décider du niveau de deux variables, le prix et la publicité. Nous avons

$$\pi = f(P, A)$$

et l'entreprise cherche $P*$ et $A*$ afin d'obtenir

$$\frac{d\pi}{dA} = 0 \quad \text{et} \quad \frac{d\pi}{dP} = 0^{12}.$$

Afin de préciser le lien entre la publicité et le prix à l'optimum, reprenons la condition d'optimalité de la situation à prix donné et faisons intervenir l'élasticité-prix, puisque le prix est maintenant variable. Nous avons l'équation suivante :

$$\frac{dQ}{dA} = \frac{1}{MP}$$

En maximisation de profit nous avons l'égalité suivante (voir section 2.4.3) :

$$Rm = Cm = P\left(1 + \frac{1}{E_P}\right)$$

$$Cm - P = \frac{P}{E_P}$$

$$P - Cm = -\frac{P}{E_P}$$

$$\frac{1}{P - Cm} = \frac{1}{MP} = -\frac{E_P}{P}$$

d'où $\quad \dfrac{dQ}{dA} = -\dfrac{E_P}{P}.$

---

12. Nous trouvons un exposé graphique de la question dans plusieurs ouvrages, dont G. GAUTHIER, et F. LEROUX, *Microéconomie, théorie et applications*, au chapitre 7, et E.J. DOUGLAS, *Managerial Economics*, au chapitre 13. Le traitement formel remonte à l'article de R. DORFMAN, et P. STEINER, « Optimal Advertising and Optimal Quality », *American Economic Review*, n° 44, pp. 826-836, 1954.

Multiplions les deux termes de cette égalité par $\dfrac{A}{Q}$.

Nous avons alors l'égalité suivante :

$$\frac{dQ}{dA} \times \frac{A}{Q} = -\frac{E_P}{P} \times \frac{A}{Q}$$

$$E_A = -\frac{E_P}{P} \times \frac{A}{Q}$$

$$-\frac{E_A}{E_P} = \frac{A}{PQ}.$$

Le ratio publicité sur ventes doit être égal au rapport de l'élasticité-publicité et de l'élasticité-prix. Plus l'élasticité-publicité est élevée, plus l'effort de publicité est grand, et plus l'élasticité-prix est élevée, moins l'effort de publicité est grand.

10.10. POINTS IMPORTANTS ET IMPLICATIONS

Dans ce chapitre, nous abandonnons les hypothèses d'homogénéité de produit et d'information parfaite pour introduire la différenciation et la publicité. Quatre résultats doivent être retenus. En premier lieu, le chapitre jette un éclairage nouveau sur le comportement des acheteurs qui choisissent non seulement entre des produits répondant à des besoins différents, comme au chapitre 2, mais aussi entre des produits répondant à un même besoin, en fonction de leurs attributs.

En second lieu, la différenciation de produit a pour effet d'octroyer un certain pouvoir à l'entreprise, pouvoir tout à fait absent de la construction du chapitre 4 : l'entreprise peut maintenant choisir son prix de vente et elle a la possibilité de demander un prix plus élevé que les autres firmes présentes, sans nécessairement perdre tous ses clients.

Le troisième résultat est que l'entreprise est incitée à se donner ce pouvoir. Ainsi, non seulement faut-il s'attendre à ce que la différenciation de produit influe sur le prix demandé, mais aussi à ce que la firme cherche à innover et à différencier son produit afin de pouvoir fixer les prix et se libérer dans une certaine mesure du joug des autres firmes.

Finalement, la dernière partie souligne l'impossibilité de dissocier les décisions relatives au prix de celles qui ont trait à la publicité, à la différenciation et à l'innovation.

TERMES IMPORTANTS

Différenciation
Image
Innovation
Élasticité-prix
Information imparfaite

BIBLIOGRAPHIE

BURGESS, G.H., *Industrial Organization*, Englewood Cliffs, N. J., Prentice-Hall, 1988, chapitres 6 et 11.

CARLTON, D.W. et J.M. PERLOFF, *Modern Industrial Organisation*, Glenview, Ill., Scott, Foresman/Little, Brown, 1990, chapitre 11.

DOUGLAS, E.J., *Managerial Economics*, 3e édition, Englewood Cliffs, N. J., Prentice-Hall, 1987, chapitre 13.

LEROUX, F., *Economie de l'entreprise*, 2e édition, Montréal, Gaëtan Morin Éditeur, 1980, chapitre 16.

THOMPSON, A.A., *Economics of the Firm*, 4e édition, Englewood Cliffs, N. J., Prentice-Hall, 1985, chapitre 11.

QUESTIONS ET EXERCICES

10.1 La compagnie de véhicules automobiles Passeport vient de mettre sur le marché un nouveau modèle, la Rodéo. Selon *La Presse* du 11 mars 1991, ce véhicule est supérieur aux autres de la même catégorie, mais ne connaît pas la même vogue que s'il avait été produit par un des autres fabricants. Expliquez pourquoi le marché réserverait un accueil plutôt tiède à un produit de qualité.

10.2 Au moment de la vente de la compagnie Steinberg à la Caisse de dépôt et à la firme Socanav, les actifs immobiliers étaient les plus importants. Quelle était l'idée de l'entreprise de distribution alimentaire à l'origine de la constitution d'un si imposant portefeuille immobilier ?

10.3 De quelle façon les grandes compagnies pétrolières exercent-elles des pressions les unes sur les autres ?

10.4 Soit une entreprise québécoise de portes et fenêtres travaillant dans la rénovation. Nous savons qu'il n'y a pas véritablement d'économies d'échelle dans ce secteur. Cette entreprise est-elle menacée par la baisse de tarifs consécutive au traité de libre-échange avec les États-Unis ? Expliquez.

10.5 Comment pouvons-nous expliquer que des entreprises québécoises de vêtements « haut de gamme » semblent prospérer, alors que l'ensemble de l'industrie québécoise du vêtement est en déclin ?

10.6 Dans un marché où le produit est différencié, illustrez à l'aide d'un graphique l'effet d'une augmentation des dépenses de publicité sur le prix qu'une entreprise devrait demander pour son produit, si elle veut maximiser son profit.

10.7 Soit une entreprise productrice de boissons gazeuses, dont le prix de vente de 0,75 $ est imposé par le marché et dont les coûts moyens sont constants à 0,55 $. Actuellement, le budget de publicité est de 8 000 000 $.

Les effets de la publicité sur les quantités vendues sont indiqués par la fonction suivante :

$Q = 20\,000 + 24\,A - A^2$ où A est en millions de dollars

a) Le niveau de publicité actuel est-il optimal ? Sinon, quel est-il ?

b) Supposons maintenant que le prix ne soit pas fixé par le marché, mais par la firme. L'entreprise a-t-elle intérêt à modifier son prix à la suite d'une variation de son budget de publicité ? Expliquez.

10.8   Soit la fonction de demande suivante :

$Q = 200 + 0,04Y + 0,02A - 100P$

où Q = quantité demandée

P = prix de vente = 5 $

Y = indice du revenu disponible = 10 000 $

A = indice des dépenses de publicité = 20 000 $

a) Calculez l'élasticité-prix et l'élasticité-publicité pour des dépenses de publicité de 20 000 $ et de 30 000 $. Expliquez les résultats.

b) Que pouvez-vous dire de la politique de prix de cette entreprise, selon les différents niveaux de publicité ? Que pouvez-vous dire d'une entreprise qui confierait la politique de prix au gérant de production et la campagne de mise en marché à la section marketing ?

CHAPITRE

11

Les barrières à l'entrée

Au chapitre précédent, nous avons introduit la différenciation de produit et l'information imparfaite. Bien que ces modifications aient contribué à accroître la pertinence de notre analyse de la concurrence, certaines facettes de cette dernière nous échappent encore, en particulier, la rivalité personnalisée, absente de nos modèles, et qui pourtant semble faire partie du quotidien d'un grand nombre d'entreprises. Jusqu'à maintenant, nos constructions se sont toujours rapportées à un grand nombre de firmes sur le marché, rendant les pressions concurrentielles relativement anonymes. Nos modèles des chapitres 4 et 10 ne nous permettent donc pas d'observer la situation d'adversité d'un nombre restreint de firmes.

Nous procédons donc à une autre modification du modèle de base : nous posons que la mobilité des firmes est imparfaite. L'entrée dans un marché ne découle pas simplement de l'observation de profits économiques positifs, comme dans les modèles de concurrence pure et parfaite et de concurrence monopolistique. Elle est fonction également de l'importance des barrières à l'entrée et de la capacité de les franchir de l'entrant potentiel.

11.1. LA NOTION DE BARRIÈRES À L'ENTRÉE

Les barrières à l'entrée sont des facteurs qui rendent difficile l'entrée dans un marché où des profits économiques positifs sont observés[1]. Elles sont toutefois différentes des coûts d'entrée. En effet, nous ne pouvons pas dire qu'il y a barrière à chaque fois que l'entrée entraîne des coûts économiques positifs, car dans ce cas il y aurait toujours des barrières à l'entrée, même dans le modèle de concurrence pure et parfaite, et le concept serait dénué de sens. Il est en effet entendu que l'entrée implique des coûts. Comme nous vivons dans un monde de rareté, l'utilisation de ressources pour entrer dans un marché ne saurait être gratuite[2].

La notion de barrière à l'entrée est tout à fait autre. Il y a barrière à l'entrée lorsqu'il y a **asymétrie** entre les entreprises déjà sur un marché et les entreprises qui veulent y entrer, et que cette asymétrie désavantage l'entrant[3]. Quand les conditions d'opération des deux groupes ne sont pas les mêmes, il y a asymétrie[4]. Par contre, sans asymétrie, on ne saurait dire qu'il y a barrières à l'entrée, il n'y a alors que des coûts d'entrée. Le concept d'asymétrie va se préciser à l'examen des sources de barrières à l'entrée dans la section suivante.

11.2. LES PRINCIPALES BARRIÈRES À L'ENTRÉE

11.2.1. La différenciation de produit

La différenciation menant à un attachement à la marque donne lieu à une barrière à l'entrée en créant une asymétrie au niveau des courbes de demande des résidants et des entrants[5] : ils font face à des courbes de

---

1. L'auteur qui le premier a étudié de façon systématique les barrières à l'entrée est J. BAIN, dans *Barriers to New Competition*, Cambridge, Mass., Harvard University Press, 1956.

2. Voir le chapitre 7 sur les coûts économiques.

3. Il peut exister des situations où l'asymétrie favorise l'entrant.

4. Le rôle crucial de l'asymétrie est mis en évidence par G. STIGLER dans *The Organization of Industry*, Chicago, Irwin, 1968, p. 67.

5. COMANOR et WILSON ont insisté sur l'asymétrie dans les courbes de demandes, dans « Advertising and Competition : A survey », *Journal of Economic Literature*, juin 1979, pp. 453-476.

demande différentes. L'entrant doit donc faire des efforts de différenciation et de publicité plus grands que le résidant pour attirer l'acheteur, ce qui entraîne des coûts plus élevés. Deux raisons peuvent expliquer ceci. En premier lieu, on doit tenir compte du fait que la publicité a des effets durables. La firme peut considérer la publicité comme un actif qui certes se déprécie plus rapidement qu'un actif physique, mais qui a des répercussions sur plus d'une période. Ainsi, la publicité réalisée en t_0 influe sur les ventes de t_0 et de t_1. La firme qui désire entrer en t_1 doit compenser pour la publicité réalisée par la résidante non seulement en t_1 mais aussi au cours de la période précédente si elle veut égaliser les élasticités-prix des demandes aux différentes firmes. En second lieu, la situation d'information imparfaite peut inciter le consommateur à accorder une préférence à la firme qui existe déjà et dont les produits sont connus. Pour l'acheteur, le fait qu'une firme existe depuis longtemps est un signe de qualité, en particulier lorsqu'il est difficile et coûteux pour lui d'obtenir des informations par d'autres moyens[6]. La firme qui désire entrer sur un marché doit donc combattre cette méfiance de l'acheteur par un plus grand effort de mise en marché que celui déployé par la firme résidante, ce qui encore une fois lui fait supporter des coûts plus élevés.

Remarquons que tout effort de différenciation de produit ne donne pas nécessairement lieu à une asymétrie. Le modèle de la concurrence monopolistique est caractérisé par la différenciation de produits, mais il n'y a pas de barrière à l'entrée. Les autres entreprises peuvent reproduire les mêmes attributs, ou encore doter leurs produits d'attributs aussi intéressants pour l'acheteur. Il n'y a pas d'asymétrie dans les courbes de demande dans le modèle de la concurrence monopolistique[7].

11.2.2.   Les économies d'échelle et la taille des opérations

Les économies d'échelle sont une des causes de la mobilité imparfaite. Examinons la situation illustrée au graphique 11.1. Nous reprenons la courbe de coût moyen à long terme et la notion de taille minimale d'efficacité *(TME)* traitée au chapitre 7. Considérons un marché où les firmes

---

6.   Nous avons abordé cette question au chapitre précédent, à la section 10.8.2.

7.   Ou encore, s'il y a asymétrie, elle est de très courte durée. Voir à ce sujet l'exercice 11.6.

résidantes ont une taille supérieure à la taille minimale d'efficacité. Elles réalisent des profits économiques positifs. Le produit est différencié, conférant aux entreprises résidantes une image de marque. Une nouvelle firme se présente. Étant donné la taille minimale d'efficacité que nous avons posée, la nouvelle firme doit aller chercher une part substantielle du marché, si elle envisage d'avoir des coûts de production comparables à ceux de la firme résidante (CM_R). Pour toute part de marché inférieure à TME, nous avons des coûts de la nouvelle firme de l'ordre de $CM_{NF} > CM_R$. Il y a asymétrie entre les deux firmes.

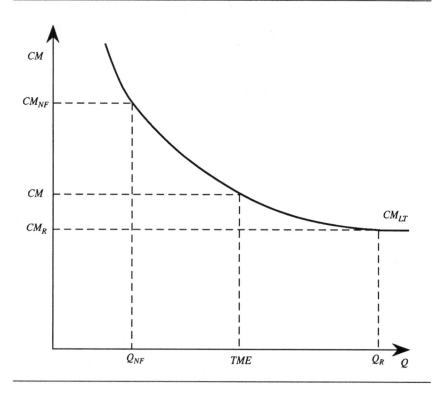

Graphique 11.1 – *Les économies d'échelle et la taille des opérations*

Il importe de souligner que si le produit était homogène, la nouvelle firme n'aurait qu'à ajuster son prix pour aller chercher le volume de vente lui permettant d'atteindre la taille minimale d'efficacité. La combinaison de différenciation du produit et d'économies d'échelle place l'entrant dans une situation désavantageuse. Soulignons également que plus la taille minimale d'efficacité est élevée, plus l'entrée est difficile puisque la part de marché que la nouvelle firme doit aller chercher est encore plus grande[8].

La publicité peut aussi faire apparaître une barrière liée au niveau de production. En effet, il peut y avoir des niveaux seuils de publicité qui entraînent des disparités de coûts entre le résidant et l'entrant. Dans la mesure où, pour avoir un impact significatif auprès des acheteurs, il faut une campagne publicitaire de niveau $\bar{A}$, la firme résidante qui produit davantage (Q_R) supporte des coûts moyens de publicité plus faibles $(\bar{A}/Q_R$, voir le graphique 11.2). On peut aussi réaliser des économies d'échelle dans l'acquisition des services de publicité, par exemple, dans l'achat d'espace média : une grande firme peut acquérir plus d'espace publicitaire à un prix plus faible, réduisant ainsi le coût moyen de la publicité. Il existe alors une asymétrie entre la résidante, qui a priori produit davantage, et l'entrante, qui se doit de conquérir une part de marché.

11.2.3. Les différences de coûts

Par différences de coûts, nous entendons des différences absolues attribuables non pas à des volumes de production différents, mais à des coûts de facteurs différents, selon que la firme est résidante ou entrante. Une situation fréquente vise l'accès à une matière première, par exemple, l'accès au bois pour différentes entreprises de pâte et papier ou à des sources d'énergie dans des secteurs comme l'aluminium ou le magnésium. Dans une telle situation, la firme résidante jouit de coûts de production inférieurs et peut ainsi pratiquer une politique de prix qui rend difficile l'entrée de nouvelles firmes[9].

Par extension, l'accès à des matières premières de meilleure qualité peut être une barrière à l'entrée, puisqu'il en résulte des différences de coûts et de productivité.

---

8.   Nous reprenons cette question à la section 14.2.

9.   Ce sujet est traité au chapitre 14, sous le titre de prix limite.

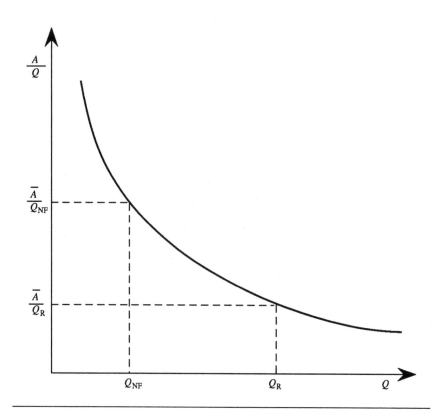

Graphique 11.2 – Coût moyen de la publicité

11.2.4.   La réglementation

Il existe plusieurs situations où les gouvernements viennent restreindre l'entrée dans un marché par des règlements. Diverses raisons sont invoquées pour justifier ces interventions, depuis la nécessité de protéger la culture (industrie de la télévision), d'assurer des services de qualité (santé, services juridiques, expertise comptable, travaux de génie, etc.) jusqu'à la « protection » des acheteurs de l'instabilité d'une concurrence « destructrice » (transport).

Le bien-fondé de ces interventions est loin de faire l'unanimité chez les économistes. Plusieurs y voient plutôt la mise en place de barrières à l'entrée destinées à assurer un profit économique positif aux entreprises présentes dans le secteur[10].

11.2.5.   Les barrières à la sortie

Il existe finalement une autre source de barrières à l'entrée qui, paradoxalement, ne touche pas directement les conditions d'entrée. Il s'agit de barrières à la sortie[11]. Une entreprise est moins portée à entrer dans un marché s'il est coûteux d'en sortir. Nous entendons par barrières à la sortie une situation où la firme doit subir des pertes élevées à la sortie (coûts perdus) parce que ses actifs, physiques ou autres, sont spécifiques[12]. Comparons la fermeture d'une firme dans le domaine du transport par camion et celle d'une firme dans le domaine de la pétrochimie. Les actifs dans le premier cas peuvent trouver preneur facilement : il s'agit d'entrepôts dont la vocation n'est pas unique et de camions pour lesquels il existe un marché nord-américain. Le vendeur devra évidemment supporter l'amortissement des actifs ainsi que des coûts de transaction, mais il récupère une valeur au marché non nulle pour ses différents actifs. Par contre, la situation est tout à fait différente dans la pétrochimie : les actifs sont très liés à la nature spécifique des activités de la firme et au site où ils sont installés. Il n'existe à peu près pas de marché secondaire pour de tels actifs. Une firme qui veut quitter ce secteur doit donc s'attendre à subir de fortes pertes relativement aux prix payés pour ses actifs.

---

10.   Posner fait un survol des approches des économistes face à la réglementation dans « Theories of Economic Regulation », *Bell Journal of Economics and Management Science*, automne 1974, pp. 335-358.

11.   Le concept de barrières à la sortie a été mis en évidence par R. Caves et M.E. Porter, dans « From Entry Barriers to Mobility Barriers », *Quarterly Journal of Economics*, 1977, pp. 241-261.

12.   Nous avons déjà signalé les conséquences de l'existence d'actifs spécifiques lorsque nous avons traité des coûts de transaction et des formes optimales d'organisation des différentes transactions de la firme au chapitre 7. Ainsi, de la même façon que la spécificité de l'actif poussait la firme, une fois dans un secteur, à choisir certaines formes de régie de ses transactions, elle représente un élément important à considérer avant de prendre la décision d'entrer dans un secteur.

Des actifs non physiques peuvent aussi être la source de barrières à la sortie. Dans certains marchés, les entreprises doivent investir considérablement dans la création d'images, ou encore dans une équipe de recherche. Il s'agit là d'actifs de grande valeur lorsque la firme est en activité, mais difficilement récupérables à la sortie.

L'asymétrie associée à la barrière à la sortie est la suivante : l'entrant potentiel considère que, s'il devenait résidant, il ne pourrait pas récupérer la valeur historique de ses actifs advenant une sortie, alors qu'il ne court pas ce risque s'il n'entre pas ou s'il entre dans d'autres secteurs d'activité.

11.3. EXTENSION DE LA NOTION DE BARRIÈRES À L'ENTRÉE : BARRIÈRES À LA MOBILITÉ[13]

Nous observons au sein d'un même secteur des entreprises de diverses tailles, ainsi que des profits variant selon la taille. Une explication possible de ces différences est l'existence de barrières à la mobilité à l'intérieur d'un secteur donné. Ainsi, de la même façon qu'il existe des barrières à l'entrée, il existe des difficultés à croître dans un secteur, engendrées par les mêmes facteurs. Il est donc difficile pour une entreprise dans un secteur donné de se développer lorsque les plus grandes firmes jouissent d'une image de marque et réalisent des économies d'échelle. Nous pouvons penser aux pharmacies indépendantes ou à un restaurant indépendant, de type « sur le pouce », en regard des grandes chaînes, ou encore à un fabricant québécois de bateaux de plaisance par rapport aux grandes entreprises américaines[14].

11.4. LES EFFETS DES BARRIÈRES À L'ENTRÉE

Pour saisir l'effet considérable des barrières à l'entrée sur les conditions dans lesquelles opèrent les firmes, reportons-nous brièvement aux modèles

---

13. Ce point est développé par R. Caves et M.E. Porter, « From Entry Barriers to Mobility Barriers », *Quarterly Journal of Economics*, 1977, pp. 241-261.

14. Nous revenons sur cette notion lorsque nous traitons de l'analyse de la concurrence et des groupes stratégiques au chapitre 16.

de concurrence pure et parfaite et de concurrence monopolistique. Dans les deux cas, nous avons un grand nombre de firmes, ce qui implique qu'aucune d'entre elles ne détient de pouvoir sur le marché et les acheteurs, sauf pour la marge de manoeuvre associée à la différenciation de produit.

L'existence de barrières à l'entrée vient modifier cette situation. Nous ne sommes alors plus assurés d'être en présence d'une situation où un grand nombre de firmes se font concurrence. Les situations où intervient un petit nombre, voire une seule firme, sont désormais possibles. Il s'ensuit que le pouvoir des firmes en place peut être plus élevé : si le nombre de firmes est plus faible, un nombre plus restreint de produits substituables est offert, ce qui limite la possibilité de substitution par l'acheteur. La réduction du nombre de firmes sur un marché peut modifier la nature des pressions que ces dernières subissent et laisse entrevoir la possibilité d'un accord, tacite ou explicite, entre les firmes pour limiter les pressions concurrentielles (voir le chapitre 13).

Par ailleurs, dans les modèles de concurrence pure et parfaite et de concurrence monopolistique, les profits économiques positifs entraînent une entrée de nouvelles firmes, ce qui fait baisser les prix, et fait disparaître le profit économique positif. Si l'entrée est réduite à cause de différentes barrières, les profits économiques peuvent persister.

11.5. EXISTENCE ET MISE EN PLACE DE BARRIÈRES À L'ENTRÉE

Cette dernière observation sur les effets de l'existence de barrières mérite une attention toute particulière : les firmes en place bénéficient de profits économiques à long terme, dans la mesure où les barrières persistent. Elles ont donc avantage à ce que ces barrières soient maintenues. Nous avons considéré les barrières jusqu'à maintenant comme si elles étaient exclusivement un fait de la nature, une donnée pour les firmes en activité dans certains secteurs. Cette vision est évidemment restrictive. De la même façon que nous avons observé au chapitre 10 que les firmes ont avantage à favoriser la différenciation de produit pour réduire l'élasticité-prix de leur demande, les firmes sur un marché ont **avantage à ériger des barrières à l'entrée**. Les firmes en place vont donc poser sciemment des gestes qui ont pour objectif de réduire l'entrée. L'entrant peut être la cible de gestes concurrentiels de la part des firmes résidantes et les décisions concernant la différenciation, l'innovation et la taille des installations prennent plus d'importance que ne le révèle le strict regard statique sur la demande et les coûts de production d'une entreprise. Les entreprises résidantes peuvent aller jusqu'à faire appel aux pouvoirs publics pour restreindre l'entrée de nouvelles firmes, par voie de réglementation.

À cet égard, il serait plausible de croire que les campagnes publicitaires dans l'industrie de la bière ou du tabac soient conçues, au moins en partie, pour rendre l'entrée plus difficile. C'est ce qui expliquerait également le nombre et la localisation de points de vente de certaines entreprises[15].

11.6. AUTRE CONSIDÉRATION TOUCHANT L'ENTRÉE : LE COMPORTEMENT DES FIRMES EN PLACE

La question d'entrée dans un marché est ici traitée dans une perspective restrictive : la situation qui prévaut après l'entrée est complètement négligée. L'examen des barrières est essentiel mais ne suffit pas pour permettre à une firme de prendre la décision d'entrer sur un marché. Elle doit également considérer le comportement que pourraient adopter les firmes en place, à la suite de son entrée éventuelle. En effet, ces dernières peuvent faire preuve d'une grande hostilité ou d'une résignation complaisante (voir le chapitre 14 à ce sujet).

11.7. POINTS IMPORTANTS ET IMPLICATIONS

Dans ce chapitre, nous abandonnons l'hypothèse de la mobilité parfaite, pour la remplacer par celle de barrières à l'entrée. Toutefois, il ne suffit pas d'observer un coût d'entrée positif pour conclure à l'existence de celles-ci : les barrières sont associées à l'existence d'**asymétries** entre les entreprises résidantes et les entrants potentiels.

---

15. Cette situation est commentée dans B. LYONS, « Strategic Behaviour by Firms », dans R. CLARK et T. McGUINNESS, éd. *The Economics of the Firm*, Oxford, Basil Blackwell, 1987.

Les principales barrières à l'entrée sont la différenciation de produit, les économies d'échelle et les différences de coûts absolues.

La présence de profits économiques positifs incite une nouvelle firme à entrer sur un marché, dans un contexte d'information et de mobilité parfaites, ce qui fait disparaître les profits. Par contre, dans un contexte de barrières à l'entrée, on peut continuer à faire des profits. Nous pouvons donc nous attendre à ce que l'incitation à entrer dans un secteur où il y a des barrières soit forte et que les firmes résidantes cherchent à mettre en place, maintenir ou hausser les barrières à l'entrée, ce qui élargit considérablement la gamme des gestes concurrentiels. De plus, la présence de barrières à l'entrée rend possible des situations où un nombre restreint d'entreprises se font concurrence, ce qui fera l'objet des trois prochains chapitres.

Les barrières à l'entrée rendent plus complexe l'étude de la concurrence. En effet, la capacité de concurrencer est maintenant reliée à la capacité de franchir les barrières à l'entrée et toutes les entreprises n'en sont pas dotées également. Par ailleurs, comme l'existence de barrières accorde un avantage concurrentiel aux entreprises en place, nous pouvons nous attendre à ce que les entreprises tentent d'être les premières à occuper un nouveau marché[16]. Ces dernières préoccupations font l'objet de travaux en économie industrielle et en stratégie d'entreprise.

TERMES IMPORTANTS

Mobilité
Asymétrie
Profits économiques positifs
Spécificité des actifs
Différenciation de produit
Innovation
Économie d'échelle
Mise en place de barrières

---

16. Les entreprises recherchent ce que les anglophones appellent le « *first mover advantage* ».

BIBLIOGRAPHIE

BURGESS, G.H., *Industrial Organization*, Englewood Cliffs, N. J., Prentice-Hall, 1988, chapitre 4.

GREER, D.F., *Industrial Organization and Public Policy*, 2e édition, New York, MacMillan, 1984, chapitre 8.

THOMPSON, A.A., *Economics of the Firm*, 4e édition, Englewood Cliffs, N. J., Prentice-Hall, 1985, chapitre 4.

YIP, G.S., *Barriers to Entry*, Toronto, Lexington Press, 1983, Introduction et chapitre 1.

QUESTIONS ET EXERCICES

11.1   Le marché des bateaux de plaisance motorisés présente-t-il des barrières à l'entrée ? Expliquez.

En est-il de même pour le marché des chaloupes ?

11.2   Pouvons-nous dire qu'il existe une barrière à l'entrée dans le secteur de l'alimentation/grossiste, mais pas dans le secteur alimentation/dépanneur, parce que le montant des immobilisations dans le second cas est inférieur à celui du premier ?

Commentez les barrières à l'entrée dans le secteur alimentation/grossiste.

11.3   Sur le marché des moteurs hors-bord, on voit apparaître des producteurs japonais. Ce marché comporte-t-il des barrières à l'entrée ? Comment se fait-il que des entreprises japonaises aient pu y pénétrer ?

11.4   Commentez les conditions d'entrée sur le marché de la cigarette, avant et après la réglementation y restreignant sévèrement la publicité.

11.5   Comment pouvons-nous expliquer la forte présence de néo-canadiens dans des marchés comme la restauration, le déneigement et le jardinage ?

11.6   À l'aide des courbes d'indifférence et de la notion d'attributs d'un produit (chapitre 10), ainsi que de la courbe de demande à la firme, comparez l'effet d'un effort d'innovation constant à celui d'un effort nul. Précisez les hypothèses que vous pouvez faire dans le cadre du chapitre 10 et celles que vous pouvez faire dans le cadre du chapitre 11 (*cf.* asymétrie de courte durée).

12

Situation de petit nombre : le monopole

Lorsque nous observons un marché où les conditions d'entrée sont telles qu'une seule entreprise y est présente, il y a monopole. Ce cas est polaire au même titre que celui de la concurrence pure et parfaite. Il est en effet rare de trouver une situation où il n'y a aucun substitut pour le bien ou service offert et une seule firme productrice. Ce modèle est intéressant non pas par son réalisme, mais par l'indication qu'il donne sur les effets d'une absence de pressions concurrentielles.

12.1. LA MAXIMISATION DES PROFITS DU MONOPOLEUR

Nous considérons ici une situation à court terme, où le monopoleur cherche à maximiser les profits. La courbe de demande à la firme se confond avec celle du marché, puisqu'elle y est seule (voir le graphique 12.1). Nous retrouvons sur le plan technique la même situation que celle discutée dans le cadre général de maximisation des profits au chapitre 4 et reprise au chapitre 10 dans le cadre de la concurrence monopolistique.

Toutefois, l'élasticité de la demande est ici plus faible, puisqu'il n'y a **aucune** possibilité de substitution. La firme choisit de produire une quantité qui fera en sorte que le revenu marginal et le coût marginal de production soient égaux. Le prix est ensuite déterminé en se référant à la courbe de demande dont est issue la courbe de revenu marginal. Ainsi, le monopoleur demande un prix P_M et met sur le marché une quantité Q_M.

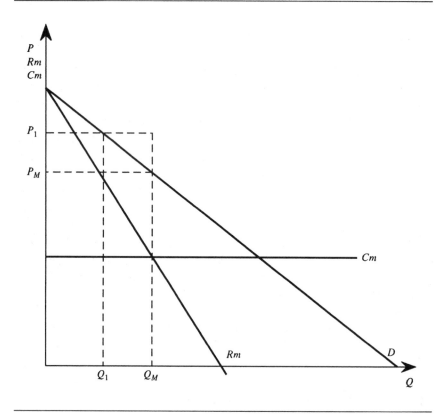

Graphique 12.1 – *Prix et quantité du monopoleur*

Formellement, nous avons

$$\pi = RT - CT$$

$$\frac{d\pi}{dQ} = 0 \implies \frac{dRT}{dQ} - \frac{dCT}{dQ} \implies Rm = Cm$$

Bien que le monopoleur jouisse d'un fort pouvoir de marché, puisqu'il choisit lui-même la combinaison prix-quantité dans un contexte où il n'y a pas de substitut, il ne peut pour autant demander n'importe quel prix : il est soumis à la contrainte de la demande. Ainsi la combinaison (P_1, Q_M) est hors de sa portée, car s'il demandait un prix P_1, il ne vendrait qu'une quantité Q_1 et cette combinaison ne maximise pas ses profits.

12.2. LE MONOPOLE À LONG TERME

Considérons la situation sur deux plans comme nous l'avons fait pour la concurrence pure et parfaite et la concurrence monopolistique, c'est-à-dire le choix d'équipement et la fixation de prix. Sur le plan du choix d'équipement, le monopoleur cherche à minimiser ses coûts et il modifie la taille de ses installations en conséquence. Comme nous l'avons décrit à la section 3.4., une firme qui veut maximiser ses profits choisit la taille d'installation qui lui permet de produire au minimum du coût moyen à long terme. Si la taille d'une telle installation ne suffit pas à approvisionner le marché, le monopoleur examine la possibilité d'avoir plusieurs unités de production[1]. Ainsi, comme en concurrence pure et parfaite, et contrairement à la concurrence monopolistique, le monopoleur tendra à produire au minimum du coût moyen à long terme.

Du côté de la politique de prix, dans la mesure où le monopole persiste, seul un changement dans les coûts marginaux entraîne une modification. Dans les deux autres modèles considérés, les pressions de changement proviennent de l'entrée. Dans le cas présent, si les conditions d'entrée demeurent les mêmes, les prix du monopoleur ne tendent pas vers le minimum du coût moyen de production. **Des profits économiques continuent d'être réalisés, même à long terme.**

---

1.   Voir les graphiques 3.4 et 3.5.

12.2.1. Comparaison des modèles de concurrence pure et parfaite, de concurrence monopolistique et de monopole

Le monopole est plutôt mal considéré par les sociétés occidentales, au point que des lois relatives aux pratiques menant à des positions de monopole et une réglementation s'appliquant aux monopoles existants ont été instituées dans la plupart des pays qui en font partie[2]. Par contre, les entreprises semblent généralement souhaiter pour elles-mêmes une position s'approchant de celle du monopoleur. Afin de comprendre ces vues divergentes, nous comparons les résultats du modèle de monopole avec ceux des modèles de concurrence pure et parfaite et de concurrence monopolistique. Commençons par la concurrence pure et parfaite (voir le graphique 12.2).

Supposons que la demande de marché est la même dans les deux situations et que les coûts de production en concurrence sont les mêmes qu'en monopole. Nous posons que la courbe de coût marginal du monopoleur se confond avec l'offre du marché en concurrence pure et parfaite, ce qui est une **hypothèse très forte**. Les firmes de concurrence vendent au prix du marché, c'est-à-dire à P_C, qui est inférieur à P_M. Elles mettent alors sur le marché, dans l'ensemble, une quantité Q_C, supérieure à Q_M. La firme qui exerce un monopole met donc des quantités plus faibles à la disposition des acheteurs, demande des prix plus élevés et réalise des profits également plus élevés puisqu'elle maximise ses profits et choisit une combinaison prix/quantité différente de celle observée dans le modèle de concurrence pure et parfaite. À l'examen des modèles, nous pouvons observer que toute entreprise souhaite être en situation de monopole mais aussi que le monopole ne sert pas la société aussi bien qu'un régime de concurrence et qu'il y a lieu pour les pouvoirs publics d'intervenir pour empêcher la formation de tels monopoles ou sinon de contrôler les prix demandés.

La conclusion précédente demande toutefois d'être nuancée. Dans la mesure où le monopoleur a une fonction de coût inférieure à celle d'entreprises de concurrence pure et parfaite, en raison d'économies d'échelle, il devient un producteur plus efficace. Ses coûts marginaux étant plus bas,

---

2.   Nous traitons de ce sujet à la section 12.3.

l'écart entre les prix de monopole et de concurrence pure et parfaite est réduit. À la limite, le monopoleur peut même demander un prix plus faible, parce qu'il est un producteur plus efficace.

À long terme, les profits économiques positifs disparaissent dans le cas de la concurrence pure et parfaite, alors qu'on peut toujours les observer dans le cas du monopole. Si la situation du monopoleur paraissait enviable à court terme, elle l'est encore plus dans une optique de long terme.

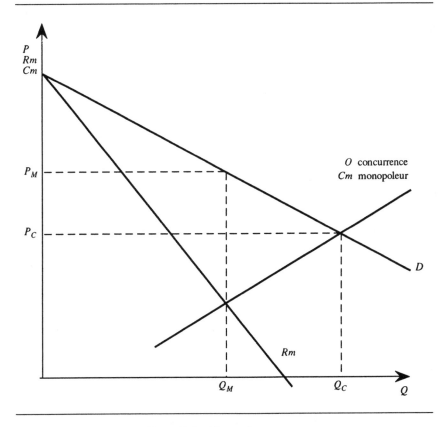

Graphique 12.2 – Monopole et concurrence

La comparaison entre le monopole et la concurrence monopolistique à court terme révèle une grande similitude sur le plan technique. Dans les deux situations, nous avons une demande à l'entreprise à pente négative.

L'entreprise jouit d'un pouvoir de marché; elle peut décider d'une combinaison prix-quantité. En concurrence monopolistique, ce pouvoir vient de la différenciation du produit, qui réduit le degré de substitution entre les différents produits. En situation de monopole il vient de l'absence de substitut. La demande au monopoleur est moins élastique que celle à la firme de concurrence monopolistique, toutes choses étant égales par ailleurs, ce qui correspond à un plus grand pouvoir de marché[3].

La comparaison à long terme fait ressortir le rôle des restrictions à la mobilité dans la détermination des profits à long terme. Bien qu'il existe une possibilité pour une entreprise de choisir une combinaison prix-quantité dans les deux structures de marché, l'entrée annule les profits économiques dans le marché de concurrence monopolistique. La différenciation à elle seule ne suffit pas pour protéger les entreprises.

12.3. LE MONOPOLE NATUREL ET LA RÉGLEMENTATION

Il peut exister des situations de monopole attribuables à des conditions dites « naturelles » liées à la taille du marché et à la technologie supportant la fonction de coûts. Prenons, par exemple, une fonction de coûts moyens à long terme caractérisée par de substantielles économies d'échelle et une taille de marché qui ne permet pas à plus d'une firme de produire au niveau de la taille minimale d'efficacité. Supposons tout de même qu'il y ait deux firmes sur ce marché (voir le graphique 12.3). Dans la mesure où l'une d'entre elles produit plus que l'autre (Q_1), elle est avantagée par des coûts plus faibles (CM_1) et peut demander un prix moins élevé. Ceci lui permet de vendre une quantité encore plus grande et de réduire ses coûts. Quant à la seconde firme, ses quantités vendues diminuent et ses coûts unitaires augmentent. Il n'y a pas de place pour plus d'une firme sur ce marché. À moins d'envisager une situation où l'entrant remplace tout d'un coup le résidant, il n'y a pas de pression créée par la possibilité d'entrée. Nous avons une situation où une seule firme, toujours la même, répond à la demande[4]. Notons que l'argument soulevé ici est

---

3.   Dans les deux situations, la firme est un « *price-maker* », mais pas au même degré.

semblable à ce qui a été évoqué au chapitre 11 sur les barrières à l'entrée. Nous avions alors mis en évidence les différences de coûts résultant de volumes de production différents, à cause des économies d'échelle. Ici, le domaine des économies d'échelle est tellement étendu relativement à la taille du marché que deux firmes ne peuvent coexister. La situation de monopole naturel s'observe dans le domaine de la téléphonie, de la câblodistribution et de la distribution d'électricité.

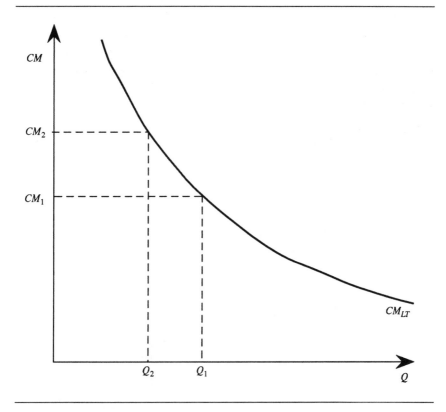

Graphique 12.3 – *Coût moyen à long terme et monopole naturel*

---

4.   Nous pouvons invoquer des coûts de transaction associés aux actifs spécialisés et aux liens à établir avec les différents clients et fournisseurs pour expliquer le refus d'un entrant de tenter de se substituer à la firme résidante.

La firme présente sur ce marché est à l'abri de toute pression concurrentielle, à moins que la technologie n'évolue et ne permette de réduire la taille minimale d'efficacité. Afin d'éviter les prix élevés associés à une situation de monopole, les pouvoirs publics interviennent pour obliger la firme à adopter une politique de prix « juste et raisonnable ». On met sur pied une agence de réglementation à laquelle le monopole doit soumettre sa politique de prix. Nous avons pour exemple le Conseil de la radiodiffusion et des télécommunications canadiennes (CRTC) et la Régie des services publics du Québec. Formellement, nous avons la situation illustrée au graphique 12.4. En théorie, la politique de prix « juste et raisonnable » est celle qui mène au profit économique nul, comme en concurrence pure et parfaite. L'agence de réglementation cherche donc à imposer à la firme de se comporter comme si elle était en concurrence, c'est-à-dire de demander un prix P_c, égal au coût moyen[5].

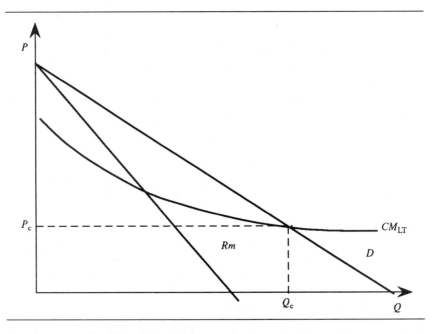

Graphique 12.4 – Réglementation du monopole naturel

En pratique, l'agence de réglementation doit procéder autrement. Soit r^* le taux de rendement comptable « juste et raisonnable » qui doit être imposé au monopoleur. Celui-ci s'exprime comme étant

5.   Le profit économique et le profit comptable sont traités à la section 7.4.

$$r* = \frac{P \times Q - CT - A}{K},$$

où P = le vecteur prix des produits du monopoleur

Q = le vecteur des quantités des produits du monopoleur

CT = le coût total de production des produits du monopoleur

A = l'amortissement du capital du monopoleur

K = le capital du monopoleur

L'agence de réglementation rencontre des difficultés considérables relativement à chacune des variables de l'équation. Pour le taux de rendement, l'agence se voit dans l'impossibilité de définir ce qu'est le taux de rendement concurrentiel : non seulement la référence de concurrence pure et parfaite n'existe-t-elle pas, mais encore tous les taux de rendements observés sont à pondérer par le degré de risque implicitement associé, et doivent être ajustés en fonction du niveau de risque encouru par le monopoleur réglementé.

Par ailleurs, l'agence de réglementation veut inciter l'entreprise réglementée à innover. Elle doit donc permettre à l'entreprise réglementée de s'approprier une partie du profit économique positif associé à l'innovation, sans toutefois lui assurer un profit économique positif à long terme. Il lui faut donc envisager une certaine souplesse dans la détermination du taux de rendement permis.

Le vecteur des quantités, les coûts variables, l'amortissement et le capital doivent être strictement ceux qui sont associés au(x) produit(s) faisant l'objet du monopole naturel. Les autres activités de l'entreprise ne sont pas sujettes au contrôle de l'agence de réglementation et doivent, en principe, être soumises aux forces de la concurrence. L'agence de réglementation fait alors face aux difficultés de départager des coûts conjoints[6]. Cette question est primordiale lorsqu'on traite de l'accès des entreprises de télécommunication interurbaine aux réseaux de téléphonie locale.

---

6.   Nous avons déjà signalé la difficulté de partager les coûts dans le cas des économies de portée, à la section 7.3. Voir aussi l'exercice 12.4.

L'agence de réglementation doit aussi exercer un contrôle sur les coûts de production. En effet, l'entreprise réglementée n'a pas avantage à minimiser ses coûts, dans la mesure où l'agence de réglementation lui permet de toute façon de réaliser un taux de profit $r*$[7].

Le calcul de l'amortissement économique est relativement arbitraire, puisqu'il n'y a pas de forces concurrentielles permettant de mesurer la désuétude.

Paradoxalement, la détermination du vecteur prix est relativement facile. Elle présente certes un défi considérable sur le plan technique : il s'agit de bien connaître la fonction de demande[8]. Toutefois, nous ne rencontrons pas les ambiguïtés conceptuelles auxquelles nous nous butons dans l'évaluation des autres variables.

12.4.   COMPORTEMENTS CONCURRENTIELS DU MONOPOLE

Il est difficile de parler de comportements concurrentiels chez le monopoleur, puisque sa situation est caractérisée par l'absence de pression concurrentielle. La seule pression qui s'exerce est celle de la fonction de demande. Nous ne pouvons donc pas retrouver des incitations explicites à différencier le produit, innover ou faire de la publicité dans le but de réduire l'élasticité de la demande en réduisant les possibilités de substitution, comme c'est le cas en concurrence monopolistique. Dans le cadre de notre modèle statique, aucun commentaire ne peut être ajouté. Sur un plan dynamique toutefois, il est possible de relever des circonstances où le monopoleur adopte des comportements concurrentiels. Tout dépend alors des conditions d'entrée. Dans la mesure où les conditions donnant lieu à

---

7.   Nous retrouvons ici une situation typique d'application de la théorie de l'agence (annexe 1.2). L'organisme de réglementation, soit le CRTC, est le principal. L'entreprise réglementée, soit Bell Canada, est l'agent. L'agent n'est pas incité à œuvrer pour le plus grand bien-être du principal, étant donné le mode de rémunération, et possède plus d'informations que ce dernier sur la demande et les coûts de production.

8.   Les techniques statistiques dont nous avons traitées au chapitre 5 s'appliquent particulièrement bien à la situation du monopole réglementé, puisque nous n'avons pas à considérer le comportement des autres entreprises.

la situation de monopole évoluent et laissent voir une entrée plus facile, la persistance des profits est remise en question. Nous rencontrons cette situation dans le domaine des communications interurbaines. Le monopoleur est fortement incité à adopter des comportements qui maintiennent les difficultés d'entrée, afin de s'assurer de profits économiques positifs dans les périodes à venir. Il cherche donc à maintenir les asymétries entre les entrants et lui-même. Nous pouvons nous attendre à ce que le monopoleur fasse des efforts d'innovation et de publicité afin de s'assurer la fidélité des acheteurs. Il peut même choisir de ne pas demander à court terme des prix de monopole, s'il croit que cela peut rendre l'entrée plus difficile[9].

Les monopoles étant généralement réglementés, l'entreprise peut tenter d'obtenir des pouvoirs publics une assurance que l'entrée sera restreinte, quels que soient les changements dans les conditions de marché[10].

12.5. POINTS IMPORTANTS ET IMPLICATIONS

Dans ce chapitre, nous nous penchons sur le cas polaire où les conditions de marché sont telles qu'une seule entreprise est présente. Le modèle exposé montre que les profits sont plus élevés qu'en situation de concurrence, d'où l'intérêt pour une firme de se retrouver seule et de maintenir les barrières à l'entrée. La situation à long terme dépend de l'évolution de ces barrières.

Le cas du monopole naturel exige une réglementation de la part des pouvoirs publics, qui cherchent à ne permettre qu'un profit « juste et raisonnable », dans un contexte où l'information pertinente fait toutefois largement défaut.

---

9.   Ce sujet est repris au chapitre 14.

10. Cette possibilité a déjà été signalée au chapitre 11, où nous faisons observer que la réglementation est une des sources de barrières à l'entrée.

TERMES IMPORTANTS

Substituts
Pouvoir de marché
Barrières à l'entrée
Profits à long terme
Maintien des barrières à l'entrée
Juste et raisonnable

BIBLIOGRAPHIE

CARLTON, D.W. et J.M. PERLOFF, *Modern Industrial Organization*, Glenview, Ill., Scott, Foresman/Little, Brown, 1990, chapitre 5.

DAVIS, J.R. et S. CHANG, *Principles of Managerial Economics*, Englewood Cliffs, N. J., Prentice-Hall, 1986, chapitre 13.

GAUTHIER, G. et F. LEROUX, *Microéconomie : théorie et applications*, 2e édition, Montréal, Gaëtan Morin Éditeur, 1980, chapitre 6.

THOMPSON, A.A., *Economics of the Firm*, 4e édition, Englewood Cliffs, N. J., Prentice-Hall, 1985, chapitre 13.

QUESTIONS ET EXERCICES

12.1   Comparez les situations de concurrence monopolistique et de monopole.

12.2   Existe-t-il des monopoles naturels dans les domaines suivants :

— la génération d'électricité, la distribution d'électricité, la câblodistribution, les communications téléphoniques interurbaines, les communications téléphoniques locales.

12.3   Pourquoi à la section 12.2.1. l'hypothèse de coûts identiques en concurrence et en monopole est-elle très forte ? Quelle est la conséquence de son abandon ?

12.4   Le CRTC tient depuis plusieurs années des audiences sur l'ouverture du marché des télécommunications à plusieurs entreprises. Énoncez les grandes lignes des positions de CN/CP, Unitel et Bell Canada à ces audiences. Quel est l'effet d'une concurrence plus intense dans le marché de l'interurbain sur la structure de tarifs de Bell Canada ?

12.5   Soit un monopole dont la demande est $Q = 114 - 3\,P$. La fonction de coût marginal est $Cm = 4/3\,Q + 20$.

Calculez le prix de vente ainsi que la quantité mise sur le marché, sachant que l'entreprise veut maximiser ses profits.

CHAPITRE

13

Situation d'interdépendance : l'oligopole

Nous abordons maintenant une situation de marché où les conditions d'entrée sont telles que seules quelques entreprises y poursuivent leurs activités. Il ne s'agit pas d'une simple extension du comportement de monopole. Au contraire, nous abordons une situation complexe, caractérisée par l'interdépendance des firmes en place et une concurrence personnalisée. Les gestes concurrentiels posés par une firme ont un effet direct sur les autres, et les entreprises en place en sont pleinement conscientes. Il y a rivalité. Cette structure de marché, nommée oligopole, est la référence théorique évoquée à chaque fois qu'entrent en jeu des barrières à l'entrée et un petit nombre d'entreprises sur un marché, situation courante de la concurrence contemporaine. Des marchés comme ceux de l'alimentation, de la bière, des boissons gazeuses, de la pétrochimie, du pétrole, de l'avionnerie, des appareils électroménagers et des équipements informatiques nous viennent à l'esprit comme exemples. Notons qu'il n'est pas nécessaire d'être en présence de grandes entreprises pour que s'établisse une structure oligopolistique : dans une petite localité ou un quartier, la distribution d'essence et la restauration seraient plutôt caractérisées par une structure oligopolistique, bien que dans la région ou la ville, nous retrouvions un grand nombre d'entreprises. Nous voyons ici l'importance de bien définir les limites du marché des entreprises étudiées[1].

Nous nous penchons tout d'abord sur le problème majeur créé par les situations d'interdépendance, soit la difficulté de déterminer le comportement des autres, ce qui nous amène à traiter de la rationalité de certaines décisions prises par les différentes entreprises en place. Nous présentons ensuite différents modèles de comportement.

Afin de simplifier la présentation de cette situation complexe, nous considérons la concurrence entre un petit nombre de firmes en faisant abstraction de l'entrée, question qui fait l'objet du chapitre suivant.

13.1. PROBLÉMATIQUE DE LA CONCURRENCE EN SITUATION DE PETIT NOMBRE : INTERDÉPENDANCE ET RATIONALITÉ

13.1.1. Définition de petit nombre

Lorsqu'il y a mobilité parfaite, la présence de profits économiques positifs incite à l'entrée; nous pouvons alors être en présence d'un grand nombre d'entreprises. Dans une telle situation, la concurrence est relativement anonyme : d'une part, les entreprises sont relativement petites face au marché, ce qui limite la portée de leurs gestes concurrentiels; d'autre part, l'effet de ces gestes se répercute sur un grand nombre d'autres entreprises, ce qui réduit la personnalisation des effets. Les marchés de concurrence pure et parfaite et de concurrence monopolistique couvrent ces situations.

Lorsqu'il y a mobilité imparfaite, nous pouvons avoir affaire à un petit nombre de firmes sur le marché. Nous entendons par petit un nombre tel que les gestes posés par une entreprise ont des répercussions sur les autres firmes sur le marché. Ainsi, une campagne publicitaire de la part de

---

la firme A aura un effet considérable sur les firmes B, C, D... et réciproquement pour chacune de ces firmes. Le petit nombre est associé à l'**interdépendance**.

13.1.2. L'interdépendance

Dans un contexte d'interdépendance, par définition, les gestes posés par une firme pour gagner la faveur des acheteurs sont ressentis et repérés par les autres. **Les décisions prises par chacune des firmes sur le marché pour maximiser ses profits prennent alors en compte les comportements actuels et anticipés des autres producteurs.**

Illustrons ces propos en nous référant à la fonction de demande à l'une des entreprises sur un marché où il y a interdépendance. La forme générale de la fonction est

$$Q = f(P, P_S, A, Y),$$

où P_s représente le prix des produits des autres firmes sur le marché, A les dépenses publicitaires et Y le revenu disponible des consommateurs. Pour établir la quantité optimale à produire, la firme doit déterminer quelle est exactement sa fonction de demande, ce qui implique de connaître le prix demandé par les autres firmes.

Considérons une situation de changement de prix. En situation initiale, toutes les entreprises affichent un prix P_0 et l'entreprise A vend une quantité Q_0. Cette dernière diminue son prix à P_1. Nous voulons savoir quelle est la quantité vendue par la firme A à ce nouveau prix (voir le graphique 13.1). Nous ne pouvons évidemment pas répondre sans avoir des renseignements sur les réactions des autres firmes. Supposons qu'elles ne modifient pas leur prix (P_0). La firme A est donc la seule à baisser son prix et elle attire de nouveaux clients, composés de nouveaux acheteurs intéressés par un prix plus faible et d'anciens clients des autres firmes pour lesquels la différenciation de produits n'est pas suffisante pour assurer leur fidélité. Elle se déplace donc sur la courbe de demande D_0 et vend une quantité Q_1.

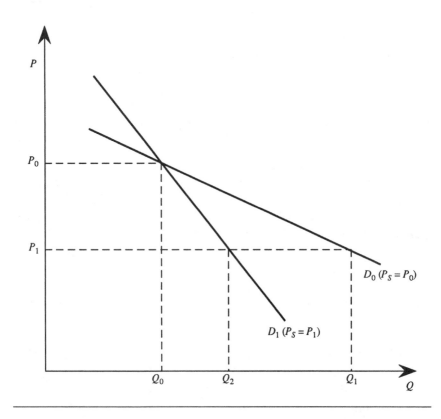

Graphique 13.1 – *Effets d'une baisse de prix en situation d'interdépendance*

Supposons maintenant que les autres firmes adoptent une politique de prix identique à celle de A. Lorsque A baisse son prix à P_1, les autres baissent aussi à P_1. La firme A va obtenir les faveurs d'une partie des nouveaux clients attirés sur le marché par un prix plus faible. Cependant, elle n'attirera pas d'anciens clients des autres firmes, puisqu'il n'y a aucune raison pour eux de procéder à une substitution. Elle vend alors une quantité Q_2. L'augmentation des quantités vendues par A est plus faible que lorsque les autres producteurs maintiennent leur prix à P_0. La baisse de prix de P_0 à P_1 occasionne maintenant un déplacement le long de la courbe D_1, beaucoup moins élastique au prix que D_0.

Nous pouvons refaire le même exercice en prenant cette fois pour point de départ une hausse de prix décidée par la firme A. Si toutes les firmes haussent leur prix, les seuls clients que la firme A perd sont ceux qui décident de ne pas acheter. Par contre, si la firme A est seule à hausser son prix, elle perd des clients qui se rabattent sur les substituts offerts par les autres firmes. La demande à la firme A est plus élastique lorsque les autres entreprises ne suivent pas. Selon que les autres firmes maintiennent leur prix ou adoptent le même prix que A, nous avons la courbe D_0 ou D_1.

Nous n'avons considéré ici que deux comportements possibles des autres firmes pour des raisons pédagogiques. Les autres producteurs peuvent envisager d'autres prix et réagir aussi en différenciant leur produit, en augmentant l'effort de publicité ou en combinant différentes politiques. Les conséquences pour l'étude des marchés où un petit nombre d'entreprises se font concurrence sont toutefois les mêmes : il y a interdépendance, ce qui oblige chacune des firmes à connaître les réactions des autres afin d'établir les politiques qui maximisent ses profits.

13.1.3. L'interdépendance et la rationalité

Illustrons maintenant la difficulté pour une firme de déterminer le comportement des autres firmes, et de là celle de cerner le comportement rationnel d'une firme, en faisant appel à une matrice des gains comme celle du tableau 13.1. Considérons deux entreprises concurrentes A et B. Les profits de l'une sont influencés par le prix demandé par l'autre. Les éléments de la matrice des gains sont les profits réalisés par chacune des firmes une fois qu'elles ont choisi des prix de vente. Le terme de gauche signifie le gain (profit) de A, alors que le terme de droite signifie le gain de B. Les colonnes de la matrice sont définies par les différents niveaux de prix de B, alors que les lignes sont définies par les différents niveaux de prix de A. Ainsi, lorsque la firme A demande un prix de 75 et que la firme B demande un prix de 50, la firme A fait un gain de 41 et la firme B un gain de 15.

Pour déterminer la politique de prix de A qui maximise ses profits, il faut absolument connaître le comportement de B, ce qui est au cœur du problème de la concurrence en situation de petit nombre. Une firme donnée doit déduire le comportement des autres firmes afin de déterminer les gestes à poser qui maximiseront son profit. Même si elle fait l'hypothèse que les autres firmes maximisent elles aussi leurs profits, le problème demeure entier, puisque les autres ne connaissent pas le comportement de la première, ce qui soulève la question de savoir ce qu'est en fait un geste rationnel en situation d'interdépendance.

Tableau 13.1 – *Matrice des gains*

				Prix de B		
		50	75	100	125	150
	50	20, 20	15, 41	12, 18	15, 15	10, 5
	75	41, 15	40, 40	44, 50	48, 18	50, 12
Prix de A	100	18, 12	50, 44	87, 87	150, 54	109, 15
	125	15, 15	18, 48	54, 150	120, 120	148, 62
	150	5, 10	12, 50	15, 109	62, 148	85, 85

Dans la situation décrite au tableau 13.1, on peut en effet se demander s'il est plus rationnel pour l'entreprise A de penser que B veut jouer le jeu de la collaboration et choisit ainsi un prix de 125, croyant que A veut faire de même, ce qui résulte en une maximisation du profit conjoint. Ou encore s'il est plus rationnel pour A de penser que l'entreprise B laisserait croire qu'elle est prête à collaborer, croyant que telle est l'intention de la firme A, mais que fondamentalement elle préfère ne pas collaborer, et choisit plutôt un prix de 100, ce qui a pour effet d'augmenter son bénéfice. Ou encore s'il est plus rationnel de craindre une situation d'opposition agressive, incitant la firme A à se protéger contre la pire éventualité, et à choisir un prix de 75[2].

La situation d'interdépendance est associée à un problème d'information et d'incertitude. Le comportement optimal ne peut pas alors être déduit sans faire d'hypothèses sur le comportement des autres firmes, parce que celui-ci ne peut pas être déduit. Les modèles de concurrence en petit nombre sont alors relativement nombreux. Il y a, en fait, autant de modèles qu'il y a d'hypothèses sur le comportement des autres firmes.

Nous allons tour à tour examiner les modèles correspondant aux principales hypothèses sur les réactions des autres firmes. En premier lieu, nous présentons le modèle du cartel, qui suppose que toutes les firmes optent pour la collaboration. Nous examinons ensuite une situation où une entreprise adopte un comportement dicté par le scénario de la pire éventualité. Nous passons finalement à des modèles illustrant des formes de domination par une des firmes en place, à cause de certaines asymétries.

---

2.   Cette question est reprise à la section 13.4.2.

13.2. LE CARTEL ET L'INCITATION À TRICHER

Ce modèle est en quelque sorte « le plus rationnel » des modèles d'oligopole, parce qu'il est le plus près de la stricte logique de maximisation du profit. Chaque entreprise fait l'hypothèse que les autres sont prêtes à collaborer pour maximiser le profit conjoint, c'est-à-dire se comporter comme si elles n'étaient qu'une seule unité en position de monopole sur le marché.

13.2.1. Le modèle du cartel

Pour simplifier les choses, posons que les seules décisions à prendre concernent les prix de vente et les quantités à mettre sur le marché. Le cartel cherche à maximiser le profit conjoint et met sur le marché une quantité qui assure l'égalité du revenu marginal et du coût marginal. Le revenu marginal du cartel est assez simple à déterminer : la demande au cartel est simplement la demande du marché, et le revenu marginal du cartel est déduit de cette fonction de demande[3].

Le coût marginal du cartel demande plus d'attention. Nous cherchons la fonction de coût marginal d'une entité qui résulte d'une mise en commun de plusieurs firmes. Il s'agit de voir pour un coût marginal donné combien d'unités le cartel, c'est-à-dire l'ensemble des firmes faisant partie de l'entente, peut mettre sur le marché (voir le graphique 13.2). Soit deux firmes composant le cartel dont les courbes de coût marginal respectives sont Cm_1 et Cm_2. Pour un niveau de coût marginal égal à 10 $, la première firme peut mettre sur le marché 15 unités, et la seconde peut en mettre 20 : au total, le cartel peut en mettre 35. Pour un coût marginal de 15, la première firme met 35 unités sur le marché et la seconde, 40, pour un total de 75. La fonction de coût marginal du cartel, Cm_C, est le résultat de la sommation horizontale des fonctions de coût marginal de chacune des entreprises[4]. Le cartel maximise ses profits en mettant sur le marché une quantité $Q^*_C = 35$, au prix P_C. La quantité à produire Q_C est distribuée dans les différentes firmes du cartel selon les fonctions de coût marginal :

---

3. Il n'y a pas de demande à une des firmes du cartel.
4. La technique de la sommation horizontale a aussi été utilisée lors de la détermination de l'offre et de la demande du marché, aux chapitres 2 et 4.

la répartition optimale est celle qui égalise les coûts marginaux dans chacune des deux firmes et au niveau du cartel dans son ensemble. Toute autre répartition donne lieu à une inégalité des coûts marginaux et de là, à une possibilité de transfert de quantités à produire d'une firme à l'autre qui réduit les coûts de production. Supposons une répartition telle que $Cm_1 = 12$ \$ et $Cm_2 = 8$ \$. En retirant une unité à produire de la firme 1, nous réduisons le coût total de 12 \$. En confiant la production de cette unité à la firme 2, nous augmentons le coût total de 8 \$. La redistribution réduit le coût total de 4 \$[5].

Formellement, nous avons

$$\pi = RT\,(Q_1 + Q_2) - CT_1\,(Q_1) - CT_2\,(Q_2).$$

Pour maximiser le profit relativement à Q_1, la quantité mise sur le marché par la firme 1, il nous faut

$$\frac{d\pi}{dQ_1} = 0 \Rightarrow Rm = Cm_1$$

Au niveau de la firme 2, il nous faut

$$\frac{d\pi}{dQ_2} = 0 \Rightarrow Rm = Cm_2{}^{[6]}.$$

Pour l'ensemble, nous avons

$$Rm = Cm_1 = Cm_2.$$

Dans le cadre de la matrice des gains du tableau 13.1, le cartel choisit la solution [125, 125]. C'est en effet cette combinaison de prix qui maximise le profit conjoint ($\pi_A = 120$, $\pi_B = 120$, π du cartel = 240).

---

5. Nous retrouvons ici le principe de substitution à la marge, abordé aux chapitres 2 et 3 lorsque nous traitons d'utilité marginale dépensé et de productivité marginale du dernier dollar dépensé.

6. Les aspects techniques de la maximisation de profit du cartel sont les mêmes que ceux qui s'appliquent à un monopoleur qui serait propriétaire de plusieurs usines.

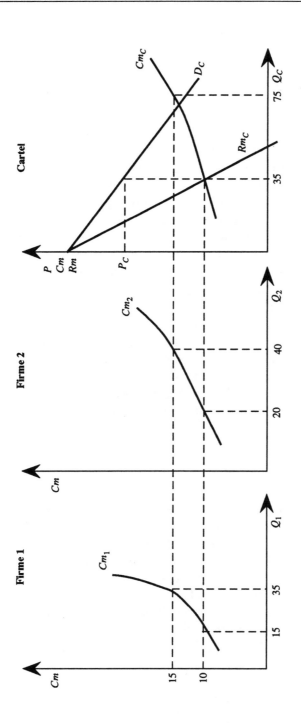

Graphique 13.2 – Le cartel

13.2.2.   L'instabilité du cartel

13.2.2.1.   Le partage des profits

Plusieurs problèmes se posent sur le plan de la gestion du cartel. Considérons en premier lieu la répartition des profits entre les membres. La répartition des quantités calculée ci-dessus maximise les profits conjoints, tout en déterminant également le partage des profits. La firme qui a la fonction de coût marginal la plus élevée fait donc moins de profits : elle offre une quantité moindre et réalise un gain unitaire plus faible. Par conséquent, elle peut ne pas être satisfaite de son sort et estimer que sa participation au cartel vaut plus que ce niveau de profits, ce qui l'amènera éventuellement à tenter de négocier une autre entente avec ses partenaires. Cette situation est explosive. En effet, toute variation dans les termes du partage se fait aux dépens des autres participants.

Au-delà du partage des profits dans une perspective statique, l'allocation des quantités peut aussi générer des tensions sur le plan dynamique. En effet, les quantités vendues constituent une présence de la firme sur les marchés, présence qui contribue à faire connaître sa marque[7]. Une firme voit alors d'un mauvais œil une restriction des quantités produites.

13.2.2.2.   L'incitation à tricher

Une seconde raison pour laquelle le cartel est une organisation instable est l'incitation pour un membre du cartel à déroger aux règles du jeu. Le cartel restreint les quantités, hausse les prix et impose un certain niveau de production à chaque entreprise membre. Il peut être payant pour une firme de modifier la combinaison prix-quantité qui lui est assignée. Nous examinons deux situations. Dans le premier cas, une des firmes déroge à la politique de prix, cas qui est généralement connu sous le nom de tricheur. Dans le second, elle déroge sur le plan des quantités mises sur le marché, cas souvent désigné par l'expression « franc-tireur ».

---

7.   Voir le chapitre 11, où nous traitons de différenciation de produit et d'information imparfaite.

Lorsqu'un cartel est mis sur pied, il est avantageux pour une des firmes participantes de ne pas respecter l'entente et de baisser, unilatéralement, son prix. Pour nous en convaincre, référons-nous au graphique 13.1. Nous remarquons que la courbe de demande D_0, fondée sur l'hypothèse qu'une seule entreprise change son prix, est plus élastique que D_1, fondée sur l'hypothèse que toutes les firmes modifient leur prix d'un même montant. Nous transposons la situation au graphique 13.3, en changeant les termes utilisés. La demande D_0 devient D_T, et D_1 devient D_C. D_T est la demande au tricheur, qui baisse son prix unilatéralement, alors que D_C est une demande à une firme qui ne baisse son prix que si les autres firmes en présence baissent leur prix d'un même montant. Soit P_C et Q_C, le prix et la quantité qui maximisent les profits de la firme qui ne change ses prix qu'en accord avec les autres. Envisageons maintenant la situation du « tricheur ». Il se déplace sur D_T.

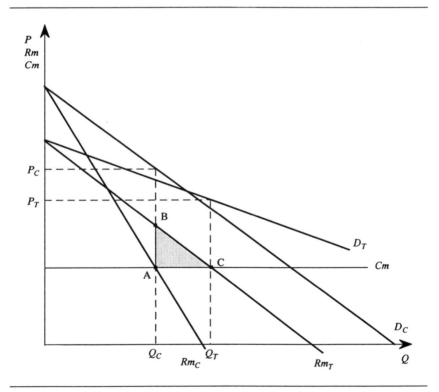

Graphique 13.3 – *Dérogation relative au prix*

De cette courbe de demande au tricheur émane une courbe de revenu marginal. La combinaison prix-quantité qui maximise les profits du tricheur est (P_T, Q_T). Pour chaque unité entre Q_C et Q_T, le nouveau revenu marginal est supérieur au coût marginal. La firme dérogatrice réalise un profit supplémentaire représenté par la surface ombragée ABC, résultat des différences entre le revenu marginal et le coût marginal[8]. Il est profitable de déclarer une baisse unilatérale de prix.

Nous associons le tricheur de la situation précédente à une firme qui décide de ne pas respecter les prix fixés par le cartel. Notons toutefois que ces propos sont très intuitifs. Il n'existe pas véritablement de courbe à une firme du cartel, alors que notre présentation associe D_C à la firme qui respecte la politique du cartel en ce qui concerne les prix.

Il va sans dire que cette incitation à tricher apporte un élément déstabilisateur à l'entente : une baisse de prix profitable au tricheur ne peut pas passer inaperçue aux yeux des autres firmes. Celles-ci s'aperçoivent que les prix annoncés sont plus bas que les leurs, ou constatent une perte de clients; l'entente est alors mise en jeu.

Nous pouvons retrouver la situation du tricheur dans le cadre de la matrice des gains (tableau 13.1). Nous l'avons vue, la combinaison de prix [125, 125] maximise les profits conjoints, et cela correspond à la solution du cartel. Supposons que A soit la firme dérogatrice. En admettant que B maintienne un prix de 125, A aurait avantage à demander un prix de 100. Le résultat est un profit de 150 pour A et de 54 pour B. Cette baisse de profits pour B l'incite à réagir et elle peut d'abord riposter en demandant aussi un prix de 100. Il est toutefois possible que d'autres réactions se succèdent et donnent lieu à des profits encore plus faibles. Notre modèle ne nous permet pas d'en dire davantage. Il est toutefois évident que le cartel ne tient plus.

La dérogation aux règles peut aussi prendre la forme du non-respect des quantités, au prix annoncé par le cartel. En effet, le cartel restreint les quantités produites et demande des prix plus élevés que s'il y avait concurrence. Il est donc tentant pour une firme d'agir en « franc-tireur »

---

8.   Cette surface est une approximation du gain. Il y a aussi des gains et des pertes au niveau des unités en deçà de Q_C.

et de mettre des quantités supplémentaires sur le marché et de les vendre au prix du cartel (voir le graphique 13.4). Soit P_C le prix du cartel et Q_C la quantité mise sur le marché par une des firmes du cartel Cm est la fonction de coût marginal.

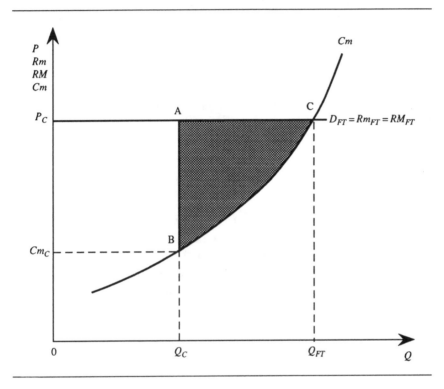

Graphique 13.4 – *Dérogation relative aux quantités*

Supposons maintenant que la firme déroge à la règle du cartel et augmente les quantités qu'elle met sur le marché, en maintenant le même prix P_C. Elle maximise ses profits en produisant Q_{FT}. Il en résulte une augmentation de profit correspondant à la surface ombragée ABC, découlant encore une fois de la différence entre les revenus marginaux réalisés sur les différentes unités et les coûts marginaux. Le revenu marginal est constant et égal au prix, le prix du cartel étant maintenu. Il est donc profitable pour cette firme de déroger aux règles du cartel.

Cependant, ce bénéfice peut n'être que de courte durée. En effet, le franc-tireur se comporte comme une firme dans une situation de concurrence pure et parfaite qui peut augmenter les quantités offertes sans modifier le prix du marché. Une firme prenant part à l'entente est généralement de taille importante relativement au marché. Toute variation de quantités de sa part devrait donc avoir un effet à la baisse sur le prix. Si les autres firmes ne peuvent plus obtenir le prix de l'entente, elles s'aperçoivent du non-respect des règles, et le cartel est encore une fois mis en péril.

Notons que ce comportement de mise sur le marché de quantités additionnelles peut aussi bien être le fait d'entreprises qui ne font pas partie du cartel, mais qui profitent des prix du cartel. Si les quantités ainsi offertes sont importantes, le cartel est mis en péril de la même façon.

13.2.2.3. *Un exemple de cartel : l'OPEP* [9]

Les cartels sont peu nombreux et en général de courte durée. Le plus célèbre et le plus durable est sans doute celui de l'Organisation des pays exportateurs de pétrole (OPEP), qui comprend le Venezuela, l'Arabie Saoudite, l'Iran, l'Irak, le Koweit, le Qatar, la Lybie, l'Indonésie, les Émirats arabes unis, l'Algérie, le Nigéria, l'Équateur et le Gabon. Le cartel fait véritablement sentir sa présence à partir de 1973, lorsqu'apparaît une rareté du pétrole associée à une forte demande et à une vague de nationalisation des compagnies pétrolières. Le prix du pétrole arabe léger passe de 3 $ le baril en octobre à 11,65 $ en décembre. En 1981, le prix s'élève à 34 $ le baril.

Le début des années 80 est marqué par une série de baisses de prix du pétrole associées à un sévère ralentissement conjoncturel, mais aussi à des faiblesses inhérentes à tout cartel. L'élément instigateur de la baisse des prix semble être la baisse de la demande. La période de prix élevés avait toutefois incité l'entrée de nouveaux producteurs, ce qui a eu pour effet d'augmenter l'offre. Par ailleurs, l'élasticité de la demande se modifie avec le temps. Ainsi, les utilisateurs de pétrole peuvent se tourner vers des procédés de production consommant moins d'énergie et vers d'autres formes d'énergie. Pour résister aux baisses de prix, les pays membres du

---

9.   Ces observations sont tirées du livre de Jean-Pierre ANGELIER, *Le Pétrole*, Paris, Économica, Collection Cyclope, 1990.

cartel mettent sur pied à partir de 1982 divers systèmes de quotas et de fixation de prix qui se soldent tous par des échecs. Le cartel ne réussit pas à maintenir la discipline requise, les dérogations aux quotas marquent l'ensemble de la période, et nous pouvons également observer la pratique du troc. Les intérêts des divers pays membres divergent trop pour qu'une politique commune soit maintenue, malgré le discours officiel. Les pays aux très fortes réserves sont partisans de la commercialisation d'un très grand volume, alors que ceux qui ont de faibles réserves désirent maintenir les prix élevés. Les pays pour qui le pétrole représente la seule entrée de fonds veulent mettre en place des quotas, mais sont aussi portés à y déroger.

13.3 L'OLIGOPOLE : TENDANCES À LA COLLABORATION ET À L'ANTAGONISME

Les propos qui ont précédé font ressortir la caractéristique fondamentale de toute situation d'interdépendance. Il y a d'une part une tendance à la collaboration, puisque cette solution maximise les profits conjoints et, d'autre part, une tendance à la non-collaboration, c'est-à-dire à l'antagonisme, puisque de cette façon une des firmes augmente son profit. Nous pouvons donc en conclure qu'une forme quelconque de collaboration est intrinsèquement instable. Par ailleurs, nous pouvons observer à travers le temps pour un même groupe de firmes des attitudes différentes face à la collaboration. Une firme en situation d'interdépendance ne peut pas décider de ses comportements concurrentiels sans auparavant se poser la question suivante : le modèle dominant dans le secteur en est-il un de collaboration ou de non-collaboration. Cette question est reprise en annexe 13.1, avec l'approche de la théorie des jeux.

Plusieurs facteurs se conjuguent pour créer un contexte plus ou moins favorable à une collaboration, explicite ou implicite. Certains ont déjà été mentionnés dans les sections précédentes, d'autres doivent être déterminés[10], et pour ce faire, il faut poser au départ que les firmes désirent collaborer et ensuite on peut tenter de trouver les causes de difficultés.

---

10. F.M. SCHERER, Market Structure and Performance, 2ᵉ édition, Chicago, Rand McNally, 1970, chapitres 6 et 7.

13.3.1.   Le nombre de firmes en place

Le premier facteur à considérer est le nombre de firmes en place. Plus il est élevé, plus il est difficile d'assurer que toutes les firmes respectent les règles de l'entente. Plus cette tâche est difficile, plus forte est l'incitation à déroger aux règles, et moins l'entente est stable. Par conséquent, la collaboration, explicite ou implicite, est d'autant plus difficile à obtenir que le nombre de firmes en place est élevé.

13.3.2.   La différenciation du produit

Lorsque le produit est homogène, les firmes n'ont qu'à s'entendre sur le prix et les quantités à mettre sur le marché. Par contre, lorsque le produit est différencié, il devient plus difficile de s'entendre sur les différents attributs du produit et de surveiller si les différentes firmes respectent l'entente. Donc, plus le produit est différencié, plus la collaboration est difficile. Le non-respect de l'entente au regard des caractéristiques du produit est toutefois moins risqué : les autres firmes ne peuvent réagir aussi rapidement que dans le cas d'une dérogation portant sur les prix.

13.3.3.   La croissance du marché

La collaboration offre moins d'avantages lorsque le marché est en forte croissance et que les firmes ont de toute façon de la difficulté à répondre à la demande du marché. Dans une telle situation, les gains d'une firme ne se font pas aux dépens des autres firmes. Par contre, lorsque le marché est stagnant, les gains d'une firme se font nettement aux dépens des autres, d'où l'intérêt de la collaboration, afin de réaliser des gains pour l'ensemble.

13.3.4.   La stabilité du contexte : l'information

La collaboration est d'autant favorisée si les firmes ont de l'information les unes sur les autres, sur le marché et sur les enjeux. Ainsi, plus une situation est stable, plus la collaboration est facile. Un produit dont les caractéristiques ne changent pas, un marché dont la taille varie peu, des concurrents dont le nombre et l'identité demeurent les mêmes, des clients dont les habitudes d'achat sont connues et dont la fidélité est assurée sont des éléments qui facilitent la vie du cartel en permettant de repérer plus facilement et rapidement les dérogateurs[11].

13.3.5   Les caractéristiques des firmes en place

Encore une fois, la collaboration est d'autant facilitée si les intérêts des firmes en place convergent. Plus ces firmes sont semblables, relativement à la taille et aux coûts de production, plus elles sont portées à collaborer.

13.3.6.   Les signaux

En plus d'étudier les facteurs notés ci-dessus, les entreprises en situation d'interdépendance vont surveiller les comportements des autres firmes et tenter d'y déceler des signaux[12].

Un premier type de comportement qui peut être un signal est l'annonce de manœuvres à l'avance. Celle-ci peut être une tentative de susciter une réaction des concurrents à un projet, par exemple, dans le cas d'une augmentation de capacité de production, afin de voir s'il est interprété comme un geste de non-collaboration. L'annonce peut aussi être une menace, mise à exécution dans l'éventualité d'un comportement quelconque, par exemple, dans le cas d'une entrée ou d'une baisse de prix. Il faut alors y voir une indication de non-collaboration.

Les déviations relativement aux comportements antérieurs ou de l'ensemble du secteur forment un second groupe de signaux. Comme une entreprise connaît le degré de collaboration passé de ses concurrents, tout changement relativement aux comportements habituels peut alors être vu

---

11.   G. STIGLER, « A Theory of Oligopoly », *Journal of Political Economy*, n° 72, 1964 et dans *The Organization of Industry*, Chicago, Irwin, 1968, chapitre 5.

12.   M. PORTER offre une vue d'ensemble des signaux dans le chapitre 4 de *Competitive Strategy*, New York, The Free Press, 1980.

comme une modification du degré de collaboration, et toute déviation concernant les normes du secteur peut être interprétée de la même façon.

Le problème fondamental de l'étude des signaux est que toutes les firmes sont conscientes de leur importance, ce qui incite à émettre des signaux trompeurs.

13.4   LA RÉACTION PESSIMISTE

Comme nous avons pu le constater, le cartel est un arrangement instable. En cas de bris d'entente, le comportement des firmes est difficile à prévoir, aucun modèle ne pouvant en saisir tous les déterminants. Il est possible que la situation dégénère en rivalité très intense entre les firmes en place. Une des firmes peut alors adopter comme principe directeur de ses gestes concurrentiels d'être prête aux pires éventualités. Elle se montre donc résolument pessimiste et choisit ses comportements en imaginant les situations les plus désavantageuses possible. Cette attitude pessimiste peut s'illustrer au moyen des courbes de demande ainsi que de la matrice des gains.

13.4.1.   La courbe de demande coudée[13]

Reprenons au graphique 13.5 les courbes de demande présumée du graphique 13.1, définies en fonction du comportement des autres firmes. À la suite de variations de prix à la hausse ou à la baisse, à partir de P_0, la firme se déplace sur la courbe de demande D_0 ou D_1 respectivement, selon que les autres firmes maintiennent le prix initial P_0 ou au contraire, adoptent la même politique de prix. Notons que la courbe D_0 est plus élastique au prix que D_1.

L'attitude pessimiste de la firme marque sa perception de sa courbe de demande. Le comportement présumé des autres firmes est celui qui lui

---

13.   Le modèle de la firme pessimiste est connu sous le nom du modèle de Sweezy, d'après le nom du premier économiste à le formaliser, P.M. Sweezy, « Demand Under Conditions of Oligopoly », *Journal of Political Economy*, n° 47, 1939, pp. 568-573.

fera le plus de tort. Considérons une situation de départ où toutes les entreprises affichent le même prix P_0. La firme sous étude vend alors une quantité Q_0. Dans le cas d'une baisse de prix à partir de P_0, la firme présume que les autres vont adopter la même politique. La courbe de demande envisagée est alors D_1. Dans le cas d'une hausse de prix, toujours à partir de P_0, le comportement des autres firmes qui lui est le plus nuisible est alors de ne pas suivre la hausse de prix. Les autres firmes sont donc présumées maintenir le prix initial P_0; la courbe de demande envisagée est D_0. La courbe de demande à la firme pessimiste est alors la courbe ABC, qui présente un coude au niveau P_0.

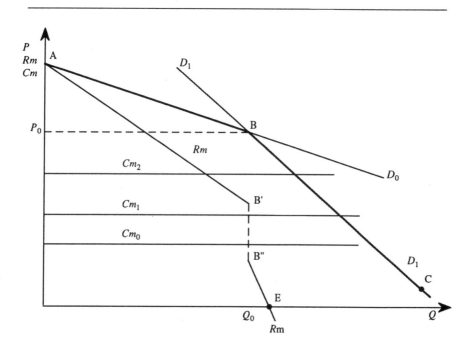

Graphique 13.5 – La courbe de demande coudée

Examinons maintenant les implications de ce modèle. Traçons d'abord la fonction de recette marginale. Chacun des segments de la fonction de demande génère un segment de la fonction de recette marginale : la demande AB génère la recette marginale AB' et la demande BC génère la recette marginale B"E. Il y a une discontinuité dans la fonction de recette marginale pour une quantité Q_0, d'une ampleur B'B". Considérons la fonction de coût marginal Cm_0. Nous posons que la firme maximise ses profits, et que la combinaison (P_0, Q_0) est optimale[14]. Le coût marginal croise le revenu marginal quelque part dans la discontinuité. Supposons que la fonction de coût marginal se déplace vers le haut (Cm_1), à la suite par exemple d'une hausse du prix d'un intrant. La combinaison (P_0, Q_0) est toujours optimale, malgré la hausse du coût de production, et tout déplacement de la fonction à l'intérieur de la discontinuité ne modifie pas la combinaison prix-quantité de la firme pessimiste. Pour occasionner un changement, il faudrait un plus grand déplacement (Cm_2, par exemple).

Certains ont conclu que les firmes en oligopole ont des prix plus stables que dans une autre forme de marché. Une observation des prix demandés sur une longue période dans plusieurs industries a révélé qu'il n'en était pas ainsi. Toutefois, le modèle fait ressortir certains points déjà perceptibles dans la présentation générale de l'interdépendance. D'abord, toute firme en situation d'oligopole prendra garde de poser unilatéralement certains gestes alors que les réactions des autres firmes peuvent en modifier fortement les effets. Ensuite, la firme ne réagira pas nécessairement par une hausse de prix à des variations de coûts qui lui sont propres. Ce modèle montre aussi l'importance de bien positionner le prix d'un nouveau produit relativement à ceux des firmes déjà en place : un prix trop élevé peut placer le produit en question hors marché, alors qu'un prix trop bas peut entraîner des réactions de la part des autres firmes.

13.4.2. Le comportement « maximin » : application à la publicité

Reprenons la réaction pessimiste dans le cadre d'une matrice des gains. Afin de bien saisir l'application de nos propos à des décisions autres que celles se rapportant à la fixation de prix, examinons des décisions relatives à l'effort publicitaire.

Deux firmes ont à prendre une décision sur le niveau de leur campagne de publicité. La situation qui se présente à eux est illustrée au tableau 13.2. Les éléments de la matrice sont des niveaux de profits qui sont

---

14.   Ce modèle ne traite pas de l'optimalité du prix P_0. Il ne sert qu'à étudier le problème créé si l'on s'en éloigne.

fonction des niveaux de dépenses en publicité. Une solution plausible serait d'opter pour la campagne de publicité la moins importante (500). Par contre, la firme A craint que B opte pour la campagne de plus grande envergure (1000), ce qui entraîne une perte de profits (passage de 100 à 60). Craignant cette situation, elle opte aussi pour la campagne de grande envergure (1000). Les deux firmes réalisent alors chacune des profits de 80, alors qu'elles auraient pu réaliser des profits de 100. Ce comportement n'est toutefois pas irrationnel, même s'il ne correspond pas à la stricte maximisation de profit.

Tableau 13.2

	Firme A	
Firme B	**500**	**1000**
500	100, 100	60, 130
1000	130, 60	80, 80

On lui attribue le terme de « maximin ». Devant différentes possibilités qui s'offrent à la firme, celle-ci opte pour le comportement qui « maximise le minimum ». Ainsi, pour chacun des gestes que la firme A peut poser, elle présume que l'entreprise B pose le geste qui lui fait le plus de tort, c'est-à-dire qui aura pour conséquence de réduire son profit au minimum. Le geste choisi par A est alors celui qui engendre le maximum de gains ainsi identifiés. Dans le cas des campagnes de publicité mentionnées ci-dessus, A se dit que si elle choisit le niveau de 500, B choisit 1000, ce qui lui procure un profit de 60; si elle choisit le niveau de 1000, B choisira aussi 1000, ce qui aura pour résultat un gain de 80 pour A. Elle décide alors d'opter pour le niveau de 1000.

Dans le cas de la matrice des gains du tableau 13.1, la logique du maximin conduit A à choisir P = 75. Le pire qui puisse lui arriver est alors que B choisisse un prix de 75, ce qui réduit son profit à 40. Ce profit de 40 est supérieur à ce qui est réalisé aux autres niveaux de prix, en admettant que B pose le geste qui fait le plus de tort à A (les gains prévus par A sont alors de 10, 18, 15 et 5).

Ce modèle de décision basé sur la crainte d'un comportement possible des concurrents est évoqué pour expliquer les dépenses de publicité des brasseurs, le nombre de marques mises sur le marché par des brasseurs et des producteurs d'aliments, et le nombre de succursales ou de franchises sur un territoire donné pour des entreprises de distribution ou de restauration[15].

Nous reprenons cette approche à l'annexe 13.1, en fin de chapitre, dans un cadre plus général.

13.5. LES MODÈLES DE DOMINATION

Il existe une troisième catégorie de modèles d'entreprises en situation d'interdépendance, mais contrairement aux deux modèles précédents, il n'y a pas à se préoccuper du comportement des autres entreprises. En effet, il existe dans cette catégorie de modèles des conditions structurelles qui prédéterminent leur comportement optimal : elles n'ont pas intérêt à opter pour la confrontation. Une firme y décide du prix de vente, sans contestation de la part des autres, parce qu'elle jouit d'un avantage attribuable à la taille, aux coûts de production ou encore à quelque élément d'expertise. On dit que cette firme domine les autres, et en ce qui concerne les courbes de demande présumées du graphique 13.1, elle envisage la courbe D_1.

13.5.1.   La firme directrice

Nous considérons ici le cas de firmes qui détiennent chacune une part importante du marché, mais dont l'une jouit d'une fonction de coûts nettement inférieure à celles des autres. Pour simplifier les choses, nous considérons le cas de deux firmes qui se partagent le marché en parts égales, partage que le modèle ne remet pas en question[16]. Le produit n'est pas différencié. La situation est illustrée au graphique 13.6. La firme A a des coûts marginaux plus faibles, et elle maximise ses profits en demandant un prix P_0. Par contre, la firme B souhaiterait demander un prix plus élevé P_1 pour assurer l'égalité $Rm = Cm_1$. Néanmoins, la firme A présume

15.   Ce n'est toutefois pas la seule explication.

16.   Nous reconnaissons que ce modèle est restrictif. La firme A pourrait avoir comme objectif d'augmenter sa part de marché.

que B va suivre sa politique de prix et choisit donc P_0, pour maximiser ses profits. Il faut dire que B n'a pas avantage à proposer un prix inférieur à P_0, puisque cela entraînerait une diminution de ses profits; elle n'a pas non plus avantage à proposer un prix supérieur à P_0, puisqu'elle perdrait ainsi tous ses clients[17].

La firme A maximise ses profits, sous contrainte de l'existence de B qui détient 50 % du marché, et B maximise ses profits, sous contrainte de l'existence de A et de l'asymétrie dans les fonctions de coûts[18].

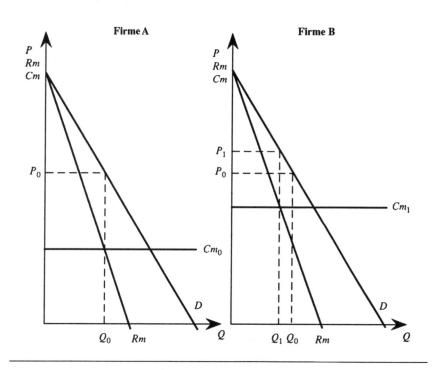

Graphique 13.6 – *La firme directrice*

---

17.   Nous pouvons voir la courbe de demande de B comme étant « coudée » au niveau P_0 (*cf.* graphique 13.6). La section gauche du coude est horizontale si le produit est homogène, et à pente négative si le produit est différencié.

18.   La firme B ne parvient pas à assurer $Rm = Cm_1$, mais elle ne peut faire mieux.

Ce type de domination a été évoqué dans le cas de l'industrie canadienne du raffinage du sucre. Trois entreprises, Redpath, St-Laurent et Atlantic ont été poursuivies en 1975 par le gouvernement canadien pour s'être présumément entendues pour hausser déraisonnablement le prix du sucre raffiné. Un des éléments de la preuve était le fait que lorsque Redpath annonçait une hausse de prix, les deux autres entreprises suivaient immédiatement. Le gouvernement canadien n'a pas eu gain de cause. Un des arguments invoqués par la défense était que Redpath, à cause de sa taille et de sa structure de coûts, était simplement une firme directrice. Les deux autres entreprises suivaient, parce qu'il en allait de leur intérêt tout simplement. On pouvait ainsi expliquer la fixation de prix sans que ces firmes aient nécessairement eu recours à l'entente.

13.5.2.   La firme dominante

Considérons maintenant le cas d'un marché où nous retrouvons une grande firme et de nombreuses petites firmes. Elles veulent toutes maximiser leurs profits (voir la représentation au graphique 13.7). La demande du marché est DD' et chacune de ces petites firmes a une fonction de coût marginal Cm_P.

Les petites firmes sont conscientes que leur taille ne leur permet pas d'influer sur le prix du marché. Elles mettent alors sur le marché une quantité telle que le prix est égal à leur coût marginal de production Cm_P. Nous avons alors une courbe d'offre des petites entreprises (O_P) formée par la sommation horizontale des fonctions Cm_P. La grande firme est consciente de sa taille et de son pouvoir de détermination du prix du marché de même que de l'existence des petites firmes et de leur règle de conduite quant au prix et aux quantités. En ce qui concerne les courbes de demande présumées du graphique 13.1, la grande firme envisage la courbe D_1 : les autres firmes adoptent la même politique de prix. Soulignons que, contrairement au cas de la firme directrice, la firme dominante présume que les quantités mises sur le marché par les petites firmes augmentent quand il y a hausse de prix; le prix annoncé détermine donc les parts de marché.

Nous posons que la grande firme veut maximiser son profit; sa fonction de coût marginal est Cm_G. Elle cherche donc à assurer l'égalité

$Rm_G = Cm_G$. Pour ce faire, elle doit auparavant établir sa courbe de demande en tenant compte de l'existence des petites firmes. La courbe de demande à la grande firme est formée de combinaisons prix-quantité qui peuvent être maintenues sur le marché, étant donné le comportement des petites firmes (voir le graphique 13.7). Supposons que la grande firme envisage de demander un prix P_0. Les petites firmes mettent sur le marché des quantités supérieures à la demande. Le prix P_0 ne peut pas être maintenu. Il ne fait donc pas partie de la courbe de demande à la grande firme. Supposons maintenant que le prix envisagé soit de P_1. À ce prix, les petites firmes mettent sur le marché des quantités égales à la demande du marché. La combinaison (P_1, 0) fait partie de la courbe de demande à la grande firme. Supposons maintenant un prix envisagé de P_2. À ce prix, les petites firmes mettent sur le marché une quantité CE mais le marché demande CG. La grande firme peut donc mettre sur le marché la

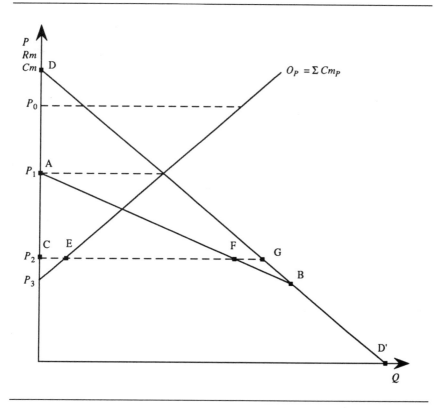

Graphique 13.7 – La firme dominante : la courbe de demande

différence, c'est-à-dire EG[19]. À un prix P_3, les petites n'offrent aucune quantité et la grande peut répondre à la demande du marché. La demande à la firme s'obtient alors par différence entre la courbe de demande du marché et l'offre des petites[20]. Nous avons $D_G = DD' - O_P$, c'est-à-dire ABD'. Au niveau de prix P_2, nous avons $CG - CE = EG = CF = D_G$. Nous déplaçons EG sur l'axe.

Le choix de la combinaison prix-quantité qui maximise les profits de la grande firme, en tenant compte de l'existence des petites, est illustré au graphique 13.8. La grande firme déduit la fonction de recette marginale, Rm_G, de sa fonction de demande. Elle détermine ensuite la quantité qui assure l'égalité de la recette marginale et du coût marginal, Q^*_G. Le prix de vente correspond à P^*. À ce prix, le marché demande Q_M et les petites offrent Q^*_P. Nous avons $Q_M = Q^*_G + Q^*_P$, étant donné la façon dont la demande à la grande firme est définie.

La situation est bien différente de celle du monopole, même si la grande firme impose son prix. L'interdépendance entre la grande et les petites est reconnue et acceptée. Les petites s'ajustent au prix alors que la grande tient compte de l'existence des petites ainsi que de leur politique de prix et du choix de quantités (égalisation du coût marginal au prix considéré comme donné).

Étant donné le comportement présumé des petites firmes, la grande firme peut les éliminer du marché en baissant son prix. Elle peut être tentée de poser un tel geste, afin de devenir un monopole. Elle doit toutefois considérer la facilité avec laquelle l'entrée est possible, ainsi que les profits sacrifiés pendant les périodes où elle élimine les petites. Elle doit comparer les flux des profits associés à un comportement d'élimination des petites à ceux associés à un comportement d'acceptation de leur présence. Dans le premier cas, elle réalise un profit faible sinon négatif pendant les périodes où elle force les petites à sortir du marché. Par la suite, elle peut envisager de faire des profits élevés, dans sa nouvelle position de monopole. Par contre, s'il n'y a pas de barrière à l'entrée (ce qui est fort plausible puisque des petites entreprises y sont actuellement),

---

19. Notre discussion ne présume pas que la grande ne pourrait pas vendre davantage. Nous disons simplement que la somme des quantités offertes par la grande et les petites ferait alors chuter les prix. Le prix envisagé par la grande ne pourrait pas tenir.

20. Ce qui revient à déplacer le segment DE vers la gauche, jusqu'à l'axe vertical.

des prix et des profits élevés vont inciter d'autres firmes à entrer, empêchant ainsi la grande firme de réaliser des profits de monopole pendant longtemps. Il est alors fort possible que le flux de profits associé à un comportement d'acceptation des petites firmes soit plus élevé[21].

Un secteur où nous pouvons observer ce type de domination est celui des matériaux isolants. Nous y retrouvons une grande entreprise, Fiberglass Canada, et un certain nombre de petites, qui s'ajustent aux décisions de prix et de quantités de la grande. Le nombre de petites entreprises varie selon que la demande de matériaux de construction est croissante ou décroissante, et la firme dominante force les autres à s'adapter aux fluctuations conjoncturelles.

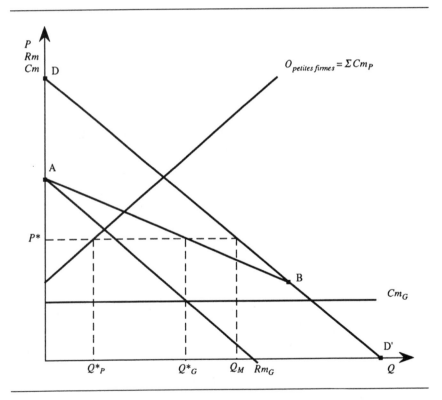

Graphique 13.8 – La firme dominante : la maximisation des profits

---

21. Nous traitons de ce sujet au chapitre 14, où nous considérons le cas d'une entreprise résidante songeant à bloquer l'entrée.

Nous pouvons aussi nous inspirer de ce modèle pour étudier le marché des micro-ordinateurs, où IBM peut être vue comme dominante, et
celui des rouleaux de pellicule pour appareil-photo, où ce rôle est assumé
par Kodak.

13.5.3.   La firme baromètre

Il existe d'autres situations où l'une des firmes sur le marché indique la
marche à suivre aux autres. Contrairement aux deux situations décrites ci-
dessus, il n'y a pas de raisons structurelles liées à la taille ou aux coûts de
production. Une firme sert de « baromètre » pour le reste du secteur, simplement parce qu'elle semble avoir un bon jugement. Les autres suivent
les politiques de la première, estimant qu'elles sont les bonnes. Un tel
comportement n'est toutefois pas aussi stable que celui observé dans les
deux premiers modèles de dominance. En effet, ce dernier type de
leadership peut être facilement contesté.

13.6.   POINTS IMPORTANTS ET IMPLICATIONS

Dans ce chapitre, l'un des plus importants du livre, nous examinons des
situations caractérisées par une concurrence personnalisée, une rivalité
entre les firmes présentes sur le marché, phénomène fort répandu dans la
réalité mais dont nous avons fait très peu de cas jusqu'à maintenant dans
les différents chapitres.

Les conditions d'entrée sont telles qu'il y a sur le marché un nombre
de firmes suffisamment petit pour qu'elles soient en situation d'interdépendance : les gestes de l'une ont un effet direct sur les autres. Le
comportement de maximisation de profit dans les autres structures de
marché examinées est facile à prévoir. Tel n'est pas le cas en oligopole.
En situation d'interdépendance, puisqu'il est difficile de déterminer ce
que vont faire les autres, plusieurs comportements sont alors « rationnels ». La logique économique à elle seule ne peut que suggérer plusieurs
modèles de firmes en interdépendance, chacun envisageant la demande
présumée d'une façon différente, sans pouvoir affirmer avec certitude
quand l'un s'appliquera plutôt qu'un autre.

Une caractéristique ressort toutefois clairement : l'interdépendance amène toujours les firmes à faire face à l'alternative suivante, soit collaborer ou adopter un comportement antagoniste. C'est en effet la tâche première d'une entreprise oligopolistique de déterminer lequel de ces comportements concurrentiels dominera.

Les modèles développés au cours de ce dernier chapitre sont plus réalistes, mais aussi plus complexes, de portée plus restreinte et moins précis dans leurs conclusions que ceux des chapitres précédents. C'est là le prix du réalisme...

ANNEXE 13.1 – MATRICE DES GAINS, JEUX ET DILEMME DU PRISONNIER

Nous avons fait référence au cours du chapitre aux matrices des gains afin d'illustrer les problèmes de décision en situation d'interdépendance. Cette approche offre l'avantage de mettre en évidence les résultats de gestes posés relativement aux objectifs que se donnent les entreprises. Implicitement, nous faisons de la « théorie des jeux »[1]. Le cadre de la théorie des jeux envisage les décisions des agents économiques dans une situation de jeu où un adversaire est forcément présent. Le jeu comporte des règles qui spécifient l'objet, les gestes admissibles ainsi que les primes à distribuer aux participants, selon leur performance. Le cadre convient tout à fait au contexte d'entreprises en interdépendance.

Le « jeu » le plus souvent évoqué est celui du « dilemme du prisonnier ». Supposons deux malfaiteurs accusés de vol. Il n'y a pas de preuve contre eux. Tout au plus peuvent-ils être accusés de port d'arme illégal et de résistance aux forces de l'ordre. Les policiers espèrent toutefois leur soutirer des aveux et offrent une réduction de peine en échange de leur collaboration, lors d'interrogatoires séparés des deux accusés. Ceux-ci font alors face aux options illustrées au tableau 13.3, selon qu'ils passent aux aveux ou non. Les éléments de la matrice indiquent le nombre de mois de détention, selon le comportement lors de l'interrogatoire.

Tableau 13.3 – *Illustration du dilemme du prisonnier*

	Prisonnier B	
Prisonnier A	Avoue	N'avoue pas
Avoue	12, 12	4, 15
N'avoue pas	15, 4	6, 6

Nous ne pouvons pas déduire le comportement des deux prisonniers sans leur imposer une règle de conduite quelconque. Nous pourrions les considérer pessimistes, comme les entreprises de la section 13.4.2. Dans

1. Les premiers auteurs à systématiser cette approche ont été J. NEUMANN et O. MORGENSTERN, *Theory of Games and Economic Behavior*, Princeton, N. J., Princeton University Press, 1944.

un tel cas, les deux prisonniers décideraient de passer aux aveux. Soyons un peu plus général et imposons-leur un objectif moins restrictif. Disons simplement que chacun d'entre eux cherche à minimiser sa peine, sachant que l'autre se comporte aussi de cette façon. Partons de la situation où les deux prisonniers n'avouent pas. La peine est de 6 mois, pour chacun d'eux. Il est alors dans l'intérêt de chacun des prisonniers de modifier son comportement et d'avouer, afin d'alléger sa peine à 4 mois. Il en résulte une situation où les deux prisonniers avouent et se retrouvent chacun avec une peine plus lourde (12 mois) que s'ils avaient maintenu la décision de ne pas passer aux aveux (6 mois). Nous avons le même résultat que si les deux prisonniers s'étaient comportés en « pessimistes ».

Passons maintenant à la situation de deux entreprises et imposons leur la règle de conduite suivante : chacune d'entre elles veut maximiser son profit, en tenant compte des gestes de l'autre, en présumant que cette dernière se comporte de la même façon. La matrice des gains correspondant à cette situation est illustrée au tableau 13.4.

Tableau 13.4 – Situation de deux entreprises

	Firme B	
Firme A	**Non-collaboration**	**Collaboration**
Non-collaboration	π_3, π_3	π_1, π_4
Collaboration	π_4, π_1	π_2, π_2

Nous avons les profits $\pi_1 > \pi_2 > \pi_3 > \pi_4$. Le profit π_4 correspond à la situation où une entreprise joue le jeu de la collaboration, alors que l'autre déroge à cette règle et réalise un profit de π_1. Les deux entreprises réalisent un profit de π_3 lorsqu'elles décident toutes deux de ne pas jouer le jeu de la collaboration. Elles réalisent un profit de π_2 si elles décident toutes deux de collaborer. La collaboration des deux entreprises est donc nettement préférable à leur non-collaboration. Toutefois, en raison de l'objectif que nous avons donné à nos deux entreprises, l'attrait de la non-collaboration, pour une entreprise est très fort et l'emporte sur la collaboration, en dépit du résultat final. Une entreprise en situation d'interdépendance aurait alors comme règle implicite de conduite de ne pas collaborer.

Cette conclusion est toutefois contestée; le modèle est en effet très restrictif. La restriction ne vise pas l'objectif et la règle de conduite des entreprises, qui semblent de portée générale, mais plutôt la structure même du jeu. Nous avons en effet considéré un jeu à une période. Ceci implique qu'aucune information sur les comportements ne peut être échangée entre les participants et que toute « erreur » de la part d'une entreprise lui est très coûteuse[2]. Considérons maintenant les comportements des deux entreprises dans un jeu à m périodes, en leur donnant le même objectif que dans la situation à une période. Envisageons la possibilité qu'une des entreprises donne un signal de collaboration à l'autre, tout en ayant la possibilité de rajuster son tir par la suite si l'autre entreprise ne collabore pas (voir le tableau 13.5).

Tableau 13.5 – Jeu à plusieurs périodes

Période	1	2	3	4	....	m
Firme A						
1. Non-collaboration	π_3	π_3	π_3	π_3	....	π_3
2. Signal de collaboration Retour à la non-collaboration	π_4	π_3	π_3	π_3	....	π_3
3. Signal de collaboration Maintien de la collaboration	π_4	π_2	π_2	π_2	....	π_2
Entreprise B						
4. Non-collaboration	π_1	π_3	π_3	π_3	....	π_3
5. Collaboration en réponse au signal	π_1	π_2	π_2	π_2	....	π_2

Examinons l'incitation que peut avoir l'entreprise A à donner un signal de collaboration. En période 1, elle réalise des profits de π_4. Son geste lui occasionne donc une perte en période 1, de $\pi_3 - \pi_4$. Si B répond au signal, les deux entreprises réalisent ensuite un profit de π_2, pendant $m - 1$ périodes. Si l'entreprise B ne répond pas au signal, A reprend en période 2 le comportement de non-collaboration et réalise un profit de π_3 par période jusqu'à la fin du jeu. L'entreprise A court le risque de voir réduire son profit de $\pi_3 - \pi_4$ pendant une période, mais aussi de réaliser des gains de $\pi_2 - \pi_3$ pendant $m - 1$ périodes. Selon l'ordre de grandeur de $\pi_3 - \pi_4$, $\pi_2 - \pi_3$ et m, l'entreprise A peut être portée à donner le signal de la collaboration.

---

2.   Il n'y a pas de signaux, comme ceux dont nous traitons à la section 13.3.6.

Examinons maintenant les profits de l'entreprise B, en supposant que A donne un signal de collaboration. En période 1, elle réalise un profit de π_1, parce qu'elle ne collabore pas, alors que A pose le geste de la collaboration. Si en période 2 l'entreprise B choisit de collaborer, elle réalise un profit de $\pi_2 > \pi_3$, jusqu'à la fin du jeu. Elle a donc avantage à répondre par la collaboration au signal que lui transmet A.

Contrairement au jeu à une période, le jeu à m périodes révèle que la réaction dominante en situation d'interdépendance peut être la collaboration.

TERMES IMPORTANTS

Interdépendance
Rationalité; demande présumée
Incitation à l'antagonisme
Incitation à la collaboration
Pessimisme
Domination

BIBLIOGRAPHIE

CARLTON, D.W. et J.M. PERLOFF, *Modern Industrial Organization*, Glenview, Ill., Scott,Foresman/Little,Brown, 1990, chapitres 8–10.

GAUTHIER, G. et F. LEROUX, *Microéconomie : théorie et applications*, 2e édition, Montréal, Gaétan Morin Éditeur, 1988, chapitre 7.

GREEN, C., *Canadian Industrial Organization and Policy*, 3e édition, Toronto, McGraw Hill, 1990, chapitre 7.

PORTER, M., *Competitive Strategy*, New York, The Free Press, 1980, chapitre 4.

SCHERER, F.M., *Market Structure and Performance*, 2e édition, Chicago, Rand McNally, 1980, chapitres 5–7.

VARIAN, H.R., *Intermediate Microeconomics*, 2e édition, New York, Norton, 1980, chapitres 25 et 26.

QUESTIONS ET EXERCICES

13.1   Définissez les concepts de concurrence et de rivalité. Pouvons-nous parler de rivalité dans le modèle de concurrence pure et parfaite, de concurrence monopolistique, de monopole et d'oligopole ?

13.2   Pourquoi discutons-nous de rationalité dans les modèles de concurrence mettant en jeu un petit nombre d'entreprises (oligopole) mais pas en situation de monopole ou lorsqu'un grand nombre d'entreprises se font concurrence.

13.3   À partir de la demande coudée, discutez de l'incitation d'une firme oligopolistique à faire de la différenciation de produit.

13.4   Expliquez comment les éléments suivants facilitent ou rendent plus difficile la coordination entre les firmes sur un marché :

   – un contenu technologique important et en évolution;

   – un bassin stable et restreint d'acheteurs;

   – une demande en croissance;

   – des coûts fixes élevés.

13.5   La demande mondiale de zirconium s'exprime ainsi :

   $Q = 114 - 3P$

   où Q désigne la quantité demandée de zirconium en milliers d'unités et P représente le prix mesurée en dollars par unité.

   À l'heure actuelle, il existe seulement deux producteurs de ce métal : le premier est localisé en Australie (A) et le second au Brésil (B). Les coûts totaux de ces deux producteurs sont donnés par les relations suivantes :

   $$CT_A = 300 + 28Q_A + 2Q_A^2 \qquad CT_B = 200 + 16Q_B + Q_B^2$$

   a) Supposons que ces deux producteurs désirent se soustraire à la concurrence et élisent un bureau de direction (cartel) dont la tâche est de déterminer un prix unique *(P_C)* pour les deux producteurs, une quantité totale de production pour le cartel dans son ensemble (Q_C) et l'allocation de cette production entre les deux pays $(Q_A$ et $Q_B)$. Trouvez la valeur de ces quatre variables dans la situation où le bureau de direction désire maximiser ses profits.

b) Relevez les faiblesses inhérentes au cartel.

c) Supposons que ces deux producteurs sont incapables de former un cartel. Supposons aussi qu'ils se partagent le marché mondial en parts égales. Déterminez qui sera le leader de prix parmi ces deux producteurs désireux de maximiser chacun pour soi les profits. Quelles seront alors les combinaisons prix-quantité des deux producteurs ? Le producteur aux coûts plus élevés maximise-t-il ici ses profits ? Expliquez.

d) Supposons maintenant que le pays B domine le marché du zirconium tandis que la courbe de coût total CT_A nous informe plutôt des conditions de coûts pour un ensemble de petits producteurs répartis à travers le monde. Dans une telle situation, calculez les valeurs de Q_B, P_B, P_A et Q_A dans le cas où tous les producteurs veulent maximiser leurs profits. Quelle est alors la part de marché du producteur B ?

13.6 La division marketing de la compagnie d'alimentation Délix a estimé les fonctions de demande suivantes :

$P = 200 - 0,2Q$ pour $Q \leq X$

$P = 250 - 0,4Q$ pour $Q \geq X$

a) Comment pouvez-vous expliquer une telle fonction de demande ?

b) Quelle est la valeur de X ? Que représente X ?

c) Donnez la fonction de recette marginale de la compagnie Délix. Quelle est sa caractéristique ? Quelle est l'ampleur de cette caractéristique ?

13.7 Sur le marché de l'antigel, on suppose qu'il existe quatre producteurs, que chacun a un coût marginal croissant et cherche à maximiser son profit. On observe ce qui suit :

	Pourcentage du marché	Prix du marché/litre
1) Union Carbide	50 %	1,25 $
2) Allied Chemical	20 %	1,25 $
3) Olin Mathieson	20 %	1,25 $
4) Wyandotte	10 %	1,25 $

Union Carbide est considérée par les autres firmes dans l'industrie comme étant la firme dominante. Chacune des autres firmes se comporte comme en concurrence pure et parfaite (*price-taker*). Union Carbide estime que la courbe de demande du marché pour l'antigel s'est déplacée parallèlement vers la droite en 1986 à cause de l'augmentation des ventes de voitures. Elle se demande si elle doit augmenter ou non le prix de l'antigel.

a) Tracez le graphique décrivant le modèle qui s'applique à la situation initiale, où $p = 1,25$ $.

b) Tracez la nouvelle demande du marché ainsi que celle qui s'adresse à la firme dominante.

c) Recommandez-vous à Union Carbide de hausser son prix si elle cherche à maximiser son profit ? Justifiez votre réponse.

d) Qu'arrive-t-il aux parts de marché si Union Carbide maintient son prix à 1,25 $?

e) Comparez la situation de Union Carbide à celle d'un monopole.

CHAPITRE
14

Entrée et interdépendance

Nous avons traité antérieurement, plus précisément aux chapitres 4 et 10, de l'entrée de nouvelles firmes dans un marché; le contexte était toutefois fort restrictif. Nous avons envisagé des situations de mobilité parfaite où un grand nombre d'entreprises se faisaient concurrence. La présence de profits économiques positifs incite de nouvelles firmes à entrer sur un marché, jusqu'au point où nous obtenons un profit économique nul. Les firmes en place ne réagissent pas, car l'entrée n'a pas un effet direct sur elles et, de plus, elles ne sont pas en mesure, en raison de leur taille, d'influer de quelque façon que ce soit sur ses déterminants.

La situation est plus complexe lorsqu'elle met en jeu un petit nombre d'entreprises sur le marché, comme dans les modèles de monopole et d'oligopole. Il y a alors interdépendance entre l'entrant potentiel et les entreprises en place : l'entrée d'une entreprise a un effet direct sur celles qui sont en place, et les comportements de ces dernières peuvent modifier les conditions d'entrée. Il est possible que dans une telle situation les firmes en place veuillent bloquer ou restreindre l'entrée afin de préserver les profits économiques positifs et il est possible également qu'elles en soient capables.

Nous examinons dans ce chapitre les comportements utilisés pour restreindre l'entrée. Pour commencer, nous nous intéressons aux comportements autres que ceux associés à la politique de prix et ensuite, nous nous attardons à ces derniers. Nous terminons en traitant de la crédibilité des menaces des résidants à l'égard des entrants potentiels. Pour simplifier les choses, nous supposons qu'il y a soit une seule firme résidante, soit quelques firmes résidantes prêtes à collaborer étroitement pour restreindre l'entrée. Les problèmes associés à l'interdépendance entre les firmes résidantes sont alors mis de côté.

Avant d'aborder ces différents comportements, il importe de souligner que la firme en place ne bloque pas nécessairement l'entrée, même si elle en a la possibilité. En effet, étant donné les coûts entraînés par la mise en place de barrières, quel que soit le moyen adopté, il peut être préférable pour la firme en place de permettre l'entrée. En fait, la firme doit décider de sa réaction face à l'entrée en tenant compte des profits correspondant aux différents comportements possibles. Une illustration simple de cette situation est donnée au graphique 14.1, où nous comparons deux comportements extrêmes, soit un accommodement à l'entrée et une restriction complète de l'entrée. Nous supposons une entreprise résidante qui se donne, à partir de $t = 0$, un horizon de planification H. La courbe de profit A est alors associée à la politique d'accommodement. Nous supposons que l'entrée se fait de façon continue et prend de l'ampleur au fur et à mesure que le temps s'écoule. L'accommodement occasionne des profits élevés avant que l'entrée ne se manifeste et, par la suite, les profits diminuent au fur et à mesure que l'entrée a lieu.

La courbe de profit R résulte d'une politique restrictive face à l'entrée et engendre, relativement à la courbe A, des profits plus faibles au début, en raison du coût des politiques de restriction à l'entrée, mais qui, étant donné cette restriction, se maintiennent par la suite et diminuent en raison de la saturation de la demande. L'entreprise doit donc comparer la somme des profits réalisés, pour la période allant de $t = 0$ à $t = H$, correspondant à chacun des profils[1]. Soulignons que plus H est grand, plus la politique de restriction de l'entrée est profitable. Par contre, le problème d'information devient alors crucial, le montant des profits des périodes éloignées étant plus incertain.

---

1.   Cette situation est semblable à celle dans laquelle se retrouve la firme dominante qui songe à expulser les petites firmes, à la section 13.5.2. Elle compare la somme des profits actualisés correspondant à l'élimination des petites, en tenant compte d'une éventuelle nouvelle entrée, à celle de l'acceptation de l'existence des petites (accommodement).

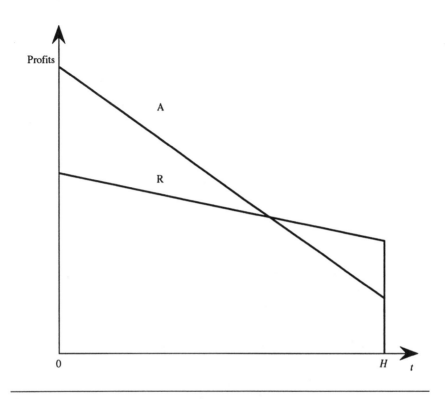

Graphique 14.1 – Profils intertemporels de profits

D'autres comportements face à l'entrée sont possibles, de type acceptation partielle. Toutefois, le cadre de décision demeure toujours le même : il faut comparer des sommes de profits futurs actualisés. Nous observons alors qu'il n'est pas nécessairement profitable pour une entreprise déjà en place de restreindre l'entrée de nouvelles firmes.

14.1. COMPORTEMENTS EN MATIÈRE DE PUBLICITÉ, DE DIFFÉRENCIATION DE PRODUIT ET D'INNOVATION

L'entreprise résidante est consciente de l'existence des barrières à l'entrée et de leur effet sur les profits. Par conséquent, elle peut adopter des comportements qui maintiennent ou qui intensifient ces barrières. Il s'agit ici des mêmes éléments dont nous avons traités au chapitre 11. Elle peut alors faire de la publicité pour maintenir une asymétrie par rapport aux nouvelles firmes en créant une fidélité à la marque, ou encore, elle peut chercher à différencier davantage son produit, et ceci peut aller jusqu'à pousser l'effort d'innovation afin de se démarquer des entrants potentiels. Si elle n'a pas atteint la taille minimale d'efficacité, elle peut envisager une politique d'expansion rapide, en faisant l'acquisition d'une des autres firmes en place. Ces comportements représentent une partie importante de la stratégie d'entreprise dont nous traitons au chapitre 16.

14.2. COMPORTEMENTS EN MATIÈRE DE PRIX : LE PRIX LIMITE

Examinons comment une entreprise résidante peut utiliser sa politique de prix (et de quantité produite) pour restreindre l'entrée. Cette politique de prix est connue sous le nom de prix limite. Le contexte est le suivant : il y a entrée lorsque l'entrant potentiel estime qu'il y a des profits économiques à réaliser au sein d'un secteur, c'est-à-dire que sa demande présumée est telle qu'elle permet de couvrir les coûts pertinents et de faire un bénéfice[2].

Afin de restreindre l'entrée, le résidant va adopter une politique de prix et de quantité telle que l'entrant potentiel présume que sa demande n'est pas suffisante pour couvrir ses coûts et faire un bénéfice. Nous examinons deux politiques dites de prix limite, c'est-à-dire concernant des prix (et des quantités) qui parviennent tout juste à restreindre l'entrée. Dans un premier cas, la firme résidante annonce qu'elle vend à un prix donné, même après entrée, alors que dans le second, elle annonce que la quantité qu'elle met sur le marché ne varie pas, même dans l'éventualité d'une entrée, ce qui indique qu'elle est prête à accepter des baisses de prix. Pour simplifier, nous allons nous contenter de considérer une situation avec produits homogènes.

14.2.1. Le prix limite : maintien du prix

Considérons la situation représentée au graphique 14.2. La firme en place jouit d'une fonction de coûts inférieure à celle de la nouvelle firme, et une

---

2. La notion de demande présumée est présentée à la section 13.1.2.

stricte perspective de maximisation de profit sans considération d'entrée dicte un prix P_0[3]. Il est alors possible pour un entrant d'annoncer un prix légèrement inférieur à P_0 et de vendre avec profit. Cependant, la prise en considération de l'entrée dicte plutôt un prix P_1, juste au-dessous du seuil de rentabilité de la nouvelle firme, d'où le terme prix limite. La demande présumée à l'entrant potentiel ne couvre donc pas ses coûts moyens de production, puisqu'il doit demander un prix inférieur ou égal à P_1.

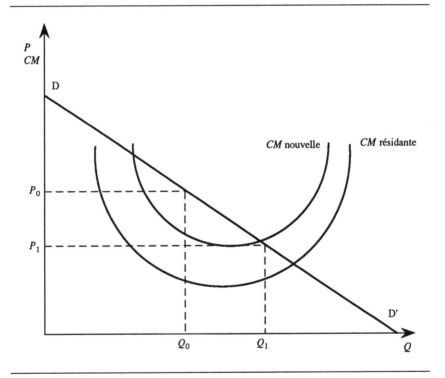

Graphique 14.2 – *Le prix limite : maintien du prix. Fonctions de coûts différentes*

Une telle politique bloque effectivement l'entrée. Notons toutefois que le contexte posé est restrictif : les fonctions de coûts des deux firmes sont différentes. En fait, nous nous retrouvons avec une simple extension du cas d'asymétrie dans les fonctions de coûts, vu au chapitre 11, et qui donne un avantage concurrentiel à la firme résidante. Par contre, la

---

3.   Ce prix correspond à la quantité qui égalise *Rm* et *Cm*. La technique a été explicitée aux chapitres 10 et 12.

situation devient plus complexe si nous posons que l'entrant et le résidant ont la même fonction de coûts. La politique du prix limite décrite ci-dessus fait alors subir des pertes au résidant. Elle perd tout son sens s'il n'y a pas asymétrie. Dans ce cas, la firme en place ne peut pas envisager une telle annonce de politique de prix pour décourager l'entrée.

14.2.2. Le prix limite : le maintien des quantités

En l'absence d'asymétrie dans les fonctions de coûts, la firme résidante qui veut bloquer l'entrée doit envisager une autre politique. Une solution possible se trouve dans le maintien des quantités vendues par la firme résidante, qu'il y ait entrée ou non. Il s'agit en fait de ne pas laisser de « place » aux nouvelles firmes. La demande à la firme présumée par l'entrant potentiel doit être réduite jusqu'au point où il n'y a pas moyen pour lui de couvrir ses coûts de production[4].

Dans un premier temps, nous donnons une définition de la demande présumée à l'entrant potentiel. À cette fin, référons-nous à la notion de demande résiduelle[5] (voir le graphique 14.3). Soit une demande de marché, D_M, et deux firmes, A et B. Supposons que la firme A ait la politique suivante : quel que soit le comportement des autres firmes, elle produit une quantité Q_1. Il s'ensuit que le prix du marché est égal à P_1, si B ne produit pas. Supposons que B envisage maintenant de produire. Toute quantité produite par B fait baisser le prix du marché, en bas de P_1, et si, par exemple, la firme B produit Q_2, le prix baisse à P_2. Nous appelons demande résiduelle à l'entreprise B le segment CE, que nous reportons sur l'axe des ordonnées et qui devient alors D_R. Celle-ci nous indique les combinaisons prix-quantité que la firme B peut envisager. Étant donné le comportement de la firme A, la demande présumée à la firme B est simplement la demande résiduelle D_R; nous avons alors

$$D_R = D_M - Q_1$$

À chaque niveau de quantité de l'entreprise A correspond une nouvelle courbe de demande résiduelle à l'entreprise B.

---

4.   Le document de référence est ici celui de F. Modigliani, « New Developments on the Oligopoly Front », *Journal of Political Economy*, juin 1958, pp. 215-232.

5.   Nous avons déjà exposé une démarche semblable au chapitre 13, lors de la détermination de la demande à la firme dominante, à la section 13.5.

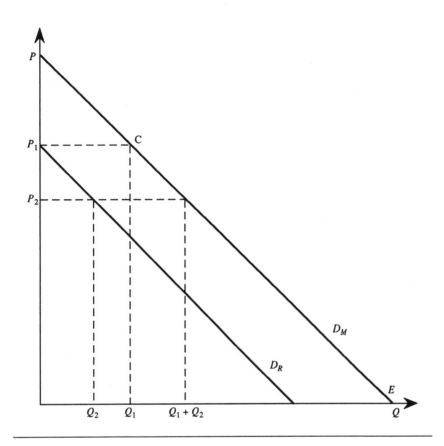

Graphique 14.3 – *Demande résiduelle*

Utilisons maintenant la notion de demande résiduelle pour dégager le comportement d'une firme résidante qui restreint l'entrée (voir le graphique 14.4). L'entrant potentiel et le résidant ont la même fonction de coûts. Soit une quantité Q_0 mise sur le marché par la résidante, quel que soit le prix. La demande à laquelle l'entrant potentiel fait face est alors AB, ou encore $D_M - Q_0$, c'est-à-dire D_{RO}. Étant donné le comportement de la résidante, la demande présumée à l'entrant potentiel est D_{RO}, ce qui lui permet de couvrir ses coûts et de réaliser un bénéfice. L'entrée est donc profitable.

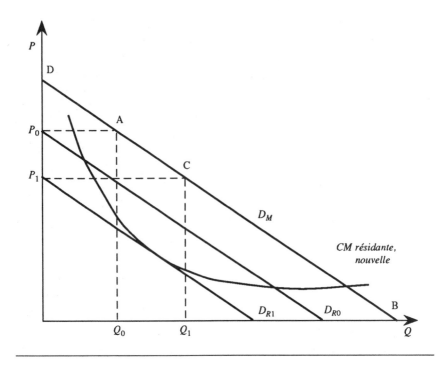

Graphique 14.4 – Le prix limite : maintien des quantités

Supposons maintenant que le résidant annonce qu'il met sur le marché une quantité Q_1, quel que soit le prix. La demande à laquelle l'entrant potentiel fait face est alors CB, ou encore $D_M - Q_1$, c'est-à-dire D_{R1}. Comme cette demande présumée ne lui permet pas de couvrir ses coûts, l'entrée n'est pas profitable. Le prix P_1, associé à la quantité Q_1, est le prix limite, c'est-à-dire le prix qui n'incite pas à l'entrée, sous la menace de maintien de Q_1, si l'entrée devait avoir lieu. Tout prix supérieur à P_1 permet des profits économiques à l'entrant.

La forme de la fonction de coûts influe directement sur la combinaison prix-quantité de la firme résidante qui désire bloquer l'entrée (voir le graphique 14.5). Soit deux fonctions révélant des tailles minimales d'efficacité différentes. Avec une taille TME_1, si la firme résidante met sur le marché une quantité inférieure à Q_1, il y a entrée. Pour la taille TME_2, il y a entrée si la résidante met sur le marché une quantité inférieure à Q_2. Plus la taille minimale d'efficacité est grande (TME_1), plus la firme résidante peut restreindre les quantités et demander un prix élevé (P_1), sans provoquer l'entrée. Ceci s'explique par l'ampleur de l'asymétrie entre le résidant et la nouvelle firme[6] et cette asymétrie se fait d'autant plus sentir que la taille minimale d'efficacité est grande. Nous pouvons offrir l'explication intuitive suivante : lorsque la taille minimale d'efficacité est faible, l'entrant n'a besoin que d'une « petite » place sur le marché pour être rentable, ce qui oblige le résidant à « occuper » le marché.

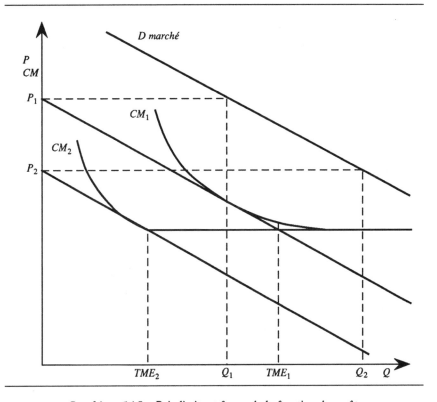

Graphique 14.5 – Prix limite et forme de la fonction des coûts

14.3. CRÉDIBILITÉ DU COMPORTEMENT DU RÉSIDANT : LA SITUATION APRÈS ENTRÉE

Le comportement de maintien des quantités (Q_1 du graphique 14.4) de la part du résidant peut effectivement bloquer l'entrée, dans la mesure toutefois où l'entrant potentiel croit que le résidant mettra à exécution cette

---

6. Voir le chapitre 11, où l'on traite du concept d'asymétrie.

« menace », après entrée[7]. En effet, la demande résiduelle D_{R1} constitue la demande présumée de l'entrant potentiel dans la mesure où ce dernier croit que la menace va se réaliser, après entrée. Or, cette menace n'est pas très crédible[8].

Pour que le résidant maintienne ses quantités Q_1 après entrée, il faut que ce soit à son avantage, c'est-à-dire que, après entrée, ce soit un comportement de maximisation de profit. Examinons la situation représentée au tableau 14.1. Nous y présentons les gains de la firme en place selon les comportements adoptés : elle bloque l'entrée (π_b), l'entrée se réalise et la menace de maintien des quantités est mise à exécution (π_m), et finalement, l'entrée a lieu mais la firme en place s'accommode de cette entrée (π_a). Dans ce dernier cas, elle choisit de ne pas mettre à exécution sa menace (maintien de Q_1) mais plutôt de « laisser une place » à l'entrant.

Tableau 14.1 – Profits de la firme résidante et crédibilité

Incitation à bloquer l'entrée	$\pi_B > \pi_A$
Menace crédible	$\pi_M \geq \pi_A$
Menace non crédible	$\pi_M < \pi_A$

Pour que la menace soit crédible, il faut non seulement $\pi_B > \pi_A$, ce qui correspond simplement au fait que les profits d'une firme sont plus élevés quand elle est en position de monopole, mais encore que $\pi_M \geq \pi_A$. Le niveau de profit π_B peut signaler au résidant qu'il est pertinent de songer à bloquer l'entrée. Le profit π_B n'intervient toutefois pas directement dans la décision de l'entrant potentiel qui, lui, songe aux **profits après entrée**, plutôt qu'à ceux avant entrée. L'entrant étudie donc les profits π_M et π_A. Si $\pi_M < \pi_A$, il ne croit pas que le résidant mette sa menace à exécution pour l'empêcher d'entrer, et entre donc.

Une façon pour la firme résidante de convaincre l'entrant que π_M est supérieur à π_A est d'engager d'avance une dépense C, qui n'aurait pas lieu d'être sans menace d'entrée ou s'il y avait accommodement face à

---

7. La question est bien posée dans A. DIXIT, « Recent Developments in Oligopoly Theory », *American Economic Review*, mai 1982, pp. 12-17.

8. Nous retrouvons ici la question de la crédibilité des signaux traitée à la section 13.5.4. La menace de maintien des quantités est un signal du résidant destiné à l'entrant potentiel.

l'entrée. Cette dépense est toutefois réalisée de toute façon, dans l'éventualité de l'exécution de la menace. Les profits réalisés selon l'entrée et la réaction face à l'entrée sont les suivants :

entrée bloquée : $\pi_B - C$

accommodement : $\pi_A - C$

exécution de la menace : π_M

Plus le montant C est élevé, plus l'exécution de la menace est crédible, parce que nous avons ainsi une plus forte probabilité que π_M soit plus grand que $\pi_A - C$. Toutefois, deux conditions sont nécessaires pour que cet effet soit atteint : premièrement, il faut que le montant C soit alloué à des activités qui auraient lieu de toute façon, dans l'éventualité de l'exécution de la menace et, deuxièmement, qu'il y ait irréversibilité. En effet, l'entreprise ne doit pas pouvoir changer d'idée et récupérer le montant C si elle décidait de ne pas mettre sa menace à exécution[9]. Ce type de dépense peut prendre la forme d'une mise en place de capacité excédentaire, qui rendrait coûteuse une réduction de la quantité produite.

Ces modèles de comportement face à l'entrée jettent un nouvel éclairage sur certaines pratiques concurrentielles. La mise en place de filiales à l'étranger peut être vue comme un engagement, donnant une crédibilité aux menaces de la société mère que la simple exportation ne permet pas. Le nombre de succursales ou de points de vente d'une entreprise sur un territoire donné peut être considéré comme un engagement rendant plus crédible une lutte à la suite d'une entrée éventuelle. Il en va de même pour le nombre de marques mises sur le marché par une entreprise, dans le cas des céréales pour le déjeuner, par exemple[10].

14.4. POINTS IMPORTANTS ET IMPLICATIONS

Ce chapitre constitue un prolongement du précédent : la notion d'interdépendance y est simplement étendue aux concurrents potentiels. Outre la mise en place de barrières à l'entrée déjà abordées au chapitre 11,

---

9.   Nous retrouvons ici la notion de barrière à la sortie présentée à la section 11.2.5.

10.   B. LYON développe ce point dans « Strategic Behaviour by Firms », dans le livre *The Economics of the Firm*, édité par R. CLARKE et T. MCGUINESS, chez Basil Blackwell, Oxford, 1987.

nous considérons ici des politiques de prix qui pourraient avoir un effet dissuasif sur les nouvelles entreprises. Deux idées majeures ressortent de ce chapitre : premièrement, l'entreprise résidante qui désire maximiser ses profits n'a pas nécessairement avantage à bloquer l'entrée, et, deuxièmement, l'entrant potentiel n'est pas touché par le comportement avant entrée, mais bien par celui manifesté après son entrée. Pour être crédible, toute menace de comportement après entrée doit correspondre au comportement de maximisation de profit de la firme en place, après entrée. Notons que l'exigence de crédibilité ne s'applique pas uniquement au comportement face à l'entrée, mais aussi à tous les comportements d'une firme cherchant à influencer le comportement des autres firmes.

TERMES IMPORTANTS

Demande résiduelle
Prix limite, asymétrie
Menace
Crédibilité
Engagement
Irréversibilité

BIBLIOGRAPHIE

DIXIT, A., « Recent Developments in Oligopoly Theory », *A.E.R.*, Papers and Proceedings, May 1982, n° 72, pp. 12-17.

GREER, D.F., *Canadian Industrial Organization and Policy*, 3e édition, Toronto, McGraw-Hill-Ryerson, 1984, chapitre 7.

LYON, B., « Strategic Behaviour by Firms », dans *The Economics of the Firm* », édité par Clarke et McGuiness, Oxford, Basil Blackwell, 1987.

SCHERER, F.M., *Mark et Structure and Economic Performance,* 2e édition, Chicago, Rand McNally, 1980, chapitre 8.

QUESTIONS ET EXERCICES

14.1 Comparez les décisions d'une firme dominante d'éliminer les petites entreprises sur le marché et d'une firme résidante de bloquer l'entrée.

14.2 Nous avons laissé entendre qu'une entreprise résidante pouvait bloquer l'entrée en mettant en place des barrières à l'entrée, ou encore en annonçant une politique de prix limite. Discutez de la question de la crédibilité face à l'entrant de l'une et l'autre de ces situations.

14.3 Soit une demande de marché

$Q_M = 400 - 4P$.

Soit une entreprise résidante qui demande actuellement un prix $P_0 = 80$. Elle laisse savoir qu'elle maintiendra la quantité produite, advenant une entrée, quel que soit le nouveau prix du marché.

Quelle est la courbe de demande présumée de l'entrant, s'il estime crédible le comportement annoncé par la firme résidante ?

14.4 Considérons une entreprise A résidante sur le marché et une entreprise B qui s'apprête à entrer sur le marché. Elles ont chacune la même fonction de coût moyen.

$$CM_{A,B} = \frac{900\,000}{Q} + 500 + 6{,}5Q\,.$$

La fonction de demande du marché est

$P = 7\,000 - 3{,}5Q\,.$

Supposons que la firme A menace B de ne pas diminuer sa production, advenant son entrée sur le marché. Quelle est la combinaison prix/quantité de A qui bloquerait l'entrée de B ?

Cette menace est-elle crédible ?

14.5   Nous mentionnons à la section 14.3. que la multiplication du nom-
        bre de points de vente ou du nombre de marques peut être inter-
        prétée comme un engagement qui donne de la crédibilité à la
        menace d'une réaction agressive advenant l'entrée. Expliquez, en
        soulignant le rôle de l'irréversibilité de l'engagement.

15

Les techniques de fixation de prix

Nous étudions dans ce chapitre la fixation de prix, sujet dont nous avons déjà fait état dans les chapitres précédents[1]. L'optique du présent chapitre est toutefois différente. L'objet des constructions présentées antérieurement est soit le fonctionnement de marché, soit l'analyse de la concurrence contemporaine. Elles étudient la façon dont les pressions concurrentielles influent sur le niveau des prix observés sur le marché, sans toutefois tenir compte du processus de fixation de prix.

Pour combler cette lacune, nous nous penchons, dans ce chapitre, sur les différentes techniques de fixation de prix que nous pouvons observer. Nous cherchons à justifier le recours à une règle différente de la stricte égalisation $Rm = Cm$ des modèles précédents, tout en soulignant la compatibilité avec l'objectif de maximisation de profit.

Nous distinguons quatre groupes de pratiques de fixation de prix. Dans un premier temps, nous examinons des pratiques reliées au fait que l'information disponible aux entreprises est imparfaite. Dans un second

---

1. Plus précisément, dans les chapitres 4, 10, 12, 13 et 14.

temps, nous présentons une série de pratiques dont l'existence et la compatibilité avec la maximisation de profit s'expliquent par l'analyse marginale, laquelle fait intervenir toutefois des considérations nouvelles touchant les caractéristiques des marchés ou des produits en question. Dans un troisième temps, nous examinons des situations de produit unique où les acheteurs procèdent par appel d'offres. Finalement, nous traitons une situation où la firme exprime son objectif comme étant la maximisation des ventes.

15.1. LE MANQUE D'INFORMATIONS ET LA FIXATION DE PRIX

15.1.1. Le coût majoré *(mark-up)*

Une entreprise qui utilise la technique dite du coût majoré *(mark-up)* détermine son prix simplement en ajoutant une marge de profit à ses coûts moyens ou à ses coûts moyens variables. Elle examine ses coûts de production actuels et suppose qu'ils correspondent à une utilisation normale de la capacité, qu'il n'y a pas de rendements décroissants, dans cette zone de production et que le niveau d'opération de l'entreprise va continuer à s'y situer. L'entreprise « connaît » donc ses coûts, dans le cadre qu'elle se fixe, et ces coûts sont majorés pour déterminer le prix de vente. La majoration appliquée correspond en général à celle qui est utilisée par les autres entreprises du même secteur.

Cette façon de procéder ne paraît pas compatible avec la maximisation de profit. En premier lieu, les hypothèses sur les coûts peuvent être restrictives. En second lieu, nous n'avons aucune assurance que la majoration choisie soit liée à la demande à la firme. En situation d'information parfaite, l'entreprise devrait donc plutôt analyser sa demande et appliquer la règle de maximisation habituelle, plutôt que de se référer à une majoration utilisée par d'autres firmes.

La raison pour laquelle l'entreprise ne le fait pas est tout simplement qu'elle ne connaît pas sa demande (voir le graphique 15.1). Au lieu d'être en présence d'une courbe de demande, la firme a plutôt affaire à un « nuage » à pente négative. Elle choisit donc de se baser sur ce qu'elle connaît, c'est-à-dire ses coûts d'opération, et d'appliquer une majoration qui lui permet de se trouver dans le « nuage » et de réaliser un bénéfice.

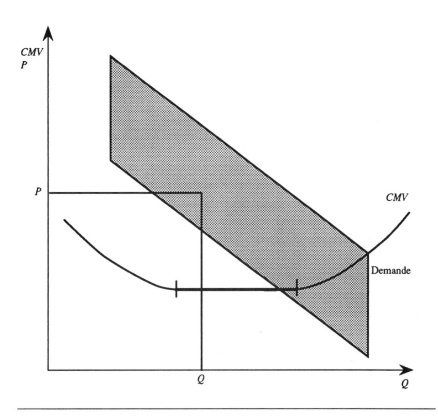

Graphique 15.1 – *La technique du coût majoré* (mark-up)

La détermination de la marge n'est pas arbitraire. En effet, l'entreprise fait des ajustements au fur et à mesure qu'elle obtient de l'information sur sa demande. Si elle voit que sa production s'écoule rapidement, elle peut augmenter la marge et le niveau de production. Elle peut également expérimenter et voir quel est l'effet sur le niveau des profits. En outre, l'entreprise peut tirer des renseignements en observant le comportement des autres firmes. Ainsi, par un processus d'observation et de tâtonnement, l'entreprise ajuste sa majoration jusqu'à ce qu'elle maximise les profits.

Il est d'ailleurs possible sur un plan technique de concilier l'approche marginale habituelle et le coût majoré. Supposons au départ une information parfaite et une fonction de coût où $CMV = Cm$. Pour maximiser les profits, nous voulons une combinaison prix-quantité telle que $Rm = Cm$.

Or, $Cm = CMV$

et $Rm = P\left(1 + \dfrac{1}{E_P}\right)$, où E_P représente l'élasticité-prix.

Nous avons alors

$$P = \dfrac{CMV}{\left(1 + \dfrac{1}{E_P}\right)},$$

$$P = CMV\left(\dfrac{E_P}{E_P + 1}\right).$$

Par ailleurs, pour établir la majoration, nous avons

$$P = CMV\,(1 + X),$$

où X représente le pourcentage de majoration.

Nous avons alors

$$1 + X = \dfrac{E_P}{E_P + 1}$$

$$X^* = \dfrac{E_P}{E_P + 1} - 1 = \dfrac{-1}{E_P + 1}.$$

Une majoration de X^* assure ainsi le même résultat que l'approche marginale habituelle.

15.1.2. Le prix en fonction du taux de rendement visé

Cette technique est une variante de celle que nous venons de présenter. L'entreprise cherche à maximiser ses profits, mais elle n'a pas l'information requise. Elle cherche alors à atteindre un certain taux de rendement, quitte à rajuster ses politiques par la suite.

Il s'agit d'abord de définir le niveau de profit visé, ou encore le taux de rendement visé sur le capital investi. Pour y parvenir, l'entreprise peut se référer à la performance passée ou à celle d'entreprises dans le même secteur d'activité. Le niveau de profit à dégager est simplement $\overline{\pi} = CF \times r$, où r est le taux de rendement recherché et CF, le niveau de capital physique investi. L'entreprise envisage un niveau de production compatible $\overline{Q}$.

Les coûts totaux correspondent à

$$CF + (\overline{Q} \times CMV).$$

Le montant à dégager s'exprime comme

$$\overline{\pi} = P\overline{Q} - (CMV \times \overline{Q})$$
$$= (P - CMV)\overline{Q}$$
$$P - CMV = \frac{\overline{\pi}}{\overline{Q}}$$
$$P = \frac{\overline{\pi}}{\overline{Q}} + CMV.$$

L'entreprise définit ainsi le prix qui devrait lui permettre d'atteindre le taux de rendement recherché[2]. Si la production s'écoule rapidement, elle pourra se donner comme objectif un taux de rendement supérieur et ajuster le prix en conséquence.

---

2. L'approche est la même que celle adoptée dans la section 12.3. portant sur la réglementation du monopole naturel.

15.2. FIXATION DE PRIX, ANALYSE MARGINALE ET CERTAINES CARACTÉRISTIQUES DU MARCHÉ OU DES PRODUITS

Nous faisons ici appel à l'égalisation de la recette marginale et du coût marginal. La formulation des fonctions correspondantes doit toutefois se plier à certaines modifications résultant soit du nombre de biens ou services produits, soit de caractéristiques des marchés où les produits sont vendus. Nous analysons tour à tour la discrimination de prix, la fixation de prix de produits complémentaires et la fixation de prix de produits résultant d'une production conjointe.

15.2.1. La discrimination de prix

15.2.1.1. Définition de la discrimination de prix

Nous qualifions de discrimination de prix des situations où un même produit est vendu à des prix différents. Par extension, nous englobons aussi les situations où des produits semblables (voire entraînant des coûts marginaux d'un même ordre de grandeur) se vendent à des prix très différents[3].

La discrimination de prix est une pratique fortement répandue; le tableau 15.1 en donne quelques exemples et indique le mode de discrimination utilisé.

Conditions d'existence de la discrimination de prix

Bien qu'elle soit très répandue, la discrimination de prix ne peut pas être pratiquée par toutes les firmes et dans toutes les circonstances. Deux conditions sont nécessaires pour qu'il soit possible de faire de la discrimination de prix et une troisième, pour que ce soit rentable.

---

3. Cette définition exclut alors les situations où des produits identiques sont vendus à des prix différents, mais pour lesquels nous observons des différences dans les coûts; les situations d'escompte relié à la quantité ne sont pas considérées comme étant de la discrimination de prix.

Tableau 15.1 – Situation de discrimination de prix

Tarification de l'Hydro-Québec : nature de l'utilisateur, quantité de kilowatts consommés.

Tarification du service téléphonique : nature de l'utilisateur, jour de la semaine, heure de la journée, service local ou interurbain.

Tarification des services de transport aérien : nature de l'utilisateur, période de préavis, jour de la semaine, saison.

Tarification des repas au restaurant : période de la journée, jour de la semaine.

Tarification des centres de ski alpin : période de l'année, jour de la semaine, abonnements de saison, groupes, période de la journée.

Tarification des services de transport en commun : nature de l'utilisateur, cartes d'abonnement mensuelles/paiement à l'unité.

Tarification des clubs de golf et de tennis : frais d'abonnement combiné au paiement à l'unité.

Tarification des services immobiliers : pourcentage du prix de vente.

Tarification de certains services juridiques : pourcentage du montant du règlement.

Il importe d'abord que les marchés soient étanches. En effet, nous ne pouvons pas avoir des prix différents pour un même bien s'il y a mobilité parfaite entre différents marchés ou différents acheteurs. Supposons des prix différents et une mobilité parfaite[4]. Il est alors possible qu'un intermédiaire achète un produit là où le prix est faible et le revende ailleurs à un prix plus élevé. Cette opération d'arbitrage est rentable tant que les prix ne sont pas égaux.

La deuxième condition est l'existence d'un pouvoir de marché. Dans la mesure où nous sommes en présence de firmes n'ayant aucun pouvoir d'influer sur le prix, il est difficile de concevoir comment ces firmes pourraient réussir à fixer au moins deux prix pour le même bien. Les entreprises n'ayant aucun contrôle sur le prix cherchent à égaliser leur prix au coût marginal, et il est impossible d'avoir deux prix pour un seul niveau de coût marginal.

---

4. Nous observons encore une fois le rôle important joué par les barrières à la mobilité (chapitre 11).

La troisième condition touche la rentabilité de la discrimination de prix : il faut que la firme perçoive des demandes différentes. Dans le cas contraire, il n'y a pas lieu de traiter certains acheteurs différemment des autres, et les conditions de vente qui maximisent les profits sont alors identiques.

15.2.1.2. *La discrimination de premier degré*

Pour faciliter l'analyse de la discrimination de prix, nous en distinguons trois types, nommés simplement premier, deuxième et troisième degré.

La situation de discrimination de premier degré est illustrée au graphique 15.2. La firme peut vendre chaque unité au prix maximum permis par la courbe de demande. Ainsi, l'unité 1 se vend à un prix P_1 et l'unité 2 se vend à P_2. Comme la baisse de prix n'a pas de répercussion sur le prix des unités antérieures, le revenu marginal de cette firme est égal au prix de la dernière unité vendue[5]. Étant donné qu'avec l'objectif de maximisation de profit le revenu marginal pour la dernière unité est égal au coût marginal, la firme produit une quantité Q^*.

La discrimination de prix du premier degré est donc fort rentable. Comparons cette situation à celle de firmes en concurrence pure et parfaite et à celle d'un monopole qui ne ferait pas de discrimination de prix. Référons-nous encore au graphique 15.2.

En situation de concurrence pure et parfaite, nous aurions $P = Cm$, d'où la production d'une même quantité en discrimination de prix du premier degré et en concurrence pure et parfaite. En concurrence parfaite, il n'y a toutefois qu'un seul prix de vente.

Certains acheteurs sont prêts à payer un prix plus élevé pour obtenir ce bien, comme l'indique la courbe de demande. La différence entre ce prix et le prix effectivement payé P constitue un surplus pour eux et la sommation (l'intégrale) des surplus pour chacune des unités vendues forme le surplus du consommateur.

---

5.   Voir la formulation du revenu marginal au chapitre 2 :

$$Rm = P + \frac{dP}{dQ} Q. \text{ Dans le cas présent } \frac{dP}{dQ} = 0.$$

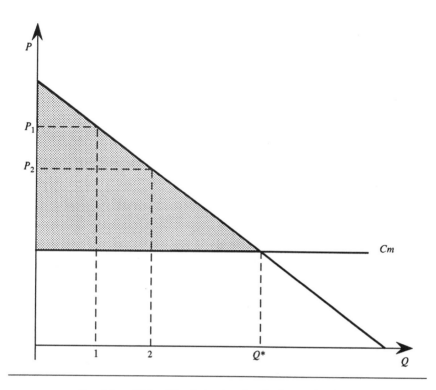

Graphique 15.2 *– Discrimination de prix de premier degré*

L'entreprise qui pratique une discrimination de prix de premier degré s'accapare tout le surplus du consommateur (la surface ombragée) ce qui procure des gains supérieurs à ceux des entreprises en concurrence pure et parfaite d'un montant égal à cette surface. Relativement à la situation de concurrence, il y a transfert du surplus du consommateur vers la firme.

La comparaison avec le monopole simple est représentée au graphique 15.3. Ce dernier restreint les quantités et vend à P_{SD} (prix sans discrimination), et toutes les unités sont vendues à ce prix. Il réalise un profit correspondant à la surface plus foncée, alors que le monopoleur pratiquant une discrimination de premier degré réalise un profit correspondant à la somme des surfaces ombragées (incluant la zone foncée), c'est-à-dire un profit sensiblement supérieur.

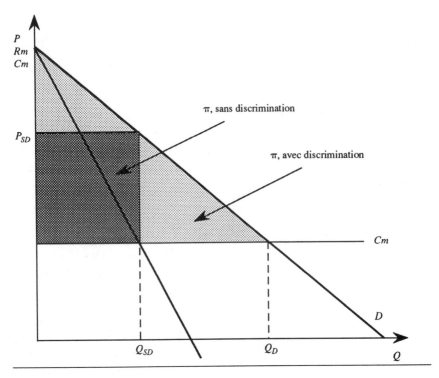

Graphique 15.3 – Monopole avec et sans discrimination

Exemples de discrimination de prix de premier degré

Il n'existe pas de situations où nous retrouvons exactement la pratique de discrimination de prix illustrée ci-dessus, car l'information permettant d'évaluer la demande au niveau des différents individus n'est tout simplement pas disponible. Il existe toutefois des pratiques qui s'approchent de la discrimination de prix de premier degré. Nous pensons ici à la tarification en pourcentage et à la tarification en deux parties.

La tarification en pourcentage est pratiquée par les agents d'immeubles, les services de courtage financier ainsi que les services juridiques. Dans le cas des services de courtage, le prix demandé aux utilisateurs est un montant correspondant à un pourcentage de la valeur de la transaction. Plus la valeur de la transaction est élevée, plus le prix effectif est élevé, même si le coût du service rendu est à peu près équivalent : la valeur de la transaction reflète la capacité de payer des différents acheteurs.

Par ce mode de tarification, on peut donc demander un prix plus élevé à celui qui semble a priori prêt à payer plus cher pour le service.

Dans le cas des services juridiques auxquels on a recours pour régler des litiges et tenter d'obtenir des montants compensatoires, le prix correspond souvent à un pourcentage du montant accordé en dédommagement.

La tarification en deux parties consiste à demander un prix pour le service rendu, et un autre pour le droit d'accès au service. Cette double tarification permet à l'entreprise d'aller chercher une partie du surplus du consommateur en discriminant selon l'intensité d'utilisation. De telles pratiques s'observent couramment dans les clubs de golf, de tennis et de conditionnement physique.

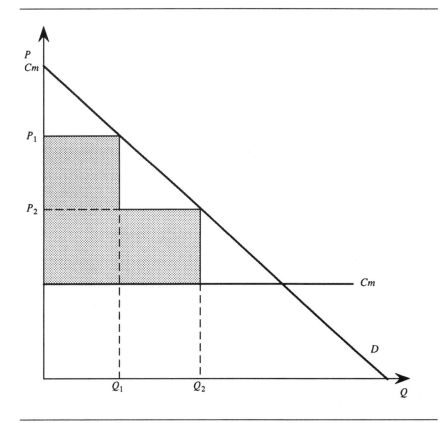

Graphique 15.4 – *Discrimination de prix de deuxième degré*

15.2.1.3. *La discrimination de deuxième degré*

La discrimination de deuxième degré est semblable à la situation décrite ci-dessus si ce n'est que le prix ne varie pas pour chaque unité vendue, mais plutôt pour différents lots. Elle s'applique lorsqu'il est facile de comptabiliser la quantité consommée par un individu durant une période de temps (par exemple, la consommation d'eau, de gaz, d'électricité, de services de câblodistribution, etc.). La situation est représentée au graphique 15.4. La firme vend le premier lot (Q_1), P_1, le deuxième lot ($Q_2 - Q_1$), P_2, et ainsi de suite. Elle s'empare ainsi d'une partie du surplus du consommateur, soit la zone ombragée.

15.2.1.4. *La discrimination de troisième degré*

Cette situation se distingue des deux premières par le fait que la discrimination ne se fait plus relativement aux unités vendues et aux individus, mais relativement aux marchés. Nous avons ici affaire à des segments de marché étanches.

Considérons une firme qui fait face à deux segments de marché dont les demandes diffèrent. Elle doit décider des quantités à produire et à vendre ainsi que des prix de vente sur les différents segments, en fonction de l'objectif de maximisation de profit. Elle cherche donc à égaliser le revenu marginal et le coût marginal.

Le coût marginal est donné, l'entreprise n'ayant par hypothèse qu'une seule unité de production. La détermination du revenu marginal d'une firme faisant face à deux segments de marché étanches exige toutefois une construction particulière. Nous cherchons une fonction qui permet de dire quelle quantité la firme peut mettre sur l'ensemble du marché, tout en réalisant un revenu marginal donné (voir le graphique 15.5). En partant des fonctions de revenu marginal associées à chacun des segments, envisageons un revenu marginal de 10. Sur le premier segment, la firme peut alors écouler 5 unités, et sur le second, elle peut en écouler 3. Au total, elle peut mettre 8 unités sur le marché, et réaliser un revenu marginal de 10. De la même façon, pour un revenu marginal de 5, la firme peut écouler 13 unités. Il en est ainsi pour tous les niveaux de revenu marginal.

La fonction de revenu marginal de la firme s'obtient donc par une sommation horizontale des fonctions de revenu marginal sur chacun des segments[6]. Une fois la fonction de revenu marginal de la firme ainsi définie (Rm_F), il ne reste plus qu'à assurer l'égalité du revenu marginal et du coût marginal, $Rm_F = Cm$, pour déterminer la quantité optimale à produire.

La firme doit ensuite répartir la quantité produite sur les différents marchés. Examinons le graphique 15.6. La répartition optimale doit assurer l'égalité suivante :

$$Rm_1 = Rm_2 = Rm_F = Cm.$$

Si l'égalité des revenus marginaux sur chacun des marchés n'est pas vérifiée, il y a moyen de faire passer une unité d'un segment à l'autre et de faire un gain supplémentaire. Si $Rm_1 > Rm_2$, la vente d'une unité de moins sur le segment 2 occasionne une perte de revenu (Rm_2) inférieure au gain de revenu (Rm_1) associé à la vente d'une unité supplémentaire sur le marché 1. Si l'égalité avec le Cm n'est pas assurée, il faut alors modifier la quantité produite. Si $Cm > Rm_1$ et Rm_2, la dernière unité coûte davantage qu'elle ne rapporte, et il faut la supprimer. Par contre, si $Cm < Rm_1$ et Rm_2, il faut alors produire davantage.

Les prix sont obtenus en se référant à la courbe de demande propre à chaque segment. Dans le cas présent, la quantité optimale à produire est Q_F^*, la quantité à écouler sur le marché 1 est Q_1^* et la quantité à écouler sur le marché 2 est Q_2^*; les prix de vente sont P_1^* et P_2^*.

Formellement, nous avons

$$\pi = RT(Q_1) + RT(Q_2) - CT(Q_1 + Q_2)$$

$$\frac{d\pi}{dQ_1} = 0 \Rightarrow Rm_1 = Cm$$

$$\frac{d\pi}{dQ_2} = 0 \Rightarrow Rm_2 = Cm$$

d'où $Rm_1 = Rm_2 = Cm.$

---

6.   Il s'agit du même principe de sommation qu'aux chapitres 2, 3, et 13.

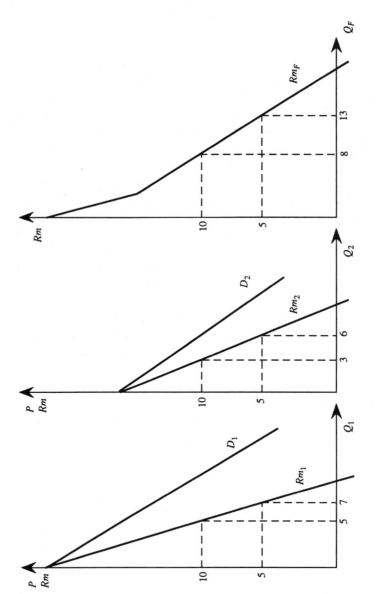

Graphique 15.5 – Le revenu marginal de la firme discriminante

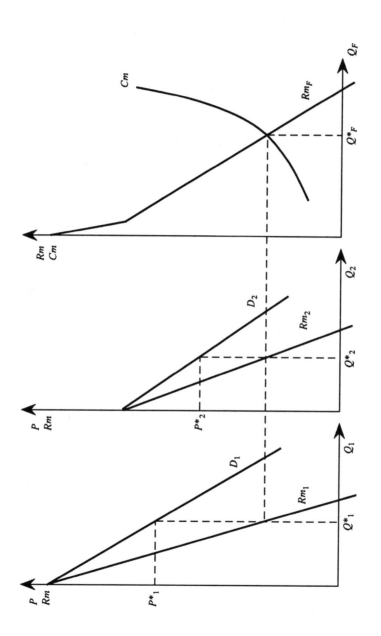

Graphique 15.6 – Discrimination de prix de troisième degré

Nous pouvons vérifier que dans ces conditions, la discrimination de prix est essentielle à la maximisation de profit en nous référant à la formulation du revenu marginal qui fait apparaître l'élasticité-prix.

Nous devons avoir $Rm_1 = Rm_2$. Or,

$$Rm_1 = P_1(1 + 1/E_1)$$

et $Rm_2 = P_2(1 + 1/E_2)$.

Puisque les élasticités-prix E_1 et E_2 sont différentes, il faut que P_1 et P_2 soient différents pour assurer l'égalité des revenus marginaux.

Une autre façon de vérifier que la discrimination maximise les profits est de comparer les résultats obtenus au graphique 15.6 avec ceux associés à une situation de non-discrimination. Considérons une firme qui se retrouve exactement dans la même situation mais qui, pour une raison quelconque, ne fait pas de discrimination (voir le graphique 15.7). L'entreprise traite les deux segments comme s'ils n'en formaient qu'un seul. Elle agrège les demandes (sommation horizontale), et elle déduit ensuite la fonction de revenu marginal. Numériquement, la fonction de revenu marginal pertinente obtenue est la même que dans la situation de discrimination. La firme égalise le revenu marginal ou le coût marginal et la quantité à produire est $Q_F{}^*$, comme dans la situation précédente. Le prix demandé, P_{sD}, est obtenu par référence à la courbe de demande agrégée. Les quantités vendues sur chaque segment sont Q^*_1 et Q^*_2. Soulignons que le revenu marginal associé à Q^*_2 est plus élevé que celui associé à Q^*_1. Il est donc avantageux de faire passer une unité du marché 1 (perte de Rm_1) vers le marché 2 (gain de Rm_2) et d'augmenter ainsi le profit.

Les situations où les entreprises peuvent distinguer plusieurs groupes d'acheteurs peuvent être examinées à travers le modèle de la discrimination de prix de troisième degré. Nous pensons aux ménages et aux entreprises, aux jeunes, aux adultes et aux retraités, aux clients de jour et de soir, etc.

Le tableau 15.2 illustre la discrimination de prix de troisième degré dans le domaine du transport aérien.

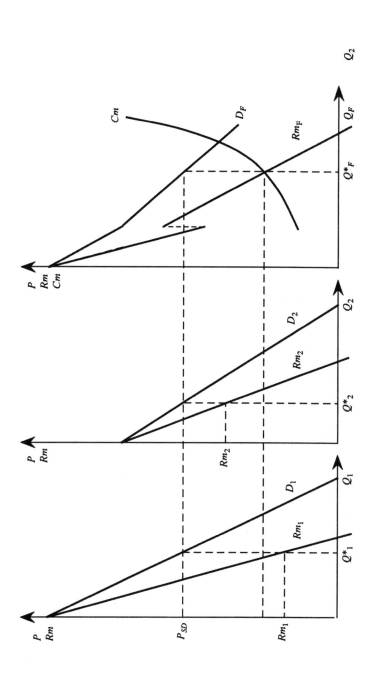

Graphique 15.7 – Situation de non-discrimination

Tableau 15.2 – Tarification des compagnies aériennes (1991)

1)	**Vol aller-retour entre Montréal et Toronto**	
a)	Prix régulier :	410 $
b)	Avec réservation 3 jours à l'avance :	346 $
c)	Avec réservation 7 jours à l'avance :	306 $
d)	Avec réservation 2 semaines à l'avance :	169 $
e)	Prix pour fins de semaine : – départ et arrivée entre le vendredi et le dimanche avec au moins une nuit à Toronto	149 $
2)	**Vol aller-retour entre Montréal et Paris**	
a)	**Vol nolisé** – juin, juillet, août :	499 $
	– septembre	399 $
b)	**Vol régulier** – Prix régulier (classe économique) :	2932 $
	– Classe affaire :	3372 $
	– Première classe :	5574 $
	– Classe économique avec réservation 7 jours à l'avance et au moins un dimanche à Paris	739 $

15.2.1.5. Extension : l'écrémage

Une pratique s'appliquant aux nouveaux produits se conçoit assez bien comme une extension de la discrimination de prix. Toutefois, la différence de prix s'échelonne sur une certaine période de temps. C'est ce qu'on appelle l'écrémage.

La firme distingue plusieurs classes d'acheteurs en fonction du niveau de leur demande, et leur vend son produit au prix maximum qu'ils sont disposés à payer. Pour séparer les différentes classes, la firme s'adresse à eux à différents moments dans le temps. Ainsi, dans un premier temps, l'entreprise demande un prix élevé et vend aux groupes d'acheteurs friands de nouveautés. Par la suite, elle baisse le prix de vente pour s'attirer d'autres classes d'acheteurs.

15.2.1.6. *Extension : la tarification de pointe*

Il existe plusieurs services dont la demande fluctue fortement, à l'intérieur d'une période de temps donnée. Pensons, par exemple, à la demande quotidienne d'électricité. Certaines entreprises pratiquent alors une tarification de pointe : aux périodes où la demande est plus élevée, les prix sont plus élevés également[7].

Supposons une entreprise réglementée ou une société d'État qui cherche à tarifer au coût marginal ($P = Cm$) (voir le graphique 15.8). Nous distinguons une demande de pointe, D_P, une demande normale, D_N, ainsi qu'une demande résultant d'une moyenne des deux premières, D_M. Un prix moyen, P_M aurait pour résultat qu'en période de pointe le prix ne couvre pas le coût marginal de production. La tarification de pointe établit un prix P_1 en période de faible consommation et P_2 en période de pointe.

Notons que s'il y a une capacité de production limitée, correspondant à la partie verticale *(Cm₁)* du coût marginal, la tarification de pointe permet à l'entreprise d'éviter de se retrouver dans une situation où elle ne peut répondre à la demande.

Le concept de tarification de pointe peut aisément s'appliquer aux domaines des transports, des communications et de la distribution d'électricité.

15.2.2.   Le prix de biens complémentaires : la subvention croisée

15.2.2.1. *Le modèle de base*

Nous allons maintenant considérer la situation d'une firme qui met sur le marché des produits complémentaires. La politique de prix optimal est une politique qui tient compte du lien entre les demandes pour les

---

7.   Notons toutefois qu'il ne s'agit pas strictement de discrimination de prix, puisque les deux marchés ne sont pas actifs en même temps et que l'entreprise ne peut pas transférer des quantités d'un marché à l'autre.

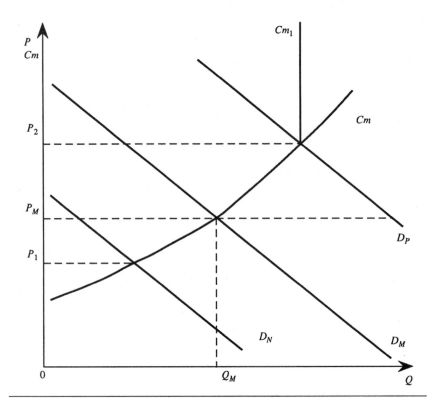

Graphique 15.8 – Tarification de pointe

différents produits, plutôt qu'une politique qui considère les différentes demandes séparément; cela peut éventuellement pousser une firme à enregistrer des pertes comptables relativement à un produit pour faire plus de profit sur l'ensemble des ventes de ces produits. Illustrons cette situation dans le cas de deux biens, A et B, dont les demandes sont les suivantes :

$$Q_A = f(P_A)$$
$$Q_B = f(P_B, P_A).$$

Référons-nous au graphique 15.9[8]. Dans la partie supérieure, nous avons la demande pour le bien A qui s'exprime comme étant $f(P_A)$. La quantité qui égalise Rm_A et Cm_A est Q_A^*. Dans la partie inférieure, nous

---

8. Nous faisons appel à des fonctions de coût marginal constant pour faciliter l'exposition graphique.

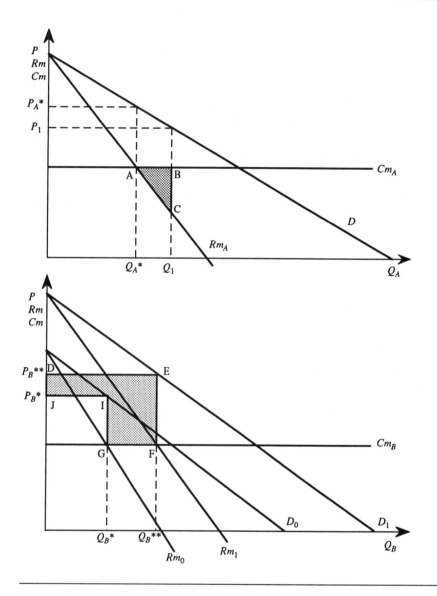

Graphique 15.9 – La subvention croisée

avons la demande pour le produit B. La courbe D_0 est tracée pour $P_A = P_S^*$. La quantité de B qui égalise Rm_B et Cm_B est Q_B^*, vendue à un prix P_B^*. Examinons maintenant les profits de la firme si nous baissons le prix de A de P_A^* à P_1. Pour le bien A, la quantité vendue augmente, mais les profits sont moins élevés que dans la situation précédente, d'un montant égal à la zone ombragée ABC. Celle-ci est formée par la sommation des pertes réalisées pour chacune des unités au-delà de la quantité Q_A^* [9].

Examinons maintenant ce qui se passe pour le bien B. La courbe de demande se déplace vers la droite, en D_1, à la suite de la baisse de prix de A [10]. Nous avons donc une nouvelle fonction de revenu marginal, et une nouvelle quantité optimale Q_B^{**} vendue à un prix P_B^{**}. Les profits augmentent d'un montant égal à la surface ombragée DEFGIJ. Cette zone est le résultat de la différence de profits $(RT - CVT)$, entre la première et la seconde situation [11]. Si, comme dans le cas illustré, la variation dans les profits de B est plus grande que la variation dans les profits de A, il est rentable pour le producteur de baisser le prix du bien A. Il profite ainsi du fait que les prix de deux biens complémentaires sont sous son contrôle.

Une telle politique de prix est souvent nommée la subvention croisée, en raison du soutien accordé à la demande du bien B par une baisse de prix de A.

Nous pouvons donc conclure à la lumière de ces propos qu'il est rentable pour l'entreprise de baisser le prix du bien A. Nous n'avons toutefois pas soulevé la question de l'ampleur de la baisse de prix qui maximise les profits. Mais une extension des notions de revenu marginal et de coût marginal nous permet de déterminer la baisse de prix optimale. En effet, l'augmentation de profit pour le produit B peut être considérée comme le revenu marginal associé à la baisse de prix de A, et la diminution de profit pour le produit A peut être considérée comme le coût marginal associé à la baisse du prix de A. Nous diminuons donc le prix de A jusqu'au point où la variation à la baisse dans le profit associé au produit A est égale à la variation à la hausse dans le profit associé au produit B. L'optimum est atteint lorsque les **variations** dans les surfaces ABC et DEFGIJ sont égales [12].

---

9. $Cm - Rm$, pour chaque unité.

10. Nous traitons des déplacements de courbe de demande et des biens complémentaires au chapitre 2.

11. La fonction de coûts posée est telle que $Cm = CMV$.

12. À ne pas confondre avec l'égalisation de ces surfaces.

Ce genre de pratiques de prix s'observe, entre autres, dans la vente de véhicules automobiles, relativement aux plans de financement et aux garanties des véhicules, dans la vente de maisons avec plans de financement, et dans la vente des rouleaux de pellicule pour appareil-photo et du développement.

15.2.2.2. Extensions de la notion de subvention croisée

Il existe deux pratiques de prix qui peuvent être considérées comme des extensions de la fixation des prix relativement à des produits complémentaires. Il s'agit de la technique dite du prix d'attirance et du prix de pénétration.

Le prix d'attirance

Nous envisageons ici une situation où une firme vend plusieurs produits ne présentant aucune complémentarité en ce qui a trait à la demande, mais où elle juge quand même profitable de vendre un des produits à un prix inférieur à celui que dicterait l'application stricte de la règle de maximisation de profit. On observe couramment cette situation dans le secteur du commerce de détail. La rationalisation de cette pratique repose sur un lien entre les produits concernant le processus d'acquisition : ils sont achetés en même temps. Un prix plus faible pour un de ces biens peut attirer des acheteurs et les exposer aux autres produits. Par exemple, une baisse du prix de la pâte dentifrice attire des clients qui peuvent se procurer par la même occasion des produits comme des articles de toilette ou des friandises. Par conséquent, la demande à la firme pour les autres produits distribués se déplace vers la droite, à cause de la baisse de prix de la pâte dentifrice.

Le prix de pénétration

Un autre cas où nous pouvons observer une subvention se présente dans la mise en marché d'un nouveau produit lorsqu'une firme adopte une politique de prix de pénétration. Il ne s'agit pas ici de deux produits, mais de deux périodes de temps : le prix est faible dans un premier temps, pour ensuite devenir plus élevé. L'idée de la firme est ici de faire connaître son produit. Les prix faibles qui caractérisent cette première étape visent à déplacer la courbe de demande vers la droite dans les périodes à venir. Le prix de pénétration peut être vu comme une forme de promotion, et la première période sert alors à subventionner la seconde.

15.2.3. Les produits conjoints

Considérons maintenant une mise en marché de produits dits « conjoints » : l'activité de production implique nécessairement plus d'un produit. Comme l'entreprise ne peut pas produire un de ces biens ou services sans produire aussi le ou les autres, les coûts de production sont alors communs aux différents produits. L'entreprise doit déterminer la quantité à produire des différents biens ou services, les quantités à mettre sur le marché ainsi que les prix de vente.

Imaginons une situation où deux produits, A et B, sont fabriqués conjointement. Afin de maximiser ses profits, l'entreprise cherche à égaliser le revenu marginal et le coût marginal. La fonction de coût marginal est donnée, mais elle est associée à l'ensemble des biens ou services produits conjointement.

La détermination de la fonction de recette marginale n'est toutefois pas immédiate. Il faut considérer que, pour chaque unité produite, deux produits sont simultanément mis sur deux marchés différents. Donc, pour chaque unité produite, il y a deux sources de revenu.

Examinons le graphique 15.10. Soit les demandes des biens A et B, ainsi que les fonctions de revenu marginal correspondantes. Considérons la douzième unité produite : sur le marché A, elle va chercher un revenu marginal de 10 $, alors que sur le marché B elle va chercher 18 $, pour un total, de 28 $. Le bien unique sous l'angle de la production devient deux produits sous l'angle de la mise sur le marché. Le revenu marginal de la firme s'obtient donc en effectuant **une sommation verticale** des fonctions de revenu marginal correspondant à chacun des marchés. La quantité optimale est obtenue en égalisant le revenu marginal de la firme et le coût marginal. Les prix demandés pour les composantes A et B sont déterminés en se référant aux courbes de demande des différents marchés.

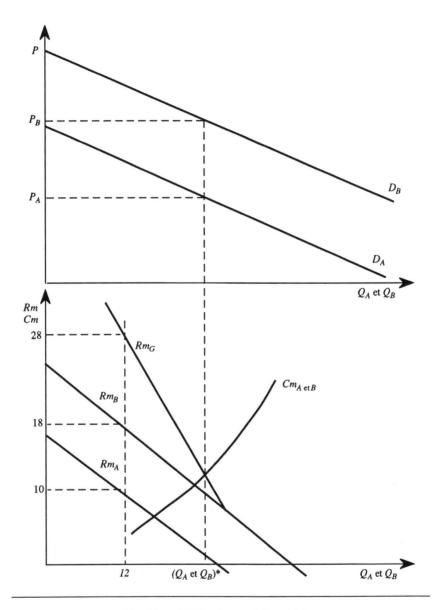

Graphique 15.10 *– Les produits conjoints*

Référons-nous maintenant au graphique 15.11 pour illustrer un cas particulier. Le coût marginal est maintenant plus faible. La courbe se déplace vers la droite relativement à la situation précédente. La quantité optimale à produire est Q^*. Toutefois, la vente de cette quantité sur chacun

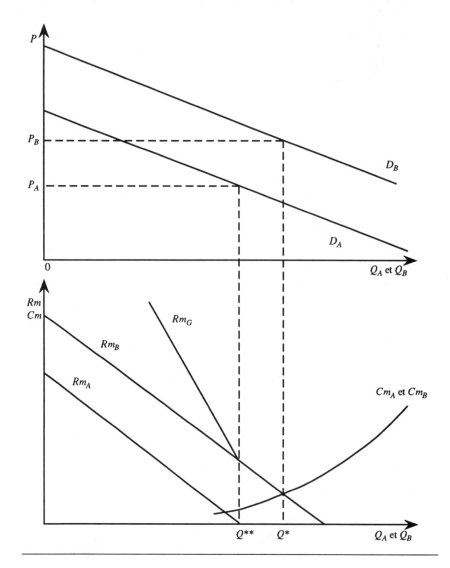

Graphique 15.11 – *Les produits conjoints*

des marchés ne maximise pas les profits. En effet, sur le marché A, pour cette quantité, nous observons un revenu marginal négatif. La firme peut hausser son profit simplement en réduisant la quantité vendue de la composante A, mais elle a avantage à limiter les unités de A mises en marché au nombre qui assure un revenu marginal nul (Q^{**}). Les unités en excès sont alors mises au rancart, et l'entreprise écoule toute la production de la composante B (Q^*).

Les cas de produits conjoints se retrouvent, entre autres, dans les secteurs des mines, où le minerai extrait contient plusieurs minéraux particuliers, dans les secteurs du pétrole et de la pétrochimie, où chaque étape de la transformation fait apparaître plusieurs produits, et dans la production et le traitement des viandes, où plusieurs morceaux sont tirés d'une même carcasse animale.

15.3. L'OBJECTIF DE MAXIMISATION DES VENTES

La politique de prix que nous commentons présentement se distingue des précédentes par la référence à un objectif différent : la firme cherche à maximiser ses ventes plutôt que ses profits. Nous allons d'abord examiner le modèle pour ensuite traiter de ses fondements. Nous ne prétendons pas illustrer ici une technique explicitement utilisée, mais plutôt exposer les conséquences sur les prix d'un objectif différent de la stricte maximisation des profits.

15.3.1. La maximisation des ventes (revenus)

Sur la plan technique, la fixation des prix est très simple. Il s'agit de mettre sur le marché la quantité associée à un revenu marginal nul (voir le graphique 15.12). Les quantités mises sur le marché sont plus grandes (Q_V) que dans la situation de maximisation de profits (Q_π) et le prix de vente est inférieur (P_V).

Introduisons maintenant une contrainte de profit, fixée à π_0 (voir le graphique 15.13). Relativement à la situation précédente, la firme réduit les quantités produites (Q_c), augmente le prix de vente et réalise un profit plus élevé.

Il importe de souligner que dans ce modèle, une hausse des coûts fixes occasionne une hausse du prix de vente, la contrainte de profit n'étant plus satisfaite, ce qui n'est pas le cas dans le modèle de maximisation des ventes ou celui de la maximisation du profit.

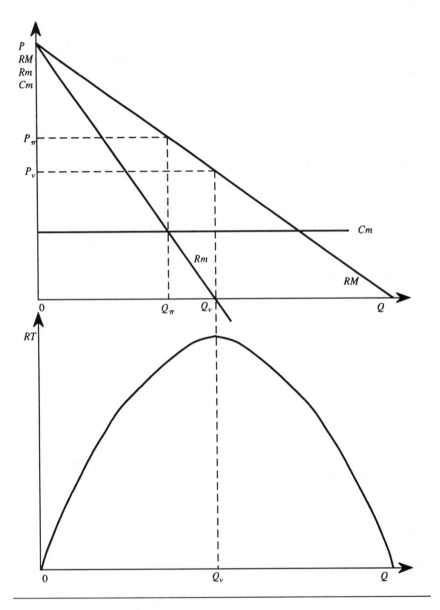

Graphique 15.12 – *La maximisation des ventes*

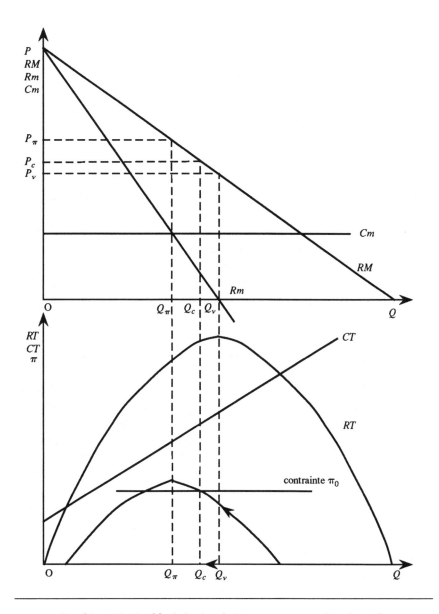

Graphique 15.13 – *Maximisation des ventes avec contrainte de profits*

15.3.2.   Les fondements de ces modèles

Ces modèles sont difficiles à justifier, à première vue, même s'ils semblent passablement correspondre aux objectifs explicitement véhiculés par les dirigeants d'entreprise. Pourquoi en effet une firme voudrait-elle maximiser les ventes plutôt que les profits ?

Il est possible de rationaliser cet objectif et de le faire converger vers celui de la maximisation de profit. En effet, nous pouvons voir la maximisation des ventes comme une réaction aux incertitudes liées à la concurrence : les gestionnaires estiment que l'entreprise qui détient la plus forte part de marché est mieux placée pour faire face aux différentes secousses provoquées par les modifications de demande, le progrès technologique ou le comportement concurrentiel des autres entreprises. La politique de prix s'ajuste donc en conséquence. Il y a alors sacrifice de profit à court terme, mais une protection assurant un plus grand profit à long terme.

Il existe une autre rationalisation de l'objectif de maximisation des ventes, que nous avons déjà abordée à l'annexe 1.2; il s'agit du modèle de la firme « managériale ». Selon ce modèle, l'entreprise est une organisation complexe autour de laquelle gravitent un grand nombre de propriétaires, les actionnaires. Le gestionnaire a alors beaucoup de pouvoir, les interventions directes des propriétaires impliquant des coûts de transaction élevés. L'entreprise n'est donc pas dirigée par les propriétaires mais par les gestionnaires dont les objectifs sont liés à la taille plutôt qu'au niveau du profit. En effet, le gestionnaire tire plus de prestige à diriger une grande firme et estime que la maximisation des profits est plus risquée à court terme et que, de plus, elle met son poste en jeu sans qu'il en tire quelque bénéfice, contrairement aux propriétaires. Dans un tel contexte, la contrainte de profit peut être vue comme une exigence minimale des prêteurs et des propriétaires. En effet, les prêteurs ont comme principale préoccupation le remboursement de l'emprunt selon les termes prévus; ils estiment qu'un flux minimal de profit à court terme les protège davantage qu'une politique de maximisation des ventes qui réduirait le flux de liquidités de l'entreprise qui emprunte. Les propriétaires, de leur côté, s'attendent à un certain taux de rendement, à défaut de quoi ils vendent leurs actions ou remercient les gestionnaires.

15.4. LES APPELS D'OFFRES

15.4.1. Définition

Jusqu'à maintenant, dans l'ensemble des chapitres, nous avons traité de la production d'un même produit à un grand nombre d'exemplaires. Il existe toutefois des biens et services qui ne correspondent pas à ces caractéristiques. Ils sont à divers degrés uniques : au moment où un consommateur planifie un achat, il n'y a pas de biens ou services immédiatement disponibles pour répondre à ses exigences. Une fois produit, le bien ou service en question ne rencontre pas non plus les exigences d'autres acheteurs éventuels. Dans une telle situation, l'acheteur ne peut examiner les produits existants et choisir selon le prix et les caractéristiques observés. Il procède alors par appel d'offres, c'est-à-dire qu'il annonce son intention de se procurer un produit comportant différentes caractéristiques, plus ou moins précises selon le cas. Les entreprises désirant produire ce bien ou service procèdent alors à la préparation d'une soumission où sont mentionnés les caractéristiques de leur produit ainsi que le prix demandé. Ces situations se retrouvent dans les secteurs de la consultation, du génie-conseil, de la construction et de la rénovation. Les tâches peuvent viser toute une gamme de prix, allant de montants minimes à des sommes considérables.

Contrairement aux situations examinées précédemment, l'entreprise doit fixer le prix pour un produit unique, tâche complexe, étant donné qu'elle détient moins d'information sur les coûts de production, le prix et les caractéristiques des produits des autres firmes que dans les cas de production continue. Dans un tel contexte, les diverses considérations dont nous avons fait état jusqu'à maintenant sont toujours pertinentes, mais le manque d'information vient complexifier cette décision. Deux dimensions de la réponse aux appels d'offres gagnent à être examinées sous l'éclairage de la microéconomie : le prix minimum de soumission et le prix optimal de soumission.

15.4.2. La détermination du prix minimum

L'entreprise cherche à maximiser ses profits. Il n'est donc pas question de subir une perte à l'exécution des différents travaux. Le prix minimum d'une soumission est donc celui qui permet de couvrir exactement **les coûts pertinents** de l'exécution des travaux. La justesse de la détermination de ce prix minimum dépend de la qualité du travail relatif à l'établissement et à l'estimation des coûts pertinents (voir le chapitre 7).

Les coûts pertinents sont les coûts incrémentaux liés à l'exécution des travaux. Certains de ces coûts sont explicites et englobent toutes les dépenses associées à des déboursés dont le montant varie selon que le contrat est exécuté ou non. D'autres sont implicites : ils sont liés aux occasions perdues ou gagnées à cause de l'exécution du contrat. Cette catégorie comprend les pertes associées à un autre contrat qui aura dû être mis de côté à cause de l'acceptation du premier, aussi bien que les gains associés à des contrats à venir, qui n'auraient pu être obtenus sans l'acceptation de ce premier contrat[13].

La situation est semblable à celle d'une firme qui envisage à court terme d'interrompre ses activités et qui compare le prix du marché au niveau du coût moyen variable[14].

15.4.3. Le prix optimal de soumission

Une fois que la firme a établi un prix plancher, il lui faut déterminer le prix optimal, sachant que la probabilité d'obtention du contrat est d'autant plus élevée que le prix est faible, et que le gain réalisé est d'autant plus élevé que le prix l'est également. Les déterminants du prix optimal sont les mêmes que pour un bien de production continue. En outre, le niveau et le taux de croissance de la demande du marché, l'offre globale et les conditions d'entrée sont des facteurs à considérer, et le comportement des autres firmes doit entrer en ligne de compte. Toutefois, l'information

---

13. Nous retrouvons ici les sujets déjà vus en ce qui concerne le revenu perdu (section 7.4.2.4.) et le prix de pénétration (section 15.2.2.2.).

14. La cessation des activités est également traitée au chapitre 7, où nous examinons les notions de seuil de fermeture, de seuil de rentabilité et de coût d'opportunité.

disponible est plus rare que dans les cas de production continue : nous n'avons pas de renseignements précis sur le prix demandé par les autres entreprises ou sur le degré de différenciation de produit. Les seules informations disponibles sont tirées de la perception du carnet de commandes des autres et des caractéristiques des travaux réalisés antérieurement.

La firme doit alors envisager un scénario de demande et d'offre globales ainsi qu'un comportement probable des autres firmes et estimer une probabilité d'obtention de contrat selon différents niveaux de prix et doit également calculer le gain anticipé. Elle choisit alors le prix pour lequel l'espérance de gain est la plus élevée. Cette façon de procéder est illustrée à la partie gauche du tableau 15.3.

15.4.4.   Le coût majoré et le prix de soumission

Cependant, la façon de procéder décrite ci-dessus est correcte mais pas nécessairement rentable. Rappelons que l'information n'est jamais gratuite. C'est pourquoi il est fort possible que dans plusieurs cas une entreprise juge cette approche trop coûteuse et fasse appel à la technique du coût majoré, commentée en 15.1.1. dans le contexte d'une production continue. Dans le cas d'une réponse à des appels d'offres, la façon de procéder est décrite dans la partie droite du tableau 15.3. La firme estime ses coûts explicites et ajoute une marge, pour obtenir le prix de soumission. Dans le cas où l'application d'une telle marge dépasse le prix minimal et permet d'obtenir les contrats à tout coup, l'entreprise peut envisager de hausser sa marge. Dans le cas contraire, c'est-à-dire si l'entreprise n'obtient jamais les contrats, elle peut envisager une réduction de la marge de profit appliquée aux coûts explicites.

Tableau 15.3 – Détermination du prix optimal

Méthode détaillée	Méthode du coût majoré
Détermination du coût pertinent et du prix minimal de soumission	Détermination du coût explicite
↓	↓
Étude de la demande : probabilité d'obtention à différents prix	Application de la majoration de base
↓	↓
Choix du prix de vente	Ajustement en fonction de la capacité d'utilisation et de la situation conjoncturelle
↓	↓
Révision de la méthode en fonction du taux de succès	Révision en fonction du taux de succès

15.5. POINTS IMPORTANTS ET IMPLICATIONS

Dans ce chapitre, nous tentons de jeter un éclairage sur certaines politiques de prix qui divergent de la règle simple $Rm = Cm$.

Dans un premier temps, nous présentons des pratiques qui échappent à l'analyse de type $Rm = Cm$. Toutefois, l'objectif de maximisation de profits semble toujours être une hypothèse valable. Dans un deuxième temps, nous voyons que l'analyse marginale, quelque peu modifiée, permet de jeter un éclairage sur plusieurs pratiques relatives à la fixation de prix. Dans un troisième temps, nous abordons la question des appels d'offres et des soumissions. Cette politique de fixation de prix échappe évidemment à l'analyse marginale. Par contre, les notions développées dans les chapitres précédents s'appliquent toujours : coûts pertinents, interdépendance et fixation de prix en situation d'information manquante.

En outre, nous faisons état au passage de la maximisation des ventes. Toutefois, il ne s'agit pas ici de présenter un processus de fixation de prix comme tel, mais plutôt d'illustrer les implications d'un objectif autre que celui de la maximisation de profits.

TERMES IMPORTANTS

Étanchéité
Surplus du consommateur
Biens complémentaires
Production conjointe
Firme « managériale »
Produit unique
Coûts pertinents

BIBLIOGRAPHIE

CARLETON, D.W. et J.M. PERLOFF, *Modern Industrial Organization*, Glenview, Ill., Little, Brown, 1990, chapitres 14 et 15.

DAVIS, J.R. et S. CHANG, *Principles of Managerial Economics*, Englewood Cliffs, N. J., Prentice-Hall, 1986, chapitre 11.

DOUGLAS, E.J., *Managerial Economics*, 3e édition, Englewood Cliffs, N. J., Prentice-Hall, 1987, chapitres 10-12.

GAUTHIER, G. et F. LEROUX, *Microéconomie, théorie et applications*, 2e édition, Montréal, Gaëtan Morin Éditeur, 1988, chapitre 9.

QUESTIONS ET EXERCICES

15.1   En juillet 1991, la structure de prix des clubs de tennis intérieur était la suivante :

1)   –   **Frais d'inscription générale** :   195 $
         Valable pour toute la durée de l'inscription,
         quelle qu'elle soit

2)   A)   –   **Frais d'inscription pour le tennis seulement**
         •   **SERVICE ARGENT** :   35,95 $/mois
             •   Possibilité de ne réserver que durant le jour
                 (de 6h à 17h)
             •   Possibilité de jouer en tout temps
         •   **SERVICE OR** :   40,95 $/mois
             •   Possibilité de jouer et de réserver en tout temps

      B)   –   **Frais d'inscription pour le tennis et l'équipement
               de musculation**
         •   **SERVICE ARGENT** :   40,95 $/mois
         •   **SERVICE OR** :   45,95 $/mois

3)   –   **Frais de location d'un terrain de tennis**
         •   de 6 h à 9 h   6,42 $/heure
         •   de 9 h à 17 h   8,56 $/heure
         •   de 17 h à la fermeture   12,84 $/heure

Expliquez cette structure de prix.

15.2   La grille de tarifs aux ménages d'Hydro-Québec est la suivante :

0,0431 $/kw, pour les 30 premiers kw/jour

0,0516 $/kw, pour les kw suivants

Y a-t-il discrimination de prix ?

La situation correspond-elle à la discrimination de second degré exposée dans le chapitre ?

Expliquez.

15.3   Une entreprise vend son produit dans deux régions, A et B.

15.3.1 Sous quelles conditions verrait-on l'entreprise afficher des prix différents dans les deux régions, en partant de l'hypothèse de maximisation des profits ?

15.3.2 Dans la région A, la demande est

$Q_A = 20 - P_A.$

Dans la région B, la demande est

$Q_B = 16 - P_B.$

Les coûts totaux sont

$CT = 1 + Q^2.$

Calculez les quantités et les prix dans cette situation.

15.3.3 Expliquez pourquoi les profits sont plus élevés avec une discrimination de prix de troisième degré que sans discrimination.

15.4   Hydro-Québec songe à offrir aux consommateurs résidentiels deux options pour la tarification de l'électricité :

– l'installation d'un compteur à taux variable selon les heures de la journée et les mois de l'année. Les tarifs seront alors moins élevés en dehors des heures de pointe.

– le maintien du compteur actuel à tarification uniforme.

Selon Hydro-Québec, « une telle formule s'avère urgente, car le réseau ne pourra supporter encore bien longtemps des périodes de pointe aussi serrées que celles de février dernier. Les coûts de production en période de pointe sont environ quatre fois plus élevés que ceux en période hors pointe ».

– Sachant qu'actuellement tous les consommateurs résidentiels ont un compteur à tarification uniforme quels que soient l'heure de la journée et le mois de l'année, expliquez, au tarif actuel, les conditions de coût et de demande aux heures de pointe et en dehors des heures de pointe. Représentez graphiquement.

– En supposant qu'Hydro-Québec adopte le double système de tarification de l'électricité, quels seraient les effets d'une telle politique de prix ? Représentez graphiquement.

15.5   *La Presse* fait une campagne de promotion. Sachant que chaque bloc de 7 copies supplémentaires lui coûte 1,80 $, elle offre à ses nouveaux clients 13 semaines de livraison à domicile du quotidien à 2/3 du prix régulier de 3,60 $.

Comment *La Presse*, qui désire maximiser ses profits, établit-elle sa politique de prix ? Quels éléments sont pris en considération par *La Presse* pour fixer le prix de la livraison à domicile aux anciens et aux nouveaux clients ? Expliquez et représentez graphiquement.

Cette politique peut-elle être permanente ?

15.6   Certains fabricants de véhicules automobiles offrent des garanties « pare-chocs à pare-chocs », ou des plans de services qui couvrent « tout sauf l'essence », à frais minimes ou sans frais pour le client. Ces gestes sont plutôt surprenants compte tenu des frais qu'occasionnent l'entretien et la réparation de véhicules automobiles.

15.6.1 Expliquez pourquoi ce comportement peut être rentable pour les fabricants de véhicules automobiles. Discutez du prix de vente de ces véhicules, avec ou sans ces programmes de service.

15.6.2 Étant donné le succès que connaissent ces programmes de services, le vice-président « service à la clientèle » et le vice-président « ventes » d'une compagnie de fabrication de véhicules automobiles discutent de l'intérêt de prolonger la durée de ces programmes. Suggérez leur une approche qui permette de comparer une prolongation de 6, 12 et 18 mois et indiquez ce qui caractérise la période optimale.

15.7   Soit une firme qui met sur le marché P et D, deux produits conjoints.

Pour chaque unité du produit P, la firme produit une unité du produit D. Voici les demandes :

$P_P = 400 - Q_P$

$P_D = 200 - 2Q_D.$

La fonction de coût total est

$CT = 50 + 40Q + 0,5Q^2.$

Dérivez les fonctions de Rm pour les produits P et D.

Dérivez la fonction de coût marginal.

Dérivez la fonction de revenu marginal de la firme.

Calculez les prix et les quantités produites et vendues, en tenant compte de l'hypothèse de maximisation des profits.

15.8 L'entreprise Alpha a la fonction de demande suivante :

$P = 100 - 2Q,$

où P représente le prix et Q la quantité vendue. La fonction de coût total est

$CT(Q) = 10Q + 0,5 Q^2.$

L'entreprise désire fixer un prix qui lui permette de répondre à la demande et de réaliser une marge bénéficiaire *(mark-up)* de 3 $ par unité. Quel prix permettra à Alpha d'atteindre cet objectif ?

Que pensez-vous de cette politique de prix ?

Si Alpha voulait maximiser son chiffre d'affaires, combien d'unités devrait-elle produire ?

15.9 Vous êtes propriétaire d'une petite entreprise de plomberie qui fait surtout affaire avec le marché résidentiel. Une soumission typique, pour une substitution de système de chauffage, est la suivante :

– pièces, fournitures	1000 $
– main-d'œuvre	1000 $
– frais d'estimation	100 $
– frais généraux	15 % du total des 3 postes ci-dessus
– marge de profit	10 % du montant précédent

Vous subissez cependant une période de mauvaise conjoncture (récession économique).

15.9.1 Quelles en sont les répercussions sur le prix de votre soumission ?

15.9.2 Quel est le prix minimum que vous devez demander, selon que vous prévoyez que la période de mauvaise conjoncture sera relativement courte, ou relativement longue ?

15.9.3 Vous observez qu'une autre entreprise ayant ses ateliers dans le même quartier a augmenté le nombre de ses travailleurs.

Devez-vous modifier à la hausse le prix de vos prochaines soumissions ?

PARTIE IV

Cadre d'analyse de la concurrence

16

L'analyse du contexte concurrentiel

Un des objectifs de ce livre est de permettre l'analyse du contexte concurrentiel. Un gestionnaire doit être en mesure d'expliquer et d'évaluer les pressions, présentes et à venir, qui s'exercent sur son entreprise. À cette fin, il n'est toutefois pas possible d'appliquer tels quels les concepts étudiés dans les chapitres précédents.

La difficulté provient du fait que, pour mieux illustrer un concept, nous avons dû simplifier en restreignant le nombre de sujets à l'étude à un moment donné. Or, l'analyse de la concurrence ne se limite pas à un examen successif de différents éléments indépendants les uns des autres. En effet, la situation concurrentielle résulte de l'interaction de plusieurs d'entre eux. Par exemple, les économies d'échelle, la différenciation de produit, et la crédibilité de la menace de comportements hostiles de la part des firmes en place interviennent simultanément dans la décision d'entrer d'une nouvelle firme.

Il nous faut alors intégrer les différents éléments pertinents, bien que nos connaissances ne nous permettent pas de définir un cadre systématique et unique qui puisse s'appliquer de façon uniforme à tous les cas à l'étude. En effet, les modèles sous-jacents sont incapables d'un tel déterminisme, particulièrement dans les situations où un petit nombre d'entreprises se font concurrence et où il y a mise en place d'asymétries : le cadre ne peut être qu'imparfait. Tout au plus pouvons-nous concevoir des paradigmes, c'est-à-dire des démarches organisées qui mettent en évidence les principales relations de cause à effet touchant les comportements concurrentiels[1].

Le cadre que nous proposons ici s'inspire de travaux en économie industrielle. Nous commençons d'abord par examiner le paradigme contemporain de l'économie industrielle, pour ensuite faire le lien avec la démarche maintenant classique de Porter, sous-jacente à la stratégie d'entreprise[2]. Nous terminons par une feuille de route qui devrait permettre de saisir rapidement les éléments importants de la concurrence, soit l'évolution de la demande, la technologie et les asymétries, et d'en tirer les conséquences pour une entreprise en particulier.

16.1. L'APPROCHE DE L'ÉCONOMIE INDUSTRIELLE

L'économie industrielle est sous-jacente à une grande partie du contenu de ce livre. Elle a pour objet la concurrence, ses effets sur la performance des entreprises et le bien-être de la société. On y étudie également des situations où il existe des barrières à l'entrée, des produits différenciés, un petit nombre de firmes, de l'information imparfaite ainsi que des activités de publicité et de R et D. Elle s'est dotée d'un paradigme « structure-comportement-performance ». Cette démarche est en évolution constante, évolution qui rapproche les économistes des spécialistes de la stratégie d'entreprise.

---

1.   Nous appelons paradigme une « façon de faire ». À titre d'exemple, la conjugaison du verbe « aimer » est un paradigme pour la conjugaison des verbes se terminant en « er ». Un paradigme est alors une démarche prescriptive organisée, instructive pour l'accomplissement d'une tâche, mais pas une façon de procéder absolue.

2.   M. E. PORTER, *Competitive Strategy : Techniques for Analyzing Industries and Competitors*, New York, The Free Press, 1980.

16.1.1. Le paradigme
« structure-comportement-performance »

La démarche formelle est illustrée au tableau 16.1[3]. Il s'agit d'abord de classer les informations disponibles sur le secteur par catégories, permettant de déduire les relations de cause à effet expliquant les comportements et la performance. Dans le premier groupe, sont énumérées les « conditions de base », c'est-à-dire les éléments sur lesquels les entreprises n'ont aucun pouvoir. Nous retrouvons ici les conditions d'offre – les aspects technologiques de la production, les prix des matières premières et de la main-d'œuvre – et de demande – la nature du produit, l'existence de substituts, la taille et la croissance du marché, et la sensibilité aux variations de prix, de revenu, de publicité. Le second groupe se rapporte à la « structure » : celle-ci se définit comme le portrait de l'industrie à un moment donné, caractérisé par le nombre de firmes et les conditions d'entrée et de sortie. Le troisième groupe concerne les comportements des entreprises, c'est-à-dire les gestes posés concernant les prix, la mise en marché, les efforts d'innovation et la mise en place de capacité de production. Le quatrième groupe a trait à la performance. Sur le plan privé, celle-ci correspond à la rentabilité des firmes présentes dans le secteur, alors que sur le plan de l'ensemble de la société, elle est qualifiée de bonne lorsque les entreprises innovent, adaptent leurs produits aux besoins du consommateur, et demandent des prix faibles relativement aux coûts de production. Soulignons que les performances sociale et privée d'un secteur ne vont pas nécessairement de pair.

Entre ces groupes, le paradigme pose des relations de cause à effet. En premier lieu, les éléments de base déterminent la structure. Ainsi, la considération des aspects techniques de la production va dominer dans le choix de la taille des installations pouvant produire à moindres coûts, et de là exerce une influence sur le nombre d'entreprises dans le secteur. Quant à la nature du produit fait ressortir à quel point une différenciation constitue une barrière à l'entrée.

---

3. Les origines du paradigme remontent à C. Mason, économiste à Harvard durant les années 30.

Tableau 16.1 – Le paradigme de l'économie industrielle

Condition de base	Structure	Comportement	Performance
La demande : caractéristiques et ampleur	Conditions d'entrée et de sortie	Prix	Profit
		Publicité	Innovation
L'offre : caractéristiques	Nombre et taille des firmes	Différenciation de produit	
		R et D	
	Structure des coûts	Intégration	
		Diversification	
	Interventions gouvernementales		

En second lieu, la structure du marché détermine le comportement des entreprises, c'est-à-dire leurs décisions concernant les prix, la mise en marché, la différenciation de produit, les efforts d'innovation et la mise en place de capacité de production. Ainsi, de la taille des entreprises dépendent la présence et l'intensité d'activités de R et D; le nombre d'entreprises ainsi que le type de barrières à l'entrée influent sur les prix.

Finalement, la performance (ou rentabilité des firmes du secteur) est fonction des éléments de comportement se reflétant dans le niveau des prix, les dépenses publicitaires et les efforts d'innovation et de différenciation de produit.

En outre, les différents éléments mentionnés peuvent être soumis aux interventions gouvernementales : la réglementation peut restreindre l'entrée et de là déterminer la structure, ou encore elle peut contrôler les prix, c'est-à-dire déterminer les comportements; la fiscalité influe sur les prix des facteurs de production, et fait donc partie des conditions de base.

Il existe aussi des relations de cause à effet de sens contraire : il s'agit d'effets de retour, qui sont tout aussi importants, et plus complexes, que les effets directs : la structure détermine le comportement, et réciproquement. Le nombre et la taille des entreprises influent sur les efforts de différenciation de produit et de publicité et, en retour, ces comportements servent à ériger des barrières à l'entrée. Ou encore, un comportement de publicité engendre un profit plus élevé, et ce profit plus élevé entraîne un investissement en capacité excédentaire, créant une barrière à l'entrée.

Les entreprises sont conscientes du fait qu'elles ont un pouvoir sur la structure. Elles adoptent alors des comportements qui créent des asymétries durables entre elles et leurs rivales actuelles et potentielles, restreignant ainsi la mobilité et assurant une persistance des profits économiques[4].

La prise en compte des effets de retour dynamise le paradigme. À partir des conditions de base et des éléments de structure qui sont donnés, nous cherchons à déduire des comportements destinés à modifier la structure, ce qui entraîne de nouveaux comportements de la part des firmes rivales, comportements toujours dictés par la recherche d'asymétries et d'une meilleure performance. Cette tâche est complexe. Nous sommes dans un univers d'asymétries et d'interdépendance, loin du déterminisme des modèles de marché discutés dans les chapitres précédents.

16.1.2. Les groupes stratégiques

Le paradigme décrit ci-dessus est un puissant instrument d'analyse, et son domaine d'application est très vaste. Dans l'optique de travaux qui cherchent à cerner et à évaluer les pressions concurrentielles, il demeure toutefois un outil de travail grossier qu'il est possible et préférable de raffiner. Les entreprises d'un secteur sont considérées dans leur ensemble et non de façon individuelle. En outre, nous faisons implicitement l'hypothèse qu'elles sont homogènes. Cette hypothèse est très forte, et ne convient pas à l'analyse des comportements concurrentiels. Nous observons en effet que ceux-ci diffèrent fortement d'une entreprise à l'autre, au sein d'un même secteur. La même remarque vaut aussi pour les profits. L'hypothèse implicite fait abstraction de l'objet même de nos préoccupations. Pour pallier cette faiblesse du paradigme, nous pouvons toutefois avoir recours à un autre instrument d'analyse : les groupes stratégiques[5].

---

4.   Nous avons abordé ce sujet au chapitre 11, la mise en place de barrières, au chapitre 12, où nous examinons les comportements concurrentiels du monopoleur, et au chapitre 14, où nous discutons des comportements stratégiques face à l'entrée.

5.   M. E. Porter donne une bonne synthèse des questions touchant les groupes stratégiques, dans *Choix stratégiques et concurrence*, Paris, Économica, 1982, chapitre 7.

Les groupes stratégiques se définissent comme des groupes d'entreprises adoptant des comportements concurrentiels semblables. Par exemple, certaines firmes choisissent d'aborder le marché en offrant des produits présentant une image de qualité, alors que d'autres préfèrent vendre un produit sans image, à prix plus faible; ou encore, certaines choisissent de s'intégrer verticalement, alors que d'autres font appel à des fournisseurs extérieurs. La raison de cette similitude de comportements au sein des entreprises d'un même groupe réside dans le fait que ces dernières sont protégées par des barrières à la mobilité communes. Inversement, la différence de comportements entre les firmes de groupes différents réside dans le fait que ces dernières ne sont pas protégées par des barrières communes. Elles ne présentent donc pas le même degré de mobilité. Les barrières à la mobilité sont simplement une extension des barrières à l'entrée dont nous avons traitées au chapitre 11 : la mobilité détermine non seulement l'entrée de nouvelles firmes dans un secteur donné, mais aussi la place qu'occupent les différentes firmes dans le secteur. Les économies d'échelle, la différenciation de produit, etc. sont maintenant vues comme des déterminants de la taille d'une firme et de sa part de marché. La croissance à l'interne est sujette aux considérations de mobilité imparfaite, au même titre que l'entrée.

La première étape de l'analyse au moyen des groupes stratégiques consiste à établir un portrait du secteur en regroupant les entreprises en fonction de leurs comportements concurrentiels. Les entreprises ayant des comportements communs feront partie d'un même groupe et les entreprises ayant des comportements différents feront partie de groupes distincts. La deuxième étape consiste à examiner les profits et les barrières à la mobilité caractérisant chaque groupe. Nous sommes ainsi en mesure d'évaluer l'incitation à l'entrée dans un groupe ainsi que les difficultés qui y sont reliées. Nous pouvons ensuite relever les entreprises qui sont les plus aptes à faire ce passage et comprendre pourquoi différentes entreprises posent différents gestes concurrentiels.

Il faut toutefois utiliser le concept de groupes stratégiques avec circonspection, car la définition des groupes n'obéit pas à des règles précises. En effet, la formation des groupes dépend des comportements auxquels nous donnons priorité. Il n'existe donc pas un portrait unique du secteur, et il faut voir ce concept comme une source d'informations additionnelles, certes précieuse pour saisir l'évolution dynamique du secteur, mais qui ne représente pas un élément de structure indiscutable.

16.2. LE DOMAINE DE LA STRATÉGIE D'ENTREPRISE

Les considérations sur les effets de retour nous mènent aux confins du domaine pluridisciplinaire de la stratégie d'entreprise qui cherche à déterminer les gestes optimaux à poser dans un univers concurrentiel. Il s'agit ici de repérer les comportements qui permettent à une firme en particulier de s'ajuster aux menaces et aux opportunités du secteur, en tenant compte des firmes rivales ainsi que de ses propres caractéristiques.

L'analyse de la concurrence des spécialistes de la stratégie d'entreprise est quelque peu différente de celle des économistes. En premier lieu, la firme est au centre de leurs préoccupations, alors qu'en économie industrielle, c'est le secteur qui prime. En outre, les éléments se rapportant au fonctionnement de l'ensemble du secteur, telles les conditions de demande et la technologie, revêtent une plus grande importance pour les économistes. En second lieu, les préoccupations traditionnelles de l'économie industrielle sont plus étroites : elles portent avant tout sur la rivalité, alors que l'optique des spécialistes de la stratégie met en relief toutes les sources de profit d'une firme. C'est pourquoi les relations entre clients et fournisseurs sont pour ces derniers fondamentales. Ces différences ne sont toutefois que des questions d'emphase. Les éléments d'analyse et la rationalisation des gestes posés par les entreprises sont les mêmes dans les deux optiques, la microéconomie étant le fondement analytique commun.

Afin d'illustrer ces propos et de mettre en évidence la place des concepts microéconomiques, décrivons brièvement le cadre contemporain d'analyse de stratégie d'entreprise, tel que formulé par Porter[6].

16.2.1. Porter : le cadre contemporain de stratégie d'entreprise

Comme ses prédécesseurs, Porter met en relation les forces et faiblesses d'une entreprise et les menaces et opportunités qu'offre l'environnement concurrentiel. Référons-nous au tableau 16.2. Porter distingue cinq

---

6. M. E. PORTER, *Choix stratégiques et concurrence*, Paris, Économica, 1982, chapitre 1.

« forces » qui agissent sur les profits : les produits substituables, les concurrents potentiels, les acheteurs, les fournisseurs et les concurrents immédiats. Ces forces se retrouvent au sein du paradigme de l'économie
industrielle.

En effet,

- les produits substituables et les acheteurs font partie des conditions de base lorsque nous analysons la demande;

- les fournisseurs apparaissent lorsque nous examinons les fondements de l'offre et les coûts des intrants;

- les concurrents potentiels sont considérés dans les éléments de
  structure lorsque nous traitons des barrières à l'entrée;

- les concurrents immédiats interviennent lorsque nous définissons
  le secteur et considérons le nombre et la taille des entreprises qui
  y évoluent.

Tableau 16.2 – Les « forces » de la concurrence selon Porter

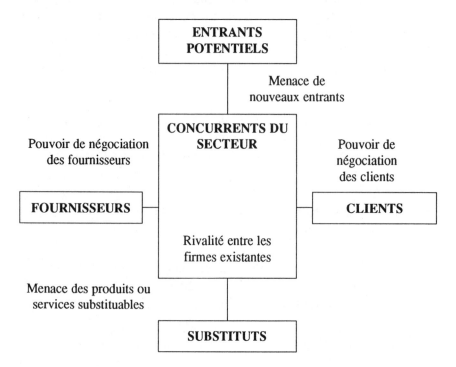

Notons que les comportements stratégiques eux-mêmes ne font pas partie des cinq forces, mais qu'ils en sont déduits; ces comportements ont une place explicite au sein du paradigme.

16.2.2. Les composantes des forces

Le lien avec les concepts microéconomiques présents dans le paradigme est encore plus évident lorsque nous examinons les composantes des différentes forces. Le tableau 16.3 en donne la liste.

Tableau 16.3 – Les composantes des différentes forces

Les produits substituables	L'entrée
Les coûts de transfert	Économies d'échelle
	Différenciation de produits
	Coûts de transfert
	Accès aux réseaux de distribution
	Comportement après entrée
Les fournisseurs	**Les clients**
Nombre	
Achats de la firme/ventes du fournisseur	Achat du client/ventes de la firme
Achats de la firme/coût total de la firme	Achat du client auprès de la firme/ coût total du client
Différenciation de produit	Différenciation de produits
Menace d'intégration	Menace d'intégration
Information	Information
Les concurrents internes	
Nombre et taille relative des entreprises	
Taux de croissance du marché	
Niveau des coûts fixes	
Coûts de transfert	
Paliers d'augmentation de la capacité de production	
Barrières à la sortie	
Homogénéité des entreprises	

16.2.2.1. Les substituts

Le rôle des substituts se retrouve dans les conditions de base du paradigme où sont examinées la nature du produit et les élasticités (voir le chapitre 2). Pour voir combien un produit peut être substituable à un autre, Porter suggère d'examiner les coûts de transfert, c'est-à-dire les coûts que doit supporter l'utilisateur pour changer de produit, comme l'acquisition de nouvelles habiletés, d'équipements périphériques, etc. La différenciation de produit a ici un rôle à jouer : plus les produits sont homogènes, moins les coûts de transfert sont élevés (voir le chapitre 10). Dans le paradigme, la différenciation de produit se retrouve explicitement dans la structure et les comportements de la firme.

16.2.2.2. L'entrée

Pour évaluer la facilité d'entrer dans un secteur, Porter se réfère d'abord aux économies d'échelle, à la fidélité à l'entreprise ou à la marque et aux circuits de distribution. Ces éléments correspondent aux barrières à l'entrée examinées au chapitre 11 et sont explicitées dans les éléments de structure du paradigme. Ensuite, il considère les réactions des entreprises résidantes, qui représentent simplement une extension des comportements concurrentiels de firme en situation de petit nombre, traités dans les éléments de comportement du paradigme, et au chapitre 14 dans ce livre.

16.2.2.3. Les fournisseurs

Selon Porter, le pouvoir d'un fournisseur dépend de la possibilité de substitution de la part de l'acheteur ainsi que de la place que prend le produit fourni dans les coûts de la firme acheteuse. Nous rejoignons ici les notions d'élasticité-prix présentées au chapitre 2. Plus l'élasticité-prix est forte, moins le vendeur peut hausser ses prix sans courir le risque de perdre des clients; plus la substitution est forte, plus l'élasticité-prix est élevée. Quant à la place du produit fourni dans les coûts de la firme, nous pouvons faire l'analogie avec le consommateur et la part de son budget consacrée à l'achat d'un bien : plus celle-ci sera élevée, plus le consommateur sera sensible à une hausse de prix. Ainsi, plus le bien d'un fournisseur représente une large part des coûts de la firme, plus l'acheteur investit dans la recherche d'un produit de rechange devant une éventuelle hausse de prix (voir les chapitres 2 et 4). Dans le paradigme, on retrouve ces questions dans l'étude des conditions de base.

16.2.2.4. Les clients

Le déterminant important est le même que celui mentionné dans notre examen du pouvoir des fournisseurs, la facilité de substitution, mais son effet est maintenant observé du point de vue du client. Nous retrouvons la facilité de substitution dans le paradigme lorsque nous traitons du nombre de firmes et de la différenciation de produit (voir les chapitres 2 et 10). Notons aussi que Porter fait intervenir la possibilité d'intégration d'un acheteur, qui devient ainsi son propre fournisseur. Dans le paradigme, cet aspect est pris en considération dans l'examen des structures lorsque nous traitons d'économies d'échelle et de portée, ainsi que des coûts de transaction (voir le chapitre 7).

16.2.2.5. Les concurrents internes

Les éléments notés par Porter tournent autour des notions d'interdépendance et de mise en place d'asymétries. Il nous invite à étudier le rôle du nombre de firmes, de la différenciation de produit et de l'innovation, sujets qui, dans le paradigme, font partie de la structure. La contribution des économistes est ici très évidente. Notons toutefois que les spécialistes de la stratégie d'entreprises ont davantage, et plus tôt, mis l'accent sur la possibilité qu'ont les firmes de modifier leur environnement concurrentiel (voir les chapitres 11 et 13).

16.3. FEUILLE DE ROUTE POUR UNE ANALYSE DE LA CONCURRENCE DANS UN SECTEUR

Les propos ci-dessus révèlent que l'analyse de la concurrence se rapporte au domaine de la microéconomie, mais n'offrent pas une démarche opérationnelle claire. Nous proposons la façon de procéder suivante, en soulignant d'ores et déjà que, comme toute grille d'analyse, elle ne doit être utilisée qu'avec circonspection. Elle comprend trois étapes, dont la réalisation peut être simultanée, mais qui sont associées conceptuellement à trois préoccupations distinctes.

Dans la première étape, on cherche à mettre en évidence les éléments sur lesquels aucune firme n'a de contrôle : toutes doivent s'y adapter, au risque de ne pas être concurrentielles. Dans la deuxième, on considère les asymétries entre les producteurs et les acheteurs, entre les différents producteurs ainsi qu'entre les producteurs existants et les entrants potentiels et on cherche à dégager les implications en ce qui a trait aux comportements. Finalement, dans la troisième étape de la démarche, on isole une firme en particulier et on reprend les différents éléments étudiés dans les deux premières étapes dans une optique de stratégie.

16.3.1. Étape 1 : les éléments déterministes du comportement de la firme

Il existe des déterminants de la concurrence que les firmes ne peuvent pas contrôler et auxquels elles doivent donc s'adapter. La demande du marché, les prix des facteurs ainsi que l'émergence de nouvelles technologies déterminent leur cadre d'opérations, mais sont hors de leur portée; ces éléments marquent la structure. Nous pensons ici, par exemple, au rôle de la technologie dans la détermination des économies d'échelle et de portée qui vont définir un nombre optimal d'unités de production et de produits. Du côté de la demande, la nature du bien détermine en partie les possibilités de différenciation de produits. De plus, les gouvernements posent des gestes qui vont influer sur les fonctions de coûts et les conditions d'entrée dans un secteur.

La première étape consiste donc essentiellement à définir le marché, à évaluer sa croissance, à saisir la technologie et les prix des facteurs et à dégager toutes les implications, présentes et à venir, des conditions de base observées. Nous isolons ici la dimension déterministe et statique de l'analyse de la concurrence.

16.3.2.   Étape 2 : les asymétries et les effets de retour

Cette deuxième étape consiste à relever toutes les asymétries résultant d'information et de mobilité imparfaites, et de déduire les implications relatives aux comportements concurrentiels. Il s'agit ici des liens structure-comportement et comportement-structure du paradigme, sauf que l'accent est davantage mis sur la notion d'asymétrie, notion fondamentale dans la détermination de la position concurrentielle des entreprises. Essentiellement, lors de cette étape, on se penche sur le nombre de firmes, l'information circulant sur le marché, les structures de coûts, la publicité, la différenciation de produit, la mise en place de capacité, l'intégration, les efforts d'innovation et les prix.

Le recours à la notion de groupes stratégiques peut faciliter la mise en évidence des asymétries, faire ressortir la diversité des implications pour les différentes firmes dans l'industrie et de là faciliter également la prévision des différentes réactions.

16.3.3.   Étape 3 : le regard sur la position d'une firme : le schéma de Porter

Cette troisième étape nous mène à la stratégie d'entreprise. Il s'agit ici d'isoler une firme et d'examiner les différents éléments décrits dans les deux premières étapes avec l'objectif de déterminer l'ensemble des gestes que la firme peut poser pour tirer son épingle du jeu. Nous passons alors de la microéconomie au domaine pluridimensionnel de la stratégie d'entreprise.

16.4.   LES ÉTUDES SECTORIELLES ET LES BESOINS DES UTILISATEURS

Ce chapitre présente les études sectorielles comme une tâche complexe faisant appel à une grande variété d'informations souvent difficiles à obtenir. La démarche suggérée paraît très longue, et pour cause. En effet, une étude sectorielle bien faite est longue, coûteuse et exigeante sur le plan analytique. Il ne faut toutefois pas croire que toute étude sectorielle doive nécessairement adopter la démarche complète et détaillée suggérée ci-dessus. Celle-ci est un point de repère, mettant en relief les éléments importants à considérer dans toute recherche portant sur la concurrence, mais il n'y a pas lieu de la suivre à la lettre dans toutes ses étapes, dans toutes les études. En fait, faut-il le répéter, il n'y a pas une façon unique de procéder qui réponde à tous les besoins. Au contraire, les modalités de chaque étude sectorielle sont déterminées par les besoins particuliers auxquels il faut répondre.

Une analyse sectorielle réalisée dans le contexte d'une enquête sur une fusion dans le cadre de la *Loi sur la concurrence* doit examiner s'il existe toujours des pressions concurrentielles sur le marché après la fusion. L'accent sera mis avant tout sur la définition du marché et les conditions d'entrée. Il n'y a pas lieu ici d'aborder les questions de groupes stratégiques ou de stratégie d'entreprise. Une analyse sectorielle, dont l'objet est la prévision du niveau des prix à venir, peut se limiter aux conditions de demande, de production et aux barrières à la mobilité. Dans une étude portant sur l'opportunité d'acquérir de la nouvelle machinerie pour réduire les coûts, on mettra l'accent sur le segment de marché auquel s'adresse l'entreprise et sur les gestes posés par les autres entreprises faisant partie du même groupe stratégique. Dans une analyse ayant trait à la position concurrentielle des firmes québécoises face à l'ouverture des marchés et à la place de la technologie et de la différenciation de produit dans la concurrence mondiale contemporaine, on portera une grande attention aux conditions de demande, à la segmentation de marché, aux conditions de mobilité et aux groupes stratégiques. Une analyse portant sur l'opportunité de l'entrée à grande échelle dans un secteur, geste stratégique s'il en est un, devra par contre considérer l'ensemble des éléments présentés, selon les perspectives du paradigme et des groupes stratégiques.

16.5. APPLICATION : L'INDUSTRIE DES BATEAUX DE PLAISANCE AU QUÉBEC

Étape 1

L'industrie des bateaux de plaisance fabrique des embarcations motorisées, de 16 à 30 pieds de longueur. Les produits des différents fabricants se différencient par l'apparence, la performance, le confort ainsi que la solidité de la construction.

La demande du marché est caractérisée par une forte élasticité-revenu et une faible élasticité-prix, et elle suit une tendance à la hausse depuis 20 ans. Toutefois, les périodes de baisses conjoncturelles de 1982 et 1990 ont entraîné une forte baisse dans le nombre d'unités vendues.

Il n'y a pas de substituts immédiats, les autres types d'embarcations s'adressant à des clientèles qui diffèrent selon l'âge et le revenu.

Le procédé de production est relativement simple. En effet, les embarcations sont faites de fibre de verre, à partir d'un moule difficilement revendable, ce qui signifie des frais fixes élevés. La production peut se faire à forte intensité de main-d'œuvre ou encore faire l'objet d'une mécanisation accrue. De plus, une usine peut fabriquer plusieurs types d'embarcation en changeant de moules; cependant, les coûts que cette fabrication diversifiée pourrait entraîner ne sont pas connus avec précision.

Nous observons la présence de substantielles économies d'échelle : il est estimé grossièrement que les coûts moyens d'une usine américaine de grande taille sont de 10 à 15 % inférieurs à ceux d'une usine québécoise.

Les coûts de transport sont élevés, les embarcations demandant un service de transport spécialisé. Ils sont, par contre, considérablement réduits lorsque plusieurs embarcations sont livrées en même temps.

Étape 2

Les embarcations sont vendues à travers un réseau de distributeurs qui vendent aussi d'autres marques. Par ailleurs, il existe un grand nombre de fabricants, de tailles différentes, dont deux très grandes entreprises, Brunswick et OMC, quelques-unes de taille moyenne et plusieurs petites. Toutes fabriquent plusieurs modèles d'embarcations. En outre, il n'y a pas présentement d'entreprises japonaises de fabrication de bateaux de plaisance; celles-ci sont toutefois très présentes dans la fabrication de moteurs pour bateaux de plaisance. Le marché est nord-américain : on retrouve en effet les produits des grandes entreprises partout au Canada et aux États-Unis. Toutefois, les produits des autres entreprises se retrouvent surtout dans les régions où leurs usines sont établies. La combinaison d'économies d'échelle et de coûts de transport permet aux grandes entreprises de vendre sur un plus grand territoire. Les grandes entreprises sont intégrées, verticalement et horizontalement. Elles possèdent plusieurs marques d'embarcations et de moteurs.

Cette intégration est le résultat d'un vigoureux processus d'acquisition par les grandes firmes, entrepris en 1985 et qui se poursuit. Les grandes acquièrent des petites et des moyennes entreprises – il n'y a que quelques regroupements entre ces dernières. À la suite de cette intégration, les produits des grands fabricants sont vendus à forfait, avec moteur et remorques, en nombre croissant.

L'entrée et la mobilité sont restreintes en raison des économies d'échelle, des coûts de transport et, possiblement, de l'intégration de la fabrication de moteurs et d'embarcations. Il ne semble pas y avoir d'économies de portée au niveau de la production de ces deux produits, mais il y en a peut-être au niveau de la distribution; et comme ce phénomène est trop récent, cela demeure une inconnue. La technologie de production n'est pas une barrière à l'entrée, ni le besoin d'innover, l'imitation étant relativement facile.

Par ailleurs, il ne semble pas y avoir de concurrents potentiels significatifs dans le secteur des embarcations de plaisance. Notons toutefois que pour ce qui est des moteurs, les grandes entreprises japonaises développent leur gamme de produits et font de plus en plus sentir leur présence sur le marché nord-américain. L'effort d'intégration des grandes entreprises américaines peut être perçu comme un geste destiné à rendre l'entrée plus difficile aux entreprises japonaises.

Groupes stratégiques

Trois groupes d'entreprises semblent se distinguer. Les grandes entreprises américaines, qui poursuivent une politique d'intégration énergique, les entreprises japonaises, qui veulent augmenter l'étendue de leur pénétration du marché nord-américain et un grand nombre d'entreprises de plus petite taille, désavantagées sur le plan des coûts de production.

Les entreprises québécoises de bateaux de plaisance sont de moins en moins nombreuses. Trois d'entre elles ont déjà fermé leurs portes au cours des dernières années. Il reste actuellement Doral et Cadorette qui sont des entreprises de petite taille. Les pressions concurrentielles ont augmenté à la suite de la baisse des tarifs à l'importation et avec la hausse du dollar canadien.

Ces entreprises tentent de réduire leurs coûts en rationalisant le processus de production et en améliorant la productivité. Elles ne parviennent toutefois pas à compenser pour les économies d'échelle réalisées par leurs rivales. Elles tentent alors de différencier leurs produits sur le plan de la qualité, du service et de la rapidité de livraison.

Questions

- Quelles informations supplémentaires souhaiteriez-vous avoir ? Pourquoi ?

- Commentez les liens structure/comportement et comportement/ structure.

- Commentez la position concurrentielle des petites entreprises.

- Quels peuvent être les gestes posés par les entreprises japonaises et quels en sont les effets sur les petites entreprises ?

16.6. POINTS IMPORTANTS ET IMPLICATIONS

Ce chapitre est bien le plus ambitieux du livre. En effet, nous voulons à la fois y présenter un cadre d'analyse de la concurrence qui prévaut dans un secteur donné et mettre en évidence la pertinence des outils micro-économiques ainsi que leur présence dans les schémas d'analyse existants.

Nous insistons au départ sur la nécessité de se donner un cadre facilitant l'intégration des informations nombreuses et diverses, pertinentes à l'analyse de la concurrence dans un secteur donné. Nous passons ensuite en revue les principaux cadres d'analyse, ceux utilisés en économie industrielle et ceux inspirés des travaux de Porter. Les éléments retenus par ces différents cadres sont les mêmes. L'économie industrielle met l'accent sur le secteur et ne mène pas le chercheur jusqu'à la position concurrentielle d'une firme, contrairement à l'approche de Porter qui néglige quelque peu les aspects touchant l'ensemble du secteur.

Nous suggérons une démarche en trois étapes, entièrement contenues dans les schémas décrits, dont la réalisation peut être simultanée, mais dont **les préoccupations sont tout à fait différentes et ne doivent pas être confondues.** Dans une première étape, il faut mettre en relief les rôles spécifiques des conditions de demande et de la technologie, sur lesquelles les firmes n'ont aucune prise. En deuxième lieu, il faut se pencher sur les liens très complexes qui existent entre la structure et les comportements, éventuellement à l'aide des groupes stratégiques. Finalement, il faut examiner la position concurrentielle d'une entreprise, à l'aide du schéma de Porter.

Ce chapitre nous mène donc à la frontière de la stratégie d'entreprise. Il faut toutefois prendre garde de ne pas associer notre démarche d'analyse de la concurrence à la discipline de la stratégie d'entreprise. Celle-ci est plus vaste et plus complexe que notre exposé ne le laisse croire. Le choix d'une stratégie nécessite la prise en compte de plusieurs éléments non considérés dans notre schéma, comme les forces et faiblesses de l'entreprise et les attentes de la société et des gestionnaires. Notre approche peut servir à dégager des stratégies possibles, mais elle ne saurait suffire pour faire un choix. Soulignons finalement qu'en stratégie, il faut retenir que la mise en œuvre est aussi importante que le choix, et qu'il est impossible d'appréhender cette dimension au moyen de notre approche.

TERMES IMPORTANTS

Paradigme
Effets de retour
Asymétrie
Déterminisme
Barrières à la mobilité
Groupes stratégiques
Coûts de transfert

BIBLIOGRAPHIE

DOUGLAS, E.J., *Managerial Economics*, 3ᵉ édition, Englewood Cliffs, N. J., Prentice-Hall, 1987, chapitre 14.

HATTEN, K.J. et M.L. HATTEN, *Stragegic Groups, Asymetrical Mobility Barriers and Contestability*, Strategic Management Journal, vol. 8, 1987, pp. 329-342.

PORTER, M., *Choix stratégiques et concurrence*, Paris, Économica, 1982, chapitres 1 et 7.

THOMPSON, A.A., *Economics of the Firm*, Englewood Cliffs, N. J., Prentice-Hall, 1987, chapitres 15 et 16.

QUESTIONS ET EXERCICES

16.1   Nous observons dans une industrie :

    – un produit durable de consommation, légèrement différencié;

    – des économies d'échelle;

    – des fluctuations conjoncturelles;

    – un petit nombre de firmes sur le marché;

    – par le passé, une faible concurrence sur les prix;

    – de vigoureuses campagnes publicitaires;

    – des programmes de recherche et développement.

    On vous demande :

    – de situer ces différents éléments dans le paradigme de base ou dans le schéma de Porter;

    – de discuter de la possibilité d'entrée de nouvelles firmes;

    – de discuter de la possibilité de collusion puisqu'il y a peu de concurrence sur les prix;

    – de discuter de l'existence de profits économiques positifs;

    – de justifier les campagnes publicitaires.

16.2   Pouvez-vous concevoir qu'une firme considère qu'il peut être intéressant pour elle de pénétrer dans un marché où la publicité crée une barrière à l'entrée ? Discutez en vous référant aux opportunités de marché ainsi qu'aux forces et faiblesses des firmes.

16.3   Situez dans le schéma de Porter la notion de coûts de transfert et faites le lien avec la différenciation de produit.

16.4   Soit une industrie caractérisée par les éléments suivants :

    – une fonction de coûts moyens décroissante;

    – des contrats à long terme avec les clients;

- un produit industriel homogène techniquement complexe, jouant un rôle clé dans l'activité de production des firmes clientes;

- un marché en croissance;

- deux entreprises de même taille se partageant le marché.

Situez ces éléments dans le schéma de Porter et discutez de la possibilité d'entrer sur le marché d'une nouvelle firme (qui deviendrait la troisième sur le marché) selon les indications suivantes :

a) La nouvelle firme provient de l'extérieur du secteur, n'ayant eu aucun lien préalable avec les entreprises qui y sont, soit comme fournisseur, soit comme client.

b) La nouvelle firme est une firme cliente qui s'intègre verticalement, décidant de produire elle-même plutôt que d'acheter d'une des deux firmes existantes.

16.5   Soit une industrie américaine caractérisée par les éléments suivants :

- des économies d'échelle;

- un produit industriel techniquement complexe jouant un rôle clé dans la production des firmes clientes;

- un petit nombre de firmes de grande dimension;

- une faible concurrence sur les prix;

- d'importants budgets de recherche et de développement;

- un marché en croissance;

- une importation en provenance du Canada de la matière première pour la production du produit industriel;

- avant la signature de l'accord de libre-échange entre le Canada et les États-Unis, aucun tarif n'est imposé sur l'importation de la matière première en provenance du Canada, alors qu'un tarif élevé est imposé par les États-Unis sur l'importation du produit industriel. Ce dernier tarif est aboli après la signature de l'accord.

a) Situez ces éléments dans le schéma de Porter.

b) Discutez de la possibilité qu'une firme canadienne puisse approvisionner une partie du marché américain du produit industriel à la suite de la signature de l'accord de libre-échange entre le Canada et les États-Unis :

    – avant la signature de l'accord, cette firme canadienne est fournisseur de la matière première aux entreprises américaines fabriquant le produit industriel;

    – avant la signature de l'accord, cette firme canadienne est productrice du produit industriel qu'elle vend exclusivement sur le marché canadien;

    – avant la signature de l'accord, cette firme canadienne est cliente des firmes américaines fabriquant le produit industriel.

16.6 Soit une nouvelle technologie qui vient réduire la taille minimale d'efficacité des unités de production. Discutez de l'impact, à long terme, de cette nouvelle technologie sur les prix et le nombre de firmes.

a) Dans un marché où nous observons présentement un grand nombre de firmes.

b) Dans un marché de monopole.

c) Dans un marché oligopolistique.

Chapitre 1

1.1   Dans l'un et l'autre cas l'hypothèse n'est pas réaliste. Dans le premier cas toutefois, l'objet de la recherche touche l'effet de la TPS sur les ventes de l'ensemble des véhicules. L'hypothèse simplificatrice du produit homogène peut être valable. Dans le second cas, l'objet de la recherche porte sur les différences de prix entre les divers modèles, différences qui ne peuvent être observées que si le produit est différencié d'une façon quelconque. L'hypothèse du produit homogène nie alors l'existence de l'objet de l'étude et ne peut constituer une simplification acceptable.

1.2. Les entreprises veulent faire des profits. Toutefois, cet objectif n'est pas exclusif et rien ne nous permet de dire qu'il s'agit de maximisation. Dans la réalité, l'entreprise n'a pas l'information pour procéder de cette façon. Par ailleurs, l'entreprise est une organisation complexe, dont les composantes englobent d'autres dimensions que les profits. Nous pouvons envisager d'autres objectifs simples, comme la maximisation des ventes, du taux de croissance ou encore la minimisation des coûts. Ces hypothèses peuvent s'avérer pertinentes dans certaines circonstances. Elles ne sont toutefois pas plus réalistes. Une hypothèse réaliste apparaît plutôt complexe. Or, le rôle du modèle est de simplifier.

1.5. En (P_1, Q_1), nous avons une situation de demande excédentaire. Le prix augmente à P_2, à la suite des transactions entre les acheteurs sur un marché secondaire. Si le producteur n'est pas informé de ce qui se passe sur ce marché secondaire, il vend toujours une quantité Q_1 au prix P_1. Il n'y a pas d'ajustements dans les quantités produites. Si le producteur ne peut pas obtenir les ressources pour augmenter la production, l'offre devient une droite verticale en Q_1. Le prix augmente à P_2, mais il n'y a pas d'ajustement dans les quantités produites.

1.7. Un tel reproche serait injustifié, car l'objectif de A. Smith n'était pas de contribuer aux connaissances en gestion mais bien de comprendre le système de marché comme mode d'allocation des ressources. Il a donc fait les hypothèses simplificatrices correspondant à la nature de ses travaux. Notons aussi que l'entreprise de la fin du siècle était une petite organisation qui commençait à se mécaniser, dans un contexte où les moyens de transport et de communication étaient plutôt rudimentaires. La publicité et la différenciation de produits n'étaient pas des comportements d'entreprises aussi courants que de nos jours.

Chapitre 2

2.1   2.1.1 À la suite d'une hausse de prix des appareils photographiques, la consommation diminue sur ce marché, entraînant une baisse de la demande du produit complémentaire. Pour un prix inchangé des cartouches de pellicule, la quantité achetée diminue.

2.1.2 Deux effets se produisent : 1°) Certains consommateurs, indépendamment du prix des cartouches de pellicule, préfèrent ne plus en utiliser, d'où un déplacement parallèle de la demande vers la gauche. 2°) D'autres consommateurs continuent d'en acheter, mais ne réagiront plus de la même façon lors de hausses de prix : la possibilité de substitution augmente l'élasticité de la demande. La pente diminue donc.

2.1.3 La courbe de demande de cartouches de pellicule se déplace vers la droite.

2.2   Dans le premier cas, la hausse de prix touche la demande de marché, alors que dans le second elle touche la demande à la firme. Nous pouvons nous attendre à ce que la substitution soit plus facile dans le second cas, d'où une élasticité-prix plus élevée, entraînant une diminution des quantités vendues relativement plus importante que dans le premier cas.

2.3   Les minutes de publicité offertes par les diffuseurs publics et les canaux spécialisés sont des substituts aux minutes de publicité des diffuseurs privés. Ceux-ci voient donc la courbe de demande pour leur temps d'antenne se déplacer vers la gauche lorsque les canaux spécialisés et les diffuseurs publics ont le droit de vendre du temps d'antenne.

2.4   2.4.1   Oui; $dQ/dP < 0$.

2.4.2   Il faut déterminer la valeur de E_p.

2.4.3   Volume : oui; $dQ_{JC}/dP_{USC} > 0$ (quantités de produits japonais vendus au Canada et prix des biens américains vendus au Canada).

Valeur : oui; P_{JC}, le prix des articles japonais vendus au Canada ne varie pas, alors que Q_{JC}, les quantités de produits japonais vendus au Canada diminuent. L'ampleur de l'effet dépend du degré de substituabilité entre les produits japonais et américains aux yeux des acheteurs canadiens.

2.5   2.5.1 $E_p = -0,15$ si le prix du transport collectif augmente de 10 %, la demande de ce type de transport diminuera de 1,5 % .

$E_y = -0,08$ pour chaque augmentation du niveau de revenu des Montréalais de 10 %, la demande de transport en commun diminuera de 0,8 %.

$E_c = +0,20$ les variations en pourcentage du prix du transport collectif entraînent une variation dans le même sens mais cinq fois plus petite de la demande de déplacements automobiles.

2.5.2   Les usagers du transport collectif semblent relativement insensibles aux prix, puisque la demande est relativement inélastique ($|E_p| < 1$). Présentement, les derniers billets vendus entraînent des pertes de revenus puisque leur recette marginale est négative. La STCUM augmentera donc ses recettes si elle hausse le prix des billets tout en vendant moins.

2.5.3   Non, lorsque les Montréalais accèdent à un meilleur revenu, ils délaissent le transport en commun (l'élasticité-revenu est négative) et utilisent l'automobile.

2.5.4

$$E_c = 0{,}2 = \frac{\text{diminution de 10 \% du nombre de déplacements automobiles}}{\text{variation du prix des transports collectifs}} = \frac{\Delta\%QA}{\Delta\%P_{TC}}$$

$0{,}2 \times$ variation du prix $= -10\ \%$

variation du prix $= -50\ \%$

2.6 Il faut faire une sommation des quantités demandées, à un prix donné.

$P = 150 - Q_m/100$.

2.7 2.7.1 $Q = 1\ 500$

2.7.2 $E_p = -0{,}4$

L'élasticité étant faible, les consommateurs restreindront peu leur consommation comparativement à la hausse de prix, ce qui permet à l'entreprise d'accroître son chiffre de vente.

2.7.3 La recette totale n'augmente plus lorsque la recette marginale est nulle.

$P = 110 + 0{,}01\ A + 0{,}05\ Y + 0{,}3\ P_s - 0{,}1\ Q$

$P = 210 - 0{,}1\ Q$

$RT = 210\ Q - 0{,}1\ Q^2$

$Rm = 210 - 0{,}2\ Q = 0$

$Q = 1\ 050\ P = 105\ \$$

2.7.4 L'élasticité-prix est plus élevée de même que l'élasticité croisée.

2.8 Les années 1982 et 1990 représentent deux périodes de baisse conjoncturelle. La demande pour le produit est alors affectée à la baisse.

Chapitre 3

3.1   À court terme, il faut simplement y voir l'application de la loi des rendements marginaux décroissants. Toute augmentation se fait alors à coût unitaire croissant. À long terme, il faut y voir la présence de déséconomies d'échelle. Le gestionnaire doit se demander s'il est possible de fonctionner avec des unités de plus petite dimension, afin de minimiser les coûts.

3.2   Le niveau de production envisagé détermine la taille qui minimise les coûts. Une baisse dans le niveau de production peut entraîner une forte augmentation des coûts moyens de production. Si la probabilité d'une telle baisse est forte, l'entreprise pourrait vouloir se protéger en choisissant une taille inférieure.

3.3

L	PT	PM	Pm	CF	CV = W • L	CVM	Cm
60	375	6,25		300 000	1 200 000	3 200,00	
			5,2				3 846,15
70	427	6,10		300 000	1 400 000	3 278,69	
			4,8				4 166,67
80	475	5,94		300 000	1 600 000	3 368,42	
			4,5				4 444,44
90	520	5,78		300 000	1 800 000	3 461,54	
			3,5				5 714,29
100	555	5,55		300 000	2 000 000	3 603,60	

$$\text{ou } W = \frac{1\,200\,000}{60} = \frac{CV}{L}$$

3.4 $Pmp_L = 60 + 30L - 3L^2$

$$d\,\frac{Pmp_L}{dL} = 30 - 6L$$

Pmp_L ↗ , pour $L < 5$

Pmp_L ↘, pour $L > 5$

Pmp_L max , $L = 5$

Cm min , pour $Q = 550$ (correspondant à $L = 5$).

3.5   Nous pouvons représenter la fonction de production par une série
        d'isoquantes, dans un graphique où nous retrouvons le capital et
        la main-d'œuvre sur les axes. Le procédé sans conteneur néces-
        site beaucoup de main-d'œuvre et peu de capital. La technologie
        du conteneur exige peu de main-d'œuvre et beaucoup de capital.
        L'augmentation du trafic maritime entraîne une hausse de la de-
        mande des services portuaires et de là, une demande de nouvelles
        installations. Les autorités portuaires choisissent le procédé qui
        requiert moins de main-d'œuvre, étant donné la hausse du coût de
        la main-d'œuvre.

3.8   Le représentant doit convaincre les acheteurs de temps d'antenne
        que le média télévision est un meilleur placement publicitaire que
        les autres médias. Implicitement, il compare la productivité mar-
        ginale du dernier dollar dépensé dans chacun des médias.

Chapitre 4

4.1   4.1.1 Les concessionnaires nord-américains de voitures japonaises font face à des coûts d'acquisition plus élevés, ce qui se traduit par une hausse du prix des voitures japonaises. L'augmentation de prix sur le marché des voitures neuves japonaises entraîne une augmentation de la demande des voitures nord-américaines, ce qui fait augmenter les prix et les quantités vendues sur ce dernier marché.

4.1.2 La demande de voitures diminue dans les deux marchés.

4.2   La courbe de demande de voitures japonaises n'est pas influencée. L'offre est restreinte, ce qui entraîne une hausse des prix. Si l'élasticité-prix de la demande de voitures japonaises est faible ($E_p < 1$), les revenus des détaillants de voitures japonaises vont augmenter.

4.3   À un prix du beurre inchangé, les consommateurs substituent du beurre à la margarine. Il y a déplacement vers la droite de la courbe de demande de beurre. Il est maintenant rentable pour les producteurs de beurre de demander un prix plus élevé.

4.4   4.4.1 Les coûts de publication plus élevés diminuent l'offre, les quantités vendues, et haussent les prix.

4.4.2 Une augmentation du volume des ventes ne peut être associée qu'à un déplacement de la fonction de demande, ce qui occasionne une hausse du prix de vente des livres. Les rôles respectifs de la hausse des prix du papier journal et de l'augmentation de la demande ne peuvent être précisés sans connaître l'ampleur du déplacement de la demande et la place des coûts liés au papier dans la structure de coûts des maisons d'édition.

4.7 $Cm_i = 10 + 2Q_i$

L'offre du marché étant la somme des quantités que les entreprises planifient mettre sur le marché à un prix donné, nous exprimons ensuite Q_i en fonction de Cm_i. Après agrégation, nous avons :

$O_M = 18P - 180$

Le prix se substitue au coût marginal dans la fonction d'offre parce que l'objectif de maximisation de profit dans un contexte de concurrence pure et parfaite oblige les entreprises à mettre sur le marché une quantité telle que $Cm_i = P$.

4.8 $Q = 600 - 5P = -16 + 3P$

$8P = 616$

$P = 77\ \$$

$Q = 600 - (5 \times 77)$

$\quad = 215$

$E_p = dQ/dP \times P/Q$

$\quad = -5 \times 77/215 = -1,79$

4.9   Le progrès technique aura pour effet de réduire les coûts de production. La courbe de coût marginal de la firme se déplace vers la droite de même que la courbe d'offre du marché. Pour une demande donnée, il y a alors baisse de prix et une augmentation de la quantité d'équilibre.

Le demande de facteurs de production ne peut être déterminée sans faire d'hypothèses additionnelles. Il faut voir comment le progrès technologique affecte la productivité de chacun des facteurs, et voir à quel point la quantité demandée du bien final augmente à la suite d'une baisse de prix. Nous pouvons avoir les situations suivantes :

– la demande de tous les facteurs de production diminue, la demande du bien final n'augmentant que très peu et les facteurs devenant plus productifs,

– la demande de tous les facteurs de production augmente, la demande du bien final augmentant sensiblement,

– la demande pour un facteur augmente, alors que la demande pour l'autre diminue; les entreprises substituent un facteur à l'autre, en raison de l'augmentation de la productivité d'un des facteurs, mais pas des autres.

À court terme, le groupe qui n'adapte pas les innovations voit ses profits diminuer. À long terme, il est forcé de sortir du marché, le prix diminuant au niveau du coût moyen à long terme associé à la nouvelle technologie.

4.10   La demande ne change pas, à la suite de l'imposition de la taxe de vente. Cependant, l'entreprise ne perçoit plus entièrement le montant déboursé par l'acheteur. L'effet de la taxe est alors d'introduire une demande perçue par l'entreprise, qui est inférieure à celle du marché d'un montant correspondant à la taxe de vente.

Chapitre 5

5.1   5.1.1   Les renseignements disponibles ne suffisent pas pour évaluer le rôle des différentes variables mentionnées dans la détermination des revenus des centres de ski. Pour obtenir cette information, il faut procéder à une analyse statistique des données existantes ou encore procéder à une autre enquête auprès des clients des centres de ski, qui porte sur le rôle des différentes variables dans le choix du centre de ski. Notons que les effets de l'image, de la publicité télévisée et des forfaits-vacances peuvent être mieux étudiés par une méthode directe que par une analyse statistique.

5.1.2   La qualité d'une équation est fonction de la présence de variables pertinentes et de l'absence de variables non pertinentes. Dans le cas présent, les variables retenues sont toutes pertinentes, a priori, comme déterminants de la demande, sauf le revenu disponible. En effet, les données couvrent une période de quatre mois, pendant laquelle le revenu disponible ne variera que très peu. Le revenu disponible peut être un déterminant à long terme de la demande de ski alpin; pendant une période de quatre mois, il ne variera pas suffisamment pour modifier le nombre de journées de ski demandées. Par ailleurs, le nombre de remontées mécaniques et l'attente sont sans doute colinéaires : il sera alors difficile d'en distinguer les influences respectives.

Certains déterminants sont toutefois absents. La demande de journées de ski est un phénomène saisonnier. Pour la région de Montréal, on peut penser que les périodes de Noël et du congé scolaire de février sont particulières, à cause de la disponibilité plus grande des consommateurs de journées de ski. Par ailleurs, les conditions climatiques et de chutes de neige peuvent varier durant les quatre mois, et rendre la journée de ski un achat plus ou moins intéressant.

Sur le plan des résultats statistiques, les prix, le revenu disponible et l'attente ne semblent pas des déterminants significatifs. L'attente et le nombre de remontées mécaniques étant corrélés, il ne faut toutefois pas rejeter l'attente à cause de la valeur de son « t ».Les signes obtenus sont conformes aux signes attendus, sauf pour l'attente. Le R^2 laisse entrevoir des possibilités d'amélioration de la spécification.

5.2   Sur le plan de la spécification, l'équation semble appropriée pour l'année 1967 mais elle ne permet pas du tout d'apporter un éclairage sur la situation de 1988. Les déterminants retenus sont les déterminants classiques. Aucun n'est à rejeter, a priori. Par contre, certains déterminants importants pour 1988 sont exclus : il n'y a pas de variables indiquant le rôle des substituts (existence, prix, caractéristiques du produit), alors que les voitures importées prennent une grande part du marché. Telle n'était pas la situation en 1967.

Sur le plan statistique, les signes estimés sont conformes aux signes attendus. Le prix n'apparaît pas significatif; ceci est plausible, puisqu'il s'agit ici de la demande au niveau du secteur et non de la demande d'un modèle particulier. Les autres variables sont significatives.

5.4   5.4.1 E_P=-1,48 ; E_{CA}=1,18 ; E_{CB}=1,34.

Les signes estimés sont conformes aux signes attendus. Les cafés d'Arabie et du Brésil sont des substituts au café colombien.

5.4.2   Les prix des cafés brésilien, colombien et d'Arabie sont a priori fortement colinéaires. Il sera alors difficile de distinguer leur influence respective. On pourrait songer à inclure une variable indiquant la présence de substituts.

Le prix du café colombien n'est pas une variable significative, alors que les prix des cafés du Brésil et d'Arabie le sont; ceci est surprenant et paraît s'expliquer davantage par la colinéarité que par le rôle des différents prix dans la décision d'achat. Le niveau du R^2 est fort satisfaisant. Les signes estimés sont conformes aux signes attendus.

5.5   L'analyse qualitative révèle qu'a priori la demande du marché pour les services d'électricien est relativement inélastique au prix. Sur le marché de la construction neuve, il n'y a pas de substitut et les dépenses en électricité ne représentent qu'une partie des dépenses totales de construction. Sur le marché de la rénovation, il n'y a pas de substitut et le caractère d'urgence de la demande indique une faible sensibilité au prix.

Une enquête démontrant l'importance relative des dépenses en services d'électricité comparativement à d'autres dépenses et les conséquences reliées à la non utilisation de ces services peut nous permettre d'inférer un ordre de grandeur de l'élasticité.

Une enquête demandant aux clients de s'exprimer sur l'impact de la TPS sur leurs dépenses donnerait a priori des résultats biaisés.

L'analyse qualitative et le recours aux statistiques publiques déjà existantes devraient suffire.

Note : L'Association des électriciens pourrait aussi vouloir s'interroger sur l'effet de la TPS sur l'ensemble des dépenses en construction et en rénovation.

5.6   L'analyse qualitative devrait révéler que le prix n'est pas la seule variable importante dans la décision concernant la location de voiture. La propreté, l'âge des voitures, la disponibilité de certains modèles, les heures d'ouverture ainsi que la localisation sont des variables importantes. Les préférences des clients de semaine devraient être différentes de celles des clients de fin de semaine.

Une enquête à l'aide d'un questionnaire visant à établir les différents déterminants peut donner des renseignements pertinents, mais est susceptible également d'engendrer des biais dans les réponses. La formulation des questions est donc importante. Il faut tenir compte des caractéristiques des locations passées, plutôt que de se limiter au rôle présumé de chacun des déterminants.

Chapitre 6

6.2 $A = 62{,}375$; $B = 1{,}11$; $D = 0{,}999$.

6.4   La droite de tendance représente les valeurs que devrait prendre notre variable lorsque les déterminants historiques varient comme par le passé, en l'absence de variations conjoncturelles, saisonnières ou de chocs particuliers. C'est le point de départ de la décomposition de la série chronologique : les effets saisonniers et cycliques s'expriment par une modification de la valeur de la tendance à une date donnée.

Chapitre 7

7.1   a) Nous sommes à court terme. Il ne s'agit pas d'économies d'échelle, mais d'un effet de volume en présence d'excédent de capacité de production. b) Il s'agit ici d'économies d'échelle. c) Nous sommes en présence de coûts croissants attribuables aux rendements marginaux décroissants.

7.3   La rentabilité dont il est question se rapporte à un profit comptable. Le profit économique peut toutefois être négatif. L'entreprise peut posséder d'autres installations où les coûts de production sont inférieurs (économies d'échelle, économies de portée, technologie nouvelle). Il est alors plus rentable pour l'entreprise de transférer sa production à l'autre usine.

7.5   7.5.1 Voir graphique 7.10.

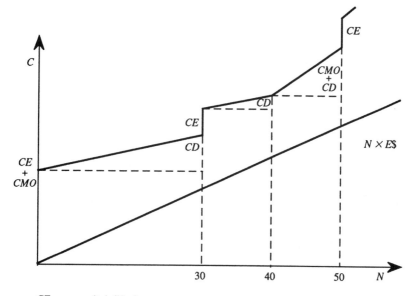

CE   = coût de l'équipement;
CMO = coût de la main-d'œuvre;
CD   = coût direct;
E   = coût par émission, production à l'extérieur;
N   = nombre d'émissions

Hypothèses:
− pas de marché de location pour l'équipement;
− main-d'œuvre disponible sur le marché, au-delà de 40 émissions

Graphique 7.10

7.5.2   Nous sommes ici dans un contexte de court terme. Certains des coûts énumérés sont fixes; il n'y a alors pas d'autre utilisation possible des ressources impliquées. Les coûts liés à la main-d'œuvre et aux équipements ne sont pas pertinents, pour un nombre d'émissions entre 0 et 30. Les coûts d'équipements additionnels sont pertinents, pour le passage de 30 à 31 émissions. Ils sont non pertinents par la suite, jusqu'à 50 émissions.

7.5.3   Nous nous plaçons dans un contexte de long terme. Aucun facteur de production n'est fixe. Tous les coûts sont pertinents.

7.7   La technologie nouvelle a pour résultat une augmentation de la taille minimale d'efficacité et l'émergence d'économies de portée.

7.8   La réputation de la chaîne hôtelière est un élément important de son succès sur le marché. Or, cette réputation est un capital spécifique : il n'a que très peu de valeur en dehors du secteur de l'hébergement. Tous les membres de la chaîne hôtelière ont intérêt à ce que la réputation soit préservée. Il y a toutefois une grande place pour l'émergence de comportements opportunistes. Le franchiseur peut être tenté de vendre le droit d'utilisation du nom à un grand nombre d'établissements, ce qui réduit la valeur de l'actif « réputation » pour les franchisés. Les franchisés peuvent être tentés de vivre de la réputation de la chaîne, sans contribuer à son maintien, ce qui causent du tort aux autres franchisés et au franchiseur.

Les contrats liant le franchiseur et les franchisés traiteront des conditions à respecter afin de maintenir la réputation de la chaîne et des conditions sous lesquelles d'autres établissements peuvent se joindre au groupe.

Chapitre 8

8.1   Les indications sur les coûts marginaux vont différer fortement. L'entreprise risque donc de sous-estimer ses coûts marginaux et d'envisager des augmentations des quantités produites qui ne seront pas rentables.

8.2   La question nous oriente vers la méthode statistique, puisqu'elle nous demande de nous référer aux coûts observés depuis le début des opérations. Nous devons faire l'hypothèse que nous avons suffisamment d'observations (par exemple, une base mensuelle). Si nous avons des observations mensuelles, il faut nous méfier des problèmes de synchronisation. Il faut prendre garde à l'effet de l'apprentissage sur les coûts passés; cet effet n'est probablement plus présent. Il faut aussi se méfier des rendements marginaux décroissants; ils ne se sont peut-être pas manifestés jusqu'à présent mais peuvent apparaître à la suite d'une augmentation de la production de 25 %.

8.5 La fonction de production ne révèle pas de rendements marginaux décroissants. Le coût moyen variable (main-d'œuvre, pièces et énergie) est croissant en raison du taux de rémunération de la main-d'œuvre.

	Installation de 30 TM 6 heures					
Main-d'œuvre	7 × 8 h × 15 $/h	=	840,00	840/180	= 4,67	où 180 = production
Énergie	20 000 kw/h × 6 h × 0,04 $/kw	=	4800,00	4800/180	= 26,67	
Pièces	1P/4 h × 6 h × 60 $/P	=	90,00	90/180	= 0,5	
					31,84	31,84
Entretien	8 h × 20 $/h	=	160,00	160/180	= 0,89	
Amortissement	$\dfrac{7\,500\,000\ \$ \times 10\,\%}{52 \times 5}$	=	2884,62	2884,62/180	= 16,03	
Frais généraux	400/5	=	80	80/180	= 0,44	
					17,36	17,36
Matières premières	6 h × 45 TM/h × 50 $/TM	=	13 500	13 500/180	= 75	75,00
						124,20

Chapitre 10

10.1 La qualité du modèle n'est pas le seul attribut considéré par l'acheteur. Il tient également compte du réseau de distribution, de l'image du véhicule et de sa réputation. Le véhicule Passeport peut alors se trouver sur une courbe d'indifférence inférieure.

10.2 Le site est un des attributs importants dans le secteur de la distribution alimentaire. Steinberg évaluait les sites, s'en assurait la propriété et empêchait les autres entreprises de s'y installer.

10.3   Par le nombre et le site des points de vente, par les services complémentaires offerts, et par les prix.

10.5   Les caractéristiques du segment « haut de gamme » sont une clientèle sensible à la marque, à l'exclusivité (« la griffe ») et à la qualité du produit, mais peu sensible au prix (demande relativement inélastique); il ne s'agit pas d'une production de masse et par conséquent le facteur d'économies d'échelle ne joue pas; les coûts de production ne sont pas très importants au regard de l'avantage concurrentiel alors que les marges sur les coûts unitaires sont très élevées.

À l'inverse, plus le produit est standardisé et plus la production est une production de masse, plus la demande des consommateurs est élastique au prix et plus les coûts de production sont importants au regard de l'avantage concurrentiel.

10.7   a)   Nous voulons, pour maximiser les profits,

$$\frac{d\pi_B}{dQ} \times \frac{dQ}{dA} = 1 \text{, c'est-à-dire } \frac{dQ}{dA} = \frac{1}{MP}$$

Nous avons

$$\frac{dQ}{dA} = 24 - 2A = 24 - 16 = 8.$$

Par ailleurs

$$\frac{1}{MP} = \frac{1}{0.75 - 0.55} = 5.$$

Le niveau de publicité optimal est tel que

$$24 - 2A = 5$$
$$A* = 9.5.$$

Chapitre 11

11.1   Le marché des bateaux de plaisance se caractérise par une grande différenciation de produits. Une part considérable de la clientèle se compose de clients qui ont déjà acheté un bateau et qui le changent pour un modèle de plus grande taille. Afin de conserver leur clientèle, les producteurs ont axé leur stratégie de marché sur la qualité des produits. Par ailleurs, on peut déceler dans la fonction de coûts la présence d'économies d'échelle.

Bien que le marché des chaloupes soit marqué par une différenciation de produits, celle-ci est toutefois plutôt technique (dimensions) et ne crée pas d'asymétrie entre l'entreprise résidante et l'entrant potentiel. En outre, il ne semble pas y avoir d'économies d'échelle notables.

11.3   Le marché des moteurs hors-bord est caractérisé par une différenciation de produits résultant de questions techniques, d'expertise et d'image. Les deux dernières dimensions occasionnent des asymétries. Par ailleurs, la fonction de coûts permet d'envisager des économies d'échelle considérables. Les entreprises japonaises ont pu y pénétrer en raison de leur expertise et de leur image qui étaient telles que les asymétries ne s'appliquaient pas dans leur cas.

Chapitre 12

12.4   L'évolution technologique remet en question le monopole naturel dans le domaine des communications interurbaines; le monopole naturel pour le réseau local persiste. Bell Canada détient un monopole concernant le service local, et est la firme dominante en ce qui a trait aux communications interurbaines. CN/CP et puis Unitel veulent offrir un plus grand nombre de services, dans ce dernier secteur. Pour ce faire toutefois, elle doit avoir accès au réseau local de Bell Canada.

CN/CP et Unitel proposent de compenser Bell pour l'utilisation du réseau local, de façon « raisonnable ». Bell Canada évoque que la compensation proposée par CN/CP est insuffisante. Le problème doit être tranché par le CRTC, puisqu'il n'y a pas de façon éprouvée de répartir les coûts conjoints.

Les tarifs actuels de Bell Canada découlent d'une politique du CRTC voulant que le service téléphonique local soit accessible à tous. Les tarifs sont faibles pour le service local, et plus élevés pour le service interurbain. La concurrence accrue sur le marché de l'interurbain empêche Bell d'y maintenir les tarifs actuels. Les tarifs du service local doivent être révisés, si l'entreprise veut maintenir le même taux de profit que par le passé.

Remarquons que le CRTC peut difficilement maintenir le système actuel en place. Le marché n'est pas canadien mais plutôt américain. Les utilisateurs canadiens de service de télécommunications examinent la possibilité d'avoir recours aux services d'entreprises de télécommunications américaines, soumises à des contraintes réglementaires moins restrictives.

12.5 $Q = 114 - 3P$ $P = \dfrac{114 - Q}{3}$

$Rm = \dfrac{114}{3} - \dfrac{2}{3}Q = Cm = \dfrac{4}{3}Q + 20$

$Q = 9$ $P = 35.$

Chapitre 13

13.1   Au chapitre 9, nous avons défini la concurrence comme un ensemble de pressions que subissent des entreprises qui cherchent à gagner la faveur d'un groupe d'acheteurs donné. Ces pressions peuvent être « anonymes », c'est-à-dire qu'elles proviennent de la « main invisible » du marché, ou encore elles peuvent être personnalisées. Le terme « rivalité » est habituellement réservé à des situations où une entreprise connaît précisément les origines des pressions. Les autres entreprises sont alors des rivales, des adversaires. Il y aurait donc de la rivalité dans le modèle d'oligopole, mais pas dans les autres.

13.2   Lorsqu'un grand nombre d'entreprises sont en activité dans un secteur, les pressions concurrentielles proviennent du « marché ». Aucune des firmes en présence n'a intérêt à mettre en œuvre des comportements concurrentiels dirigés vers une entreprise en particulier, et la collusion est difficile à envisager. Il n'y a donc pas à se poser la question « collaboration ou non-collaboration ». C'est la structure du marché qui dicte le comportement de maximisation de profits.

Dans un marché où interviennent un petit nombre d'entreprises, celles-ci se retrouvent en situation d'interdépendance. Les gestes de l'une ont un effet direct sur les autres, d'où l'importance de la question « collaboration ou non-collaboration ». Il n'existe malheureusement pas une réponse rationnelle unique à cette question. Notons que le problème ne se pose pas dans les modèles de domination.

13.3   À prix identique (les autres suivent) une différenciation de produit peut déplacer la courbe de demande vers la droite. À prix différents (les autres ne suivent pas), une différenciation de produit réduit l'élasticité de la demande, d'où une plus faible perte de clients lorsque la firme hausse son prix.

13.5   a) $Q_A = \dfrac{Cm_A}{4} - 7 \quad Q_B = \dfrac{Cm_B}{2} - 8 \quad Q_A + Q_B = Q_C = \dfrac{3\,Cm_c}{4} - 15$

$$Cm_c = \frac{4}{3} Q_C + 20 \quad Qm_C = Rm$$

$$\frac{4}{3} Q_C + 20 = 38 - \frac{2Q_C}{3} \quad Q_C^* = 9 \quad P^* = 35$$

$$Cm_c(9) = \frac{4}{3}(9) + 20 = 12 + 20 = 32$$

$$32 = 28 + 4Q_A \quad Q_A^* = 1 \quad 32 = 16 + 2Q_B \quad Q_B^* = 8$$

c) $Q = \dfrac{114}{2} - \dfrac{3P}{2}$ $\quad P = 38 - \dfrac{2Q}{3} =$ demande à chacun des producteurs

La firme B sera directrice, car $Cm_B < Cm_A$.

$$Rm_B = Cm_B \qquad 38 - \frac{4}{3}Q_B = 16 + 2Q_B \quad 22 = \frac{10}{3}Q_B$$

$$Q_B^* = 6,6 = Q_A^* \quad \text{et} \quad P^* = 38 - \frac{13,2}{3} = 33,6$$

d) La firme B est dominante. Cm_A est l'offre des petites firmes. Demande de B = demande de l'industrie − offre des petites firmes :

$$Q_B = 114 - 3P - \frac{Cm_A}{4} + 7 = 121 - \frac{13P}{4}$$

$$\frac{13P}{4} = 121 - Q_B \qquad P = 37,23 - \frac{4}{13}Q_B \qquad Rm_B = 37,23 - \frac{8}{13}Q_B$$

$$Rm_B = Cm_B \qquad 37,23 - \frac{8}{13}Q_B = 16 + 2Q_B \quad 21,23 = \frac{34}{13}Q_B$$

$$Q_B^* = 8,12 \quad \text{et} \qquad P^* = 37,23 - \frac{4}{13}(8,12) = 37,23 - 2,5 = 34,73$$

$$Q_A^* = \frac{P}{4} - 7 = \frac{34,73}{4} - 7 = 1,6825$$

$$Q_A^* + Q_B^* = 8,12 + 1,6825 = 9,8025 \quad 9,81 = 114 - 3(34,75)$$

$$P_A^* = P_B^* = 34,73$$

Part de marché de $B = \dfrac{8,12}{9,81} = 82,8\%$

13.6   a) Il s'agit du modèle dit de la « demande coudée », où les fir-
            mes rivales sont présumées adopter, dans un contexte où les
            choix sont limités à suivre ou à maintenir le prix initial, le
            comportement qui sera le moins avantageux pour la firme
            Délix.

        b) $X = 250$.

        c) Pour $Q < X$, $Rm = 200 - 0{,}4Q$. Pour $Q > X$, $Rm = 250 - 0{,}8Q$.

            Elle présente une discontinuité au niveau $Q = 250$, là où les
            segments de la fonction de demande se croisent. Le revenu
            marginal associé à $Q = 250$ est égal à 100 lorsque le premier
            segment de demande s'applique, et à 50 lorsque le second
            s'applique.

13.7   c) Puisque la demande du marché augmente, la demande à la
            grande firme augmente, ce qui augmente la fonction de Rm.
            Si elle maintient le prix initial étant donné sa nouvelle de-
            mande, elle est dans une situation où $Rm < Cm$. Union
            Carbide doit donc hausser son prix.

        d) Si Union Carbide maintient son prix à 1,25 $, sa part de mar-
            ché augmente, puisque la demande du marché augmente aussi
            et que les quantités mises sur le marché par les autres firmes
            ne sont pas modifiées.

        e) Si Union Carbide était en situation de monopole, toute la
            demande du marché s'adresserait à elle. Sa fonction de Rm
            serait différente.

Chapitre 14

14.3 $Q_R = 320 - 4P$ ou $P = 80 - \dfrac{Q}{4}$.

14.4   La courbe de demande résiduelle correspondant au prix limite doit être tangente à la courbe de coût moyen. Nous avons donc

$$\frac{\mathrm{d}P}{\mathrm{d}Q} = -3{,}5 = \frac{\mathrm{d}CM}{\mathrm{d}Q} = \frac{-900\,000}{Q^2} + 6{,}5$$

$$\frac{900\,000}{Q^2} = 10$$

$$Q = \sqrt{90\,000} = 300\,.$$

Au point de tangence, nous avons $Q = 300$ et $P = CM = 5\,450$.

Afin maintenant de trouver le prix limite, calculons l'ordonnée à l'origine X, de la demande résiduelle. L'équation générale est de la forme $P = X - 3{,}5Q$. Nous connaissons les coordonnées d'un point sur cette droite :

5 450 = $X - 3{,}5\,(300)$

   X = $5\,450 + 1\,050 = 6\,500.$

Le prix limite est donc de 6 500.

La quantité correspondant à ce prix est donnée par la courbe de demande du marché :

$$P = 7\,000 - 3{,}5Q$$

$$Q = \frac{7\,000 - P}{3{,}5}$$

$$Q = \frac{7\,000 - 6\,500}{3{,}5} = 143\,.$$

La menace de A de maintenir la production au niveau de 143 n'est pas crédible. Les deux entreprises ont la même fonction de coûts. La firme B peut alors entrer, mettre des quantités sur le marché et ainsi faire encourir à A le même niveau de perte qu'elle encourt elle-même. Un comportement d'accommodement après entrée de la part de A est alors plus crédible que la réalisation de la menace de maintenir 143.

14.5 Nous pouvons penser que l'entreprise, en situation de monopole (c'est-à-dire en situation d'entrée bloquée), choisirait de mettre en place un nombre B de points de vente, afin de maximiser ses profits. En situation d'entrée possible, elle choisit de mettre en place $D > B$. Chaque point de vente constitue un engagement, une dépense C, qui devient un coût perdu pour l'entreprise si elle permet l'entrée. La multiplication des points de vente (ou des marques) permet aussi à l'entreprise résidante de mieux affronter l'entrant, puisqu'elle pratique une politique de segmentation du marché qui crée un attachement chez l'acheteur.

Si l'entreprise peut récupérer sans perte les fonds consacrés à la mise en place de points de vente ou de marques, la menace d'un comportement agressif face à l'entrée est moins crédible, puisque les profits à comparer sont alors π_M et π_A, c'est-à-dire exécution de la menace et accommodement et non π_M et $\pi_A - C$, c'est-à-dire exécution de la menace et accommodement, sous contrainte de l'existence de plusieurs points de vente ou de marques.

Chapitre 15

15.1 On retrouve trois dimensions à cette grille de tarifs. En premier lieu, l'entreprise pratique de la discrimination de prix en imposant des frais d'inscription et un tarif horaire, ce qui lui permet de s'approprier une partie du surplus du consommateur. En second lieu, elle pratique une tarification de pointe (discrimination de prix de troisième degré) en distinguant différentes périodes de marché. Finalement, elle pratique de la segmentation de marché en offrant des services de tennis seulement ou combinés à des services de musculation, ainsi que les services d'or et d'argent.

15.3   15.3.1 Étanchéité des marchés, demandes différentes, pouvoir de marché.

15.3.2 $P_A = 20 - Q_A$ $Rm_A = 20 - 2\,Q_A$ $Q_A = 10 - Rm_A/2$

$P_B = 16 - Q_B$ $Rm_B = 16 - 2\,Q_B$ $Q_B = 8 - Rm_B/2$

$Q_G = 18 - Rm_G$

$Rm_G = 18 - Q_G = 2\,Q_G = Cm$

$3\,Q_G = 18$

$Q_G = 6\quad Rm_G = 18 - 6 = 12$

$Rm_A = 12 = 20 - 2\,Q_A\quad Rm_B = 12 = 16 - 2Q_B$

$Q_A = 4\quad P_A = 20 - 4 = 16\ \$$

$Q_B = 2\quad P_B = 16 - 2 = 14\ \$$

15.6   15.6.1 Les garanties et les plans de service peuvent être considérés comme des biens complémentaires aux véhicules automobiles. Une modification de prix des garanties ou des plans de service a des effets sur la demande de véhicules automobiles. Dans une telle situation, il est possible qu'une réduction du prix d'un bien, qui occasionne un gain plus faible sur la vente de ce bien, soit profitable parce qu'elle engendre un gain plus fort sur la vente de l'autre bien.

Le prix de vente du véhicule qui maximise les profits sans le programme de service est inférieur au prix de vente qui maximise les profits avec le programme de service.

15.6.2 On pourrait examiner les variations dans les profits associées au programme de service et les variations dans les profits associées à la vente de véhicules, lorsque la période de validité passe de 6 à 12 à 18 et à 24 mois. La période optimale sera celle où les variations à la baisse des profits associés aux contrats de service seront égales à la variation à la hausse des profits associés à la vente de véhicules automobiles. Le tableau suivant illustre la façon de procéder (les données ne sont pas tirées de l'énoncé précédent). Les lignes $\Delta\pi$ représentent les variations de surface du graphique 15.9.

		6 mois	*12 mois*	*18 mois*	*24 mois*
Service	π	30 000	20 000	10 000	0
	$\Delta\pi$	—	−10 000	−10 000	−10 000
Ventes	π	50 000	75 000	85 000	90 000
	$\Delta\pi$	—	+25 000	+10 000	+5 000
Total	π	**80 000**	**95 000**	**95 000**	**90 000**

Note : Les grandes compagnies de fabrication automobile offrent souvent des taux de financement inférieurs à ceux du marché; la rationalisation de cette pratique est la même que celle des garanties et des plans de service.

15.7 $Rm_P = 400 - 2Q_P$

$Rm_D = 200 - 4Q_D$

$Cm = 40 + Q$

$Rm_G = 600 - 4Q_D - 2Q_P = 600 - 6Q$ pour $50 \geq Q \geq 0$
$400 - 2Q_P = 400 - 2Q$ pour $Q \geq 50$

120 unités de P et D sont produites.

120 unités du produit P et 50 unités du produit D sont mises en marché; $P_P = 280$, $P_D = 100$;

$\pi^* = 26\ 550$

15.8 $CM + 3 =$ demande
$10 + 0{,}5Q + 3 = 100 - 2Q \quad 2{,}5Q = 87 \quad Q = 34{,}8$
$P = 100 - 2(34{,}8) = 30{,}40$

$Rm = 100 - 4Q$
$Rm = 0 = 100 - 4Q \quad Q = 25$

15.9   15.9.1 Une baisse conjoncturelle occasionnera une baisse dans la demande du marché des services de plomberie, ce qui provoquera une diminution des prix. Si votre entreprise ne suit pas cette baisse de prix anticipée, elle risque de toujours soumissionner à des prix plus élevés que les autres entreprises, et de ne pas obtenir de contrats.

15.9.2 Si la récession est de courte durée, l'entreprise peut songer à réduire le prix des soumissions afin de s'assurer une clientèle. Dans la mesure où le prix couvre plus que les frais variables, l'entreprise gagne à obtenir le contrat. Dans un tel cas, le prix minimum est de 2 000 $ (en supposant que les frais généraux soient fixes).

Si la baisse conjoncturelle se prolonge au-delà de la période où vous devez vous acquitter de vos frais fixes, la politique de prix ci-dessus ne sera pas intéressante. Il vous faut alors songer à réorganiser vos activités ou à accepter de subir des pertes en attendant une reprise des activités.

15.9.3 Il faut voir dans quelle mesure cette firme est une rivale. Si le marché pertinent est vaste (p. ex. : Montréal et les environs), et comprend un grand nombre de clients et de firmes, la décision d'expansion de la firme située dans le même quartier n'est pas un indicateur d'une modification de la demande à votre firme. Si le marché est plus petit (quartier) et met en jeu un petit nombre de firmes, l'expansion est alors un signe de modifications qui peuvent faut varier la demande à votre firme. Nous retrouvons ici le problème de la définition du marché dont il a été question au chapitre 9.

Chapitre 16

16.1   L'entrée est fonction des profits anticipés ainsi que des barrières à l'entrée. Comme il s'agit d'un produit de consommation, légèrement différencié et comme les entreprises présentes mènent de fortes campagnes de publicité, il est possible qu'il y ait un attachement aux marques existantes, ce qui constitue une barrière à l'entrée.

Les programmes de recherche et développement peuvent aussi être l'indice d'une barrière à l'entrée. Les nouvelles entreprises pourraient être désavantagées sur le plan des connaissances acquises pour produire et développer le bien.

Finalement, puisqu'il y a un petit nombre de firmes, il y a possibilité qu'apparaisse un comportement homogène visant à restreindre l'entrée.

Il y a effectivement possibilité de collusion, puisqu'il n'y a qu'un petit nombre de firmes productrices. Toutefois, l'absence de concurrence sur les prix ne doit pas nous amener à conclure qu'il y a collusion. Cette absence de rivalité par les prix est présente dans plusieurs modèles d'oligopole. Par ailleurs, la concurrence peut prendre plusieurs formes. Les efforts de publicité et de recherche indiquent que ce peut être le cas dans le secteur qui nous intéresse. Soulignons qu'il est plus difficile de se coordonner en matière de publicité, de différenciation et de recherche qu'en matière de prix.

L'existence de barrières à l'entrée ainsi que le petit nombre de firmes indiquent une forte possibilité de profits économiques positifs.

Puisqu'il y a un petit nombre de firmes, l'interdépendance est forte. La publicité peut créer un attachement à la marque qui limite cette interdépendance. Comme il s'agit d'un bien de consommation, il y a lieu pour les entreprises de se faire connaître auprès d'un vaste marché, d'où l'intérêt des campagnes de publicité.

16.2   Il faut ici considérer deux volets d'une barrière à l'entrée. La barrière représente pour l'entrant un coût que la firme résidante n'a pas à supporter. En ce sens, la barrière décourage l'entrée. Par contre, la barrière peut permettre des profits économiques positifs, pour la ou les firmes résidante(s). Il y a donc une incitation à entrer là où il y a une barrière à l'entrée.

Cette incitation sera d'autant plus forte que l'entrant est doté de certaines « forces » qui lui permettraient de franchir la barrière sans supporter des coûts élevés. Ainsi, une firme qui possède déjà une image de marque ou qui bénéficie d'une longue expérience dans les campagnes de publicité associées à la pénétration d'un nouveau marché peut trouver l'entrée intéressante.

16.4   L'entrée de nouvelles firmes dépend des difficultés d'entrée, d'une part, et des profits anticipés après entrée, d'autre part. Il s'agit ici d'un marché en croissance, présentement desservi par deux entreprises, avec possibilité de profits économiques positifs, d'où une incitation à entrer. L'entrée peut être difficile toutefois. La fonction de coûts moyens est décroissante, et le volume produit devient alors une variable stratégique importante. En outre, une firme à faible volume subit des coûts moyens plus élevés.

a)   Dans le cas présent, il peut être difficile pour une nouvelle firme de s'assurer un volume élevé. En effet, le produit est technologiquement complexe et important pour les firmes clientes. Celles-ci auront donc quelque méfiance face à un nouvel arrivant. De plus, les contrats entre fournisseurs et clients sont à long terme, ce qui rend difficile l'accès aux clients.

b)   L'entrée peut toutefois être plus facile si la nouvelle firme est une firme cliente qui s'intègre. En effet, celle-ci s'assure d'un volume minimal de production, et est moins susceptible d'être désavantagée sur le plan de la complexité technique du produit. Par contre, les concurrents ne voudraient pas être dépendants d'elle, pour ce qui est des réparations et des services connexes.

Index

AGMV
MARQUIS
Québec, Canada
2000